La soupe est servie !

RECETTES ET PAYSAGES DE PAR CHEZ NOUS

ÉDITEUR

SCRIPTUM COMMUNICATIONS inc.
1600, boul. René-Lévesque Ouest
Bureau 1250
Montréal (Québec)
H3H 1P9

Photographies
Michel Paquet, Nouvelle Vision inc.

Chef
Laurent Saget

Cuisinière
Thérèse Maurice

Styliste
Michèle Painchaud

Pré-impression
Litho Montérégie inc.

Impression
Métropole Litho inc.

Distribution
Messageries Dynamiques
Québec Livres

Publié par Scriptum Communications inc.

ISBN : 2-9804724-0-9 (ensemble)
ISBN : 2-9804724-1-7 (vol. 1)

Dépôt légal - Bibliothèque nationale du Québec, 1995
Dépôt légal - Bibliothèque nationale du Canada, 1995

La soupe est servie !

RECETTES ET PAYSAGES DE PAR CHEZ NOUS

La tournée des régions...

comme si vous y étiez !

J'étais loin de m'imaginer que j'aurais autant de plaisir et tant d'heureuses surprises lorsque j'ai entrepris cette tournée des régions du Québec. Ce que je voyais comme un voyage agréable et relaxant s'est vite transformé en une aventure gastronomique incroyable où j'allais d'une découverte à l'autre avec le même enthousiasme qu'un enfant va au cirque !

Si les régions que j'ai visitées regorgent de beautés inattendues, l'accueil qu'on m'a réservé un peu partout est touchant. Que de gentillesses m'ont prodiguées tous mes hôtes, ça en était presque gênant ! Et si je m'étais promis de déguster quelques spécialités québécoises en cours de route, je m'étais bien dit que ce serait vite fait — après avoir mangé soupe aux pois, tourtière, fèves au lard et ragoût de pattes, que resterait-il ?

Eh bien ! c'est là la plus merveilleuse surprise de tout ce voyage que j'ai bien l'intention de poursuivre l'an prochain. C'est la fête tous les jours dès que l'on passe à table ! Saviez-vous que les dix régions que j'ai visitées jusqu'à maintenant ont chacune des spécialités bien à elles ? Qu'il s'agisse de la Bouillabaisse madelinienne, du Papillon de veau et de homard gaspésien ou du Braisé de bison du grand-duc saguenéen, sans parler des petites douceurs comme le Coulis de rhubarbe vanillé de la Mauricie ou la Gelée de groseille de l'Estrie, c'est autant de petits bonheurs que l'on se paie chaque fois que l'on se met quelque chose sous la dent...

Rien qu'à y penser, n'est-ce pas que vous en avez l'eau à la bouche ?

Pour peu, c'est comme si vous y étiez !

L'éditeur

La Soupe est servie ! volume 1

Le Québec des régions

Un brin d'histoire

Quand nos mamans voulaient nous annoncer qu'il était temps de « passer à table », elles s'écriaient : « La soupe est servie » ! Dans les chantiers, tout en carillonnant allègrement du triangle, le cuisinier, chemise maculée du plat du jour, hurlait, lui aussi, la même expression traditionnelle pour inviter les bûcherons affamés et exténués « à la soupe ». Il va sans dire que nul ne se faisait prier pour accourir, déjà alléché par les arômes irrésistibles qui se répandaient dans l'air.

Le titre du livre « La Soupe est servie ! » veut ainsi évoquer en partie ces scènes pittoresques et un peu nostalgiques de la cuisine d'antan, en présentant, pour chacune des régions du Québec, quelques recettes dites « traditionnelles » qui sauront rappeler à chacun de nous cette époque des bonbons aux patates de « ma tante Marie-Ange », ou encore, du fameux cipaille de « grand-maman Bernadette ».

Cependant, la constante évolution des habitudes gastronomiques des consommateurs fait en sorte que la cuisine québécoise est en mutation. Il suffit d'aller « faire son marché » de bon matin pour s'apercevoir comment la gamme de produits, de la tomate jaune aux laitues les plus excentriques, a envahi les étalages désormais multicolores des maraîchers.

De plus, la sensibilisation des différentes instances dans le domaine de l'alimentation en regard de la « cuisine régionale » concourt à rehausser la cuisine québécoise. Qu'il suffise de mentionner le travail effectué par le ministère de l'Agriculture, des Pêcheries et de l'Alimentation, ou encore, de la Corporation de la cuisine régionale du Québec pour comprendre que les produits de l'alimentation de chez nous prennent de plus en plus la place qui leur revient sur nos tables.

À titre d'exemple, mentionnons le bison d'élevage, dont la viande juteuse est de plus en plus appréciée des gourmets. Cet engouement des consommateurs contribue à son tour à une mutation de la vocation de certains restaurateurs qui en ont fait une spécialité. Le même phénomène peut s'appliquer à d'autres produits tels que l'endive, le sanglier, les couteaux de mer, le faisan et, pourquoi pas... l'autruche !

Recettes régionales

C'est ainsi que les produits utilisés dans la préparation des différentes recettes de ce recueil ont été choisis en priorité selon leur origine régionale.

Ainsi, pour le Saguenay–Lac-St-Jean, les produits ciblés sont tout autant les bleuets que les venaisons de la célèbre tourtière du Saguenay. Par ailleurs, les apprêts variés du sanglier d'élevage deviennent le point de mire de la région de Charlevoix où cet ancêtre du porc fait un début timide mais soutenu dans la gastronomie régionale, notamment à La Malbaie, tandis que dans la région du Bas-St-Laurent, l'agneau règne sur toute table régionale digne de ce nom. Donc, à recette d'une région, priorité aux produits qui en sont typiquement issus.

Sur le plan technique, « La soupe est servie ! » présente deux recettes dites traditionnelles dans chacune des sous-régions. Elles sont dûment identifiées par un en-tête ovoïde. Par ailleurs, les autres recettes, originales, tiennent compte des nouvelles tendances alimentaires des consommateurs.

En outre, chaque région est identifiée, en haut et en bas de page, par un signet de couleur spécifique. Ainsi, on pourra rapidement localiser l'Estrie par un signet vert, la région de Chaudières-Appalaches par un bleu, etc.

Chacune des recettes sera illustrée par une photographie de la présentation suggérée et agrémentée d'une « capsule » qui pourra, tour à tour, être informative, historique, légendaire ou humoristique.

Dans sa consultation de « La soupe est servie ! », le lecteur pourra également visiter les différentes régions du Québec sélectionnées pour cet ouvrage. Sous la forme d'un récit de voyage, des notions historiques, touristiques et légendaires permettront de mieux faire connaître les aspects régionaux du Québec.

Chaque région et sous-région seront, de plus, agrémentées de remarquables photos touristiques, illustrant un site typique de celles-ci.

Pour faciliter la consultation de cet ouvrage, un index général présentera les recettes par catégories de plats (potages, entrées, plats principaux ou desserts) et un autre par catégories d'aliments (agneau, canneberges, fromages, etc.).

Donc, un voyage dans les différentes régions québécoises qui passe par : le homard des Îles-de-la-Madeleine, les herbes salées du Bas-St-Laurent, le blé d'Inde de Neuville, la gourgane du Saguenay–Lac-St-Jean ou le crabe des neiges de la Côte-Nord...

Ce volume se veut avant tout une tournée gastronomique abrégée du Québec !

Répertoire des recettes

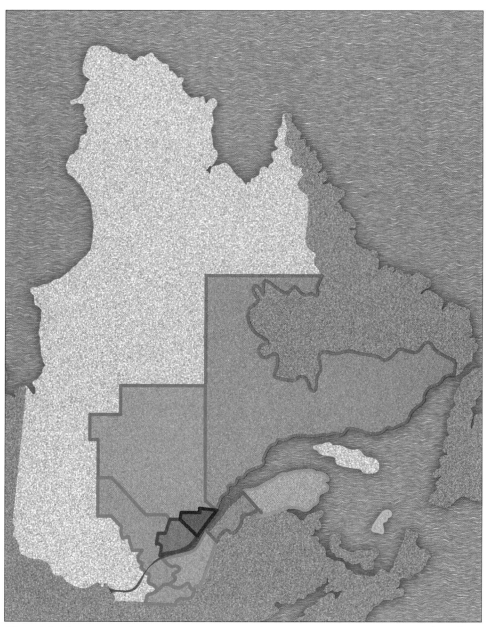

C'est 10 régions de l'est et du nord du Québec que nous vous invitons à goûter à travers les 273 recettes contenues dans les pages qui suivent. Si chacune se distingue par son visage bien particulier, par le charme typique de ses villes et de ses villages, ou encore, par l'éventail des activités qu'elle offre à ceux qui ont choisi de découvrir ou de redécouvrir ses mille et un attraits, toutes démontrent le même enthousiasme lorsqu'il s'agit d'accueillir la compagnie et de partager un bon repas entre parents et amis. Ce premier volume de «La Soupe est servie!» vous fera voyager et partager la table de 39 sous-régions du Québec, chacune vous proposant de déguster sept de ses spécialités. Sans plus attendre, passons à table... la soupe est servie!

Îles-de-la-Madeleine
La douceur du relief et l'harmonie des couleurs

Gaspésie
Contrée enchanteresse aux parfums de la mer

Bas-St-Laurent
Une mosaïque de goûts et de couleurs...

Côte-Nord
Territoire d'aventure au rythme de la nature

Saguenay–Lac-St-Jean
S'évader doucement au «pays des bleuets»...

Charlevoix
Terre hospitalière aux beautés infinies...

Québec
Ville aux mille trésors

Chaudière-Appalaches
Un tableau saisissant, digne des grands maîtres

Mauricie–Bois-Francs
Une affaire de cœur...

Estrie
Une région aux essences multiples...

Lexique

Aumônière :
Présentation par laquelle une préparation est enfermée dans une pièce de pâte, formant ainsi une bourse.

Badigeonner :
Appliquer, à l'aide d'un pinceau à pâtisserie, une substance liquide sur un mets.

Bain-marie (cuire au) :
Placer un mets à chauffer dans un récipient que l'on pose au-dessus d'une casserole d'eau bouillante.

Béchamel :
Sauce blanche à base de lait, de farine et de beurre.

Blanchir :
Passer des aliments à l'eau bouillante afin de les attendrir ou pour les débarasser de leur amertume.

Bouquet garni :
Variété d'aromates réunis en bouquet, que l'on utilise pour parfumer un plat.

Canneler :
Inciser une pâte, des légumes ou des fruits de légers sillons.

Chinois :
Aussi appelé tamis ou passoire. Instrument percé de petits trous qui sert à maintenir la substance à passer, tout en la débarrassant de son liquide.

Clarifier :
Rendre une substance limpide et claire, généralement en la filtrant ou en l'écumant.

Cuillère parisienne :
Ustensile de cuisine permettant de prélever de petites boules d'aliments.

Court-bouillon :
Bouillon généralement composé d'eau, de vin blanc, de jus de citron, de vinaigre et d'épices, dans lequel on fait cuire le poisson.

Déglacer :
Ajouter du liquide aux sucs des viandes qui ont formé une pellicule au fond d'un plat de cuisson.

Dégorger :
Débarrasser la viande ou les abats de leurs impuretés en les faisant tremper. On dégorge également les légumes en les saupoudrant de sel pour éliminer une partie de leur eau.

Demi-glace :
Réduction d'une sauce à laquelle on rajoute un liquide, généralement du vin, afin de la corser ou de l'aromatiser.

Écumer :
Débarrasser les mets qui cuisent de la mousse qui se forme sous l'effet de la chaleur.

Emporte-pièce :
Outil utilisé pour découper la pâte en différentes formes déterminées.

Épépiner :
Débarrasser un fruit ou un légume de ses pépins.

Étamine :
Tissu qui sert à filtrer les aliments ou les sauces. Aussi appelé « coton à fromage ».

Étuver :
Cuire en vase clos, à la vapeur.

Façonner :
Travailler un aliment dans le but de lui donner une forme particulière.

Foncer :
Garnir le fond d'un récipient avec de la pâte, des tranches de lard, etc.

Fond :
Jus provenant de la cuisson des viandes et qu'on utilise pour confectionner des sauces.

Frémissement :
Léger frissonnement d'un liquide juste avant l'ébullition.

Fumet :
Préparation liquide que l'on obtient en faisant réduire un bouillon ou un fond et que l'on utilise pour renforcer le goût d'une sauce, d'un fond de cuisson, ou encore pour mouiller une préparation.

Lier :
Épaissir un liquide en y ajoutant un ingrédient.

Macérer :
Laisser tremper un aliment dans du vinaigre, du vin, ou un autre alcool.

Mariner :
Laisser tremper une viande ou un poisson dans un mélange d'huile, de vinaigre ou de vin et d'aromates.

Mirepoix :
Préparation à base de légumes que l'on utilise pour parfumer ou corser un plat.

Mouiller :
Ajouter du liquide à un mets pendant la cuisson.

Napper :
Couvrir un aliment d'une couche de sauce.

Parer :
Préparer les aliments en ôtant les parties non comestibles.

Pâte brisée :
Pâte généralement à base de farine, de liquide et de graisse, que l'on utilise pour confectionner des croûtes pour tartes et pâtés.

Pocher :
Plonger et cuire un aliment dans un liquide très chaud, sans couvrir et sans faire bouillir.

Ramequin :
Petit récipient que l'on utilise pour la cuisson au four ou au bain-marie.

Réduire :
Épaissir une sauce ou un fond par évaporation.

Réserver :
Mettre de côté une préparation de manière à pouvoir en disposer ultérieurement.

Rouelle :
Tranche épaisse découpée dans une pièce façonnée en rouleau.

Sauter (faire) :
Faire revenir des aliments à feu très vif.

Poids et mesures

*M*ême si le Québec utilise officiellement les degrés Celsius et le système métrique, que les plus nostalgiques se consolent. Les degrés Fahrenheit et le système impérial ont conservé dans ce livre leur importance d'antan.

Températures du four

Degrés Fahrenheit	Degrés Celsius
125 °F	50 °C
150 °F	65 °C
175 °F	80 °C
200 °F	90 °C
225 °F	110 °C
250 °F	120 °C
275 °F	135 °C
300 °F	150 °C
325 °F	170 °C
350 °F	180 °C
375 °F	190 °C
400 °F	200 °C
425 °F	220 °C
450 °F	230 °C
475 °F	250 °C
500 °F	260 °C

Principales mesures utilisées

Système métrique	Système impérial
1 l	4 tasses
500 ml	2 tasses
430 ml	1 ¾ tasse
400 ml	1 ⅔ tasse
375 ml	1 ½ tasse
325 ml	1 ⅓ tasse
310 ml	1 ¼ tasse
250 ml	1 tasse
180 ml	¾ tasse
150 ml	⅔ tasse
125 ml	½ tasse
75 ml	⅓ tasse
60 ml	¼ tasse
45 ml	3 c. à soupe
30 ml	2 c. à soupe
15 ml	1 c. à soupe
5 ml	1 c. à thé
2 ml	½ c. à thé
1 ml	¼ c. à thé

Québec et l'Europe

Il est plus courant en Europe de peser les aliments plutôt que de les mesurer. Les équivalences qui suivent sauront aider nos voisins d'outre-mer.

	Mesures	Poids
Sucre	550 ml	500 g
Farine tout usage	750 ml	500 g
Farine de blé entier	950 ml	500 g
Farine à pâtisserie	875 ml	500 g
Margarine	500 ml	500 g
Graisse végétale	600 ml	500 g
Lait	500 ml	500 g
Beurre	500 ml	500 g
10 œufs moyens	500 ml	500 g

Table des matières

LES ÎLES-DE-LA-MADELEINE

La douceur du relief et l'harmonie des couleurs

*Aux Îles-de-la-Madeleine, noble archipel situé au cœur du golfe St-Laurent,
la mer et les vents dominent tout. Ils imposent un genre de vie,
dessinent les paysages, façonnent les reliefs et exercent, bien sûr,
une influence déterminante, mais combien heureuse, sur les spécialités culinaires.*

Dès le XVe siècle, les Îles furent fréquentées sporadiquement par les pêcheurs basques et bretons, de même que par les Micmacs. C'est toutefois l'arrivée d'un groupe d'Acadiens ayant échappé à la déportation de 1755 et s'étant réfugié dans l'archipel qui marqua le début de l'occupation permanente des lieux. Tout comme la petite communauté anglophone d'origine écossaise arrivée au début du XVIIIe siècle, les Acadiens ont maintenu un mode de vie axé sur la pêche et sur l'agriculture.

Voilà qui n'est pas surprenant pour ce peuple qui maîtrisait déjà l'art de la pêche et les techniques de l'agriculture et que la mer et les vents eux-mêmes avaient mené en ce lieu prédestiné : un archipel dont six des principales îles sont reliées par de magnifiques dunes de sable, dont chaque île présente par endroits des falaises de grès rouge constamment sculptées par la mer et souvent couronnées d'une herbe verte contrastant de façon saisissante avec les formations rocheuses et la mer.

Les Acadiens se sont installés près des ports et dans les petites vallées sises entre la mer et les buttes, ces collines arrondies et souvent dénudées qui font partie intégrante du paysage. Modestes au départ, les petites maisons madeliniennes typiques dispersées sur le territoire présentent maintenant un revêtement de bardeaux peint de couleurs vives, ce qui contribue à égayer un décor déjà majestueux.

Venus par la mer, les Madelinots ont concentré tous leurs efforts à ce que cette dernière leur procure l'auto-suffisance alimentaire. Ils s'en sont

si bien nourris qu'ils sont maintenant plus de 14 000 insulaires ayant conservé une langue particulière et cultivé un sens de l'hospitalité dont ils sont fiers. Ils vous attendent pour vous faire goûter leurs îles.

À votre guise, ils vous emmèneront en mer ou vous suggéreront des balades à pied, à vélo ou à cheval, pendant lesquelles vous découvrirez des panoramas uniques. Ils vous feront admirer une foule d'oiseaux migrateurs et indigènes, et vous indiqueront où vous pourrez voir les phoques se prélasser au soleil. Ils vous montreront leurs petits ports, leurs musées et leurs sites his-

Les paysages champêtres et leurs maisons éparses offrent un contraste frappant avec la coupe sévère des falaises abruptes.

toriques, mais aussi les lieux qui sont témoins de leurs activités nouvelles comme les boutiques offrant des articles faits de matériaux locaux tels le sable, l'albâtre et la peau de phoque. Ils vous proposeront de jouir pleinement de la mer et du vent en vous orientant, selon vos préférences, vers une plage abritée, propice à la baignade ou au kayak de mer, ou encore, vers une lagune idéale pour la planche à voile.

Et surtout, trois fois par jour, ils vous raconteront leur histoire autour d'une bonne table. Vous dégusterez alors les fruits de la mer apprêtés de façon traditionnelle ou contemporaine. Une chose est certaine, les Madelinots ne vous laisseront pas repartir sans vous avoir fait goûter leur succulent homard - dont certains disent qu'il est le meilleur au monde - ni sans vous avoir offert de la plie, du flétan, de la morue, de l'aiglefin, du crabe, des pétoncles ou des mollusques bien frais, souvent pêchés la journée même... ■

Chaque île est une masse rocheuse qui se termine le plus souvent en falaises de grès rouge aux formes spectaculaires.

Havre-Aubert/Bassin

Vous profitez pleinement de votre séjour à l'île-du-Havre-Aubert en vous imprégnant de la culture et de l'histoire de l'archipel. Vous y voyez d'abord les collines arrondies parsemées, ici et là, de maisons traditionnelles caractéristiques de l'architecture locale. Vous ne tardez pas cependant à y remarquer certains témoins du passé : quelques commerces, établissements de pêche ou établissements administratifs qui ont subsisté à travers le temps.

Vos journées se partagent entre les découvertes historiques et culturelles et les activités de plein air. Vous commencez d'abord la journée sur la magnifique plage du Havre-Aubert, site du grand concours annuel de châteaux de sable, puis c'est l'école de voile qui accueille les grands comme les petits.

Vous poursuivez votre périple par une visite de la Grave, cette petite plage de galets où l'on venait jadis acheter la production de poisson séché ou salé des pêcheurs. Les bâtiments d'alors (magasins, ferblanteries, « chafauds » pour la préparation de la morue et entrepôts) conservés et rénovés, abritent aujourd'hui des boutiques d'artisanat, des restaurants et l'aquarium, où vous observez des poissons, des crustacés et des mollusques que l'on retrouve autour des îles. Vous ne manquez pas, enfin, de faire un saut dans le temps au musée de la mer, qui relate l'histoire de la pêche...

Juste avant la brunante, à l'heure où le temps semble s'arrêter, où la mer semble se calmer, vous avez le privilège d'éprouver cette délicieuse sensation de réel et d'irréel, comme si vous étiez à cheval entre le passé et le présent... Surtout, ne laissez pas cet instant vous filer entre les

Chaque année, la superbe plage de Havre-Aubert vous invite à participer à son grand concours de châteaux de sable.

doigts. Recherchez ces plats qu'on mangeait autrefois et qu'on déguste encore de nos jours.

Prolongez ce moment sublime autour d'une bonne table. Chaque bouchée de cette bouillabaisse madelinienne ne vous fait-elle pas apprécier aujourd'hui la même bonne chair que ceux qui se trouvaient, bien avant vous, dans les mêmes lieux? Si d'autres convives ont plutôt choisi le bouilli à la viande salée des Îles, dites-vous bien que leur pensée se tourne probablement vers le sel, qui a conservé tant de poissons et de viandes à

l'occasion, ce qui explique sans doute l'origine de cette recette du terroir bien ancrée dans les habitudes alimentaires de ce coin de pays.

Vous terminerez ce repas par le gâteau chaud aux atocas, préparé avec des canneberges des Îles ou encore, avec une fripette, ce dessert d'antan. La lune sera alors levée et l'inoubliable magie du moment perdurera dans la nuit...■

« LA SALINE »

Aux Îles, les enfants ont une façon bien à eux d'apprêter les moules, ou plutôt les « mouks », comme on dit là-bas : ils subtilisent un contenant de métal dans la remise et le remplissent d'eau salée. Ils y font ensuite cuire les moules, au-dessus d'un feu de brindilles allumé sur la plage.

Feuilletés de moules au cari

Quantité : 4 portions	Préparation : 15 min	Cuisson : 20 min	Degré de difficulté : moyen

20 ml (4 c. à thé) de beurre

20 ml (4 c. à thé) de farine

750 ml (3 tasses) de fumet de poisson (du commerce)

20 ml (4 c. à thé) de concentré de bouillon de poulet

5 ml (1 c. à thé) de thym

5 ml (1 c. à thé) de marjolaine

5 ml (1 c. à thé) de poudre d'ail

10 ml (2 c. à thé) de cari

250 ml (1 tasse) de crème 35 %

250 g (8 oz) de moules cuites, débarrassées de leur coquille (vendues en vrac)

4 carrés de pâte feuilletée (du commerce), cuite

Préchauffer le four à 190 °C (375 °F).

Faire fondre le beurre dans une casserole. Ajouter la farine et mélanger jusqu'à légère ébullition.

Ajouter le fumet de poisson, le concentré de bouillon de poulet, le thym, la marjolaine, la poudre d'ail et le cari.

Cuire à feu moyen, en brassant, jusqu'à épaississement. Retirer du feu.

Ajouter la crème. Réserver au chaud.

Réchauffer les moules au four, 7 minutes.

Napper le fond de quatre assiettes de sauce et y déposer les feuilletés. Répartir les moules sur les feuilletés et recouvrir d'un peu de sauce.

BERTHE VIGNEAU

Pourquoi ne pas remplacer le crabe de cette entrée par le succulent homard des Îles ? Question de changer les habitudes et... de rendre hommage au plus gros, au plus fin et, sans doute, au plus recherché des crustacés.

Avocats farcis au crabe

Quantité : 4 portions	Préparation : 15 min	Cuisson : —	Degré de difficulté : faible

2 avocats
■

Quelques gouttes de jus de citron
■

30 ml (2 c. à soupe) de mayonnaise
■

30 ml (2 c. à soupe) de ketchup
■

5 ml (1 c. à thé) de sauce chili
■

Jus de ½ citron
■

15 ml (1 c. à soupe) de crème sure
■

Sel et poivre,
■

Quelques gouttes de sauce anglaise (Worcestershire)
■

340 g (12 oz) de chair de crabe (fraîche, surgelée ou en conserve)
■

Feuilles de laitue
■

Quartiers de citron

Couper les avocats en deux, sur la longueur, et en retirer le noyau.

Prélever la chair des avocats avec une cuillère parisienne, sans abîmer l'écorce. Déposer les boules dans un bol et les arroser de quelques gouttes de jus de citron. Réserver.

Dans un autre bol, mélanger la mayonnaise, le ketchup, la sauce chili et le jus de citron. Incorporer la crème sure. Saler, poivrer et assaisonner de sauce anglaise.

Incorporer la chair de crabe et les boules d'avocat réservées.

Saler et poivrer de nouveau.

Répartir la préparation dans les demi-avocats évidés.

Servir chaque demi-avocat farci sur une feuille de laitue. Garnir de quartiers de citron.

Les herbes fraîches utilisées dans cette préparation lui confèrent toutes ses lettres de noblesse. L'utilisation d'herbes séchées n'égalerait nullement cette saveur. Voilà pourquoi les compliments fuseront de partout.

« LA SALINE »

Maquereau en papillotes

Quantité : 4 portions   **Préparation : 20 min**   **Cuisson : 11 min**   **Degré de difficulté : moyen**

4 petits filets de maquereau

125 ml (½ tasse) d'huile d'olive

30 ml (2 c. à soupe) d'aneth frais

20 ml (4 c. à thé) de fenouil frais

20 ml (4 c. à thé) de graines de coriandre concassées

30 ml (2 c. à soupe) de sel

15 ml (1 c. à soupe) de poivre moulu

30 ml (2 c. à soupe) de cassonade

Jus de 1 citron

1 branche de céleri, hachée finement

1 échalote verte, hachée finement

½ poivron vert, haché finement

½ poivron rouge, haché finement

Crème 35 %, au goût

Couper les filets de maquereau en morceaux de 2,5 cm (1 po) d'épaisseur. Répartir les morceaux de poisson sur quatre carrés de papier d'aluminium. Réserver.

Dans un bol, mélanger l'huile d'olive, l'aneth, le fenouil, la coriandre, le sel, le poivre moulu et la cassonade.

Badigeonner les morceaux de poisson de ce mélange.

Arroser de jus de citron et parsemer des légumes hachés. Refermer les carrés de papier d'aluminium et bien sceller.

Cuire sur le barbecue 8 minutes.

Ouvrir les papillotes et y verser un peu de crème. Refermer.

Poursuivre la cuisson 3 minutes. (Le poisson est cuit lorsqu'il s'effeuille facilement à la fourchette.)

BERTHE VIGNEAU

Cette bouillabaisse n'a rien à envier à celle que préparent nos cousins marseillais. Au fait, même si l'accent madelinot diffère de celui du Midi, il n'en est pas moins tout aussi charmant.

Bouillabaisse madelinienne

Quantité : 8 portions	Préparation : 30 min	Cuisson : 45 min	Degré de difficulté : moyen

250 g (½ lb) de coques fraîches

250 g (½ lb) de palourdes fraîches

500 g (1 lb) de moules fraîches

500 g (1 lb) de pétoncles frais

8 pommes de terre, pelées et coupées en dés

1 oignon, haché

15 ml (1 c. à soupe) de beurre

250 g (½ lb) de chair de homard (fraîche, surgelée ou en conserve)

250 g (½ lb) de queues de morue (Nageoires caudales qui serviront à parfumer le bouillon)

250 g (½ lb) de filets de plie ou de tout autre poisson blanc

250 g (½ lb) de crevettes décortiquées

Sel et poivre

1 boîte de 398 ml (14 oz) de lait concentré

Dans une grande casserole remplie d'eau bouillante salée, cuire les coques 5 minutes. Ajouter les palourdes et cuire 3 minutes. Ajouter ensuite les moules et prolonger la cuisson 2 minutes. Égoutter le contenu de la casserole en conservant le jus de cuisson. Réserver.

Porter le jus de cuisson réservé à ébullition et y pocher les pétoncles 4 minutes. Égoutter en récupérant le jus de cuisson. Réserver les péton-cles. Cuire les pommes de terre dans le jus de cuisson réservé, en ajoutant juste assez d'eau pour les recouvrir.

Faire fondre le beurre dans une autre casserole. Y faire dorer l'oignon. Ajouter les coques, les palourdes, les moules, la chair de homard, les queues de morue, la plie, les crevettes, le sel et le poivre. Ajouter les pommes de terre cuites, ainsi que leur jus de cuisson. Laisser mijoter à feu doux, juste pour réchauffer. Ajouter le lait concentré et les pétoncles réservés.

Laisser mijoter 2 minutes sans faire bouillir. Rectifier l'assaisonnement, si nécessaire.

Variante : *On peut remplacer le lait concentré par 500 ml (2 tasses) de tomates en conserve. On peut aussi ajouter au bouillon 1 boîte de 60 g (2 oz) de pâte de homard.*

Bouilli à la viande salée des Îles

Quantité : 8 portions	Préparation : 30 min	Trempage : 12 h	Cuisson : 3 h 20 min	Degré de difficulté : moyen

1 kg (2 lb) de viande salée

2 oignons, en quartiers

2 branches de céleri, en tronçons

5 ml (1 c. à thé) de sucre

1 chou, haché grossièrement

1 navet blanc, en cubes

4 carottes, en tronçons

3 pommes de terre, en cubes

250 ml (1 tasse) de farine

10 ml (2 c. à thé) de poudre à pâte

2 ml (½ c. à thé) de sel

125 ml (½ tasse) d'eau froide

Mettre la viande dans une casserole et recouvrir d'eau froide. Laisser tremper 12 heures, au réfrigérateur.

Changer l'eau et faire bouillir la viande 15 minutes. Jeter l'eau, en ayant soin de laisser la viande dans la casserole.

Ajouter les oignons, le céleri et le sucre. Faire brunir légèrement, à feu moyen.

Ajouter de l'eau pour couvrir le tout et laisser mijoter 2 heures.

Ajouter le chou, le navet et les carottes. Cuire 45 minutes. Ajouter les pommes de terre et poursuivre la cuisson 20 minutes, jusqu'à tendreté.

Pendant ce temps, mélanger la farine, la poudre à pâte et le sel. Faire un puits au centre des ingrédients secs et y verser l'eau. Mélanger rapidement à la fourchette jusqu'à ce que la pâte soit homogène. Façonner la pâte en petites boulettes. Réserver.

Ajouter les boulettes de pâte une à une au bouilli. Couvrir et cuire 12 minutes. (Il est important de laisser la casserole bien fermée pendant la cuisson des pâtes.)

DÉLIMA CHEVRIER

Cet appétissant petit fruit, très populaire chez nous pendant la période de Noël, porte également le nom de « canneberge ». Au Québec, on l'appelle souvent « atoca », terme issu de l'amérindien, qui signifie « airelle des marais ». Mais quel que soit son nom, il est également excellent, servi avec des viandes.

Gâteau chaud aux atocas

Quantité : 9 carrés	Préparation : 30 min	Cuisson : 40 min	Degré de difficulté : faible

60 ml (¼ tasse) de beurre

250 ml (1 tasse) de sucre

500 ml (2 tasses) de farine

15 ml (1 c. à soupe) de poudre à pâte

2 ml (½ c. à thé) de sel

250 ml (1 tasse) de lait

5 ml (1 c. à thé) de vanille

500 ml (2 tasses) d'atocas entiers (canneberges), non cuits

SAUCE AU BEURRE

125 ml (½ tasse) de beurre

250 ml (1 tasse) de sucre

180 ml (¾ tasse) de crème 15 %

Préchauffer le four à 200 °C (400 °F).

Dans un bol, défaire le beurre en crème avec le sucre. Réserver.

Dans un autre bol, mélanger la farine, la poudre à pâte et le sel. Incorporer à la préparation précédente en alternance avec le lait auquel on aura ajouté la vanille.

Ajouter les atocas et mélanger jusqu'à ce que la pâte soit homogène.

Verser dans un moule carré de 23 cm (9 po), graissé et fariné.

Cuire 40 minutes ou jusqu'à ce qu'un cure-dents en ressorte sec.

Servir chaud avec la sauce au beurre.

SAUCE AU BEURRE

Faire fondre le beurre à feu moyen, dans une petite casserole, jusqu'à ce qu'il devienne de couleur noisette. Ajouter le sucre et la crème. Cuire 3 minutes en remuant de temps en temps, jusqu'à épaississement.

« LA SALINE »

Recette traditionnelle

Et si les calories ne vous font vraiment pas peur, un Madelinot nous a suggéré de rajouter au mélange de mélasse des « grattons » de lard rissolés. Le goût est, semble-t-il, sans pareil...

Fripette

Quantité : 4 portions	Préparation : 15 min	Cuisson : 7 min	Degré de difficulté : faible

250 ml (1 tasse) de mélasse

2 œufs, battus

1 miche de pain de ménage, en cubes

125 ml (½ tasse) de crème 35 %

Dans une casserole, faire bouillir la mélasse 5 minutes.

Laisser refroidir.

Incorporer à la mélasse les œufs battus .

Cuire 2 minutes en remuant constamment, jusqu'à épaississement. Réserver.

Disposer les cubes de pain en pyramide dans une assiette creuse.

Verser la préparation à la mélasse (fripette) sur les cubes de pain et arroser de crème.

ÎLES-DE-LA-MADELEINE • HAVRE-AUBERT / BASSIN

Étang-du-Nord/Fatima/Cap-aux-Meules

À partir de l'île du Cap-aux-Meules, et comme vous avez le pied marin, vous profitez de l'occasion pour participer à une excursion de pêche à la morue. Il y a bien peu de temps encore, ce poisson se retrouvait en quantité sur les marchés québécois alimentés par une pêche côtière qui datait des débuts de la colonie. Les stocks ayant chuté dramatiquement, cette pêche est maintenant interdite, sauf pour consommation personnelle, d'où l'intérêt qu'elle présente pour les amateurs de morue.

Gagné par une saine fatigue, mais en grand appétit après une journée passée en mer, au soleil et au vent, vous êtes de retour à temps pour apprêter de délicates galettes à la morue. La veille, vous avez pris soin de vous procurer des moules élevées par les mytiliculteurs des Îles : vous présumez déjà que vous aurez grand-faim et vous avez prévu une délicieuse entrée de préparation rapide. Attablés près d'une fenêtre, non loin du port, vous débouchez une bonne bouteille; tout en regardant les bateaux et les chalutiers sur lesquels des hommes préparent la pêche du lendemain, vous savourez d'abord les moules marinière puis chaque bouchée de ce plat de morue, un plaisir qui se fait de plus en plus rare.

Le lendemain, pour l'observation des falaises, vous optez pour des randonnées tantôt pédestres, tantôt à vélo, plutôt que pour une nouvelle excursion en mer. Vous vous dirigez d'abord vers l'Étang-du-Nord, où, partant du port, vous longez le littoral jusqu'au cap du Phare. Sur ce chemin, vous êtes impressionné par les falaises lézardées, vues d'en bas. Mais ce n'est rien en comparaison de ce que vous éprouvez lorsque vous vous retrouvez, dans l'après-midi, à la Belle Anse et au cap au

Les falaises de grès rouge surprennent à chaque détour avec leurs formes spectaculaires modelées par les vagues.

Trou. Au-dessus d'un littoral formé de falaises de grès rouge attaquées et sculptées par les vagues incessantes, formant des grottes, des tunnels, des pointes et des saillies, vous vous dîtes que les Madelinots vous ont conseillé une randonnée au cœur d'un des paysages les plus bouleversants de l'archipel.

C'est en évaluant ce que la mer prend en regard de ce qu'elle donne que vous vous dirigez vers Fatima, où vous êtes invité à partager un repas avec une famille du hameau. Votre contentement est complet lorsque vos hôtes déposent sur la table le fameux pot-en-pot aux fruits de mer : depuis que vous séjournez aux Îles, vous avez envie de tous les mollusques et de tous les fruits de mer à la fois. Et pour vous faire oublier le petit vague à l'âme qui vous gagnait plus tôt devant une époustouflante nature, on vous fera choisir pour dessert entre les traditionnelles galettes à la poudre à pâte ou les appétissants carrés Yum Yum. Bien sûr, vous prendrez un peu des deux !■

Après une longue journée en mer, quoi de plus réconfortant que le fumet de cette soupe savoureuse en rentrant à la maison ! Il n'en faut pas plus pour que les fatigues s'envolent et le bien-être nous envahisse.

ÉLISABETH BOUDREAU

Soupe jardinière

Quantité : 12 portions	Préparation : 40 min	Cuisson : 2 h	Degré de difficulté : moyen

1 os à soupe

3 l (12 tasses) d'eau

45 ml (3 c. à soupe) de concentré de bouillon de poulet

1 boîte de 284 ml (10 oz) de soupe aux tomates concentrée

60 ml (¼ tasse) de pois jaunes cassés

250 ml (1 tasse) de carottes en cubes

250 ml (1 tasse) de navet blanc ou de rutabaga en cubes

2 oignons, hachés

250 ml (1 tasse) de céleri haché

250 ml (1 tasse) de chou émincé

30 ml (2 c. à soupe) d'herbes salées

1 boîte de 284 ml (10 oz) de maïs en crème

250 ml (1 tasse) d'orge perlé ou mondé

Sel et poivre

Persil frais haché, au goût

Dans une casserole, mettre l'os, l'eau, le concentré de bouillon de poulet et la soupe aux tomates.

Ajouter les pois cassés, les carottes, le navet, les oignons, le céleri, le chou, les herbes salées, le maïs et l'orge. Amener à ébullition.

Réduire la chaleur et mijoter 2 heures, jusqu'à tendreté.

Retirer l'os. Saler et poivrer.

Juste avant de servir, ajouter le persil.

Cogner les coquilles ?
Eh oui ! car
contrairement à
la porte d'entrée
qui doit s'ouvrir
quand on y frappe,
celles-ci doivent se
refermer au moindre
choc. Elles vous
garantissent ainsi
leur fraîcheur.

JEANNE LEBEL

Moules marinière

Quantité : 4 portions	Préparation : 15 min	Cuisson : 10 min	Degré de difficulté : faible

2 l (8 tasses) de moules

125 ml (½ tasse) de vin blanc sec

3 échalotes vertes, émincées

2 gousses d'ail, hachées

1 branche de céleri, en dés

60 ml (¼ tasse) de beurre ramolli

60 ml (¼ tasse) de farine

125 ml (½ tasse) de crème 35 %

Sel et poivre

5 ml (1 c. à thé) de persil frais haché

Gratter et laver parfaitement la coquille des moules à l'eau froide.

Déposer dans une casserole. Ajouter le vin, les échalotes, l'ail et le céleri.

Couvrir et cuire 8 minutes, jusqu'à ce que les moules soient ouvertes.

Retirer du feu. À l'aide d'une cuillère trouée, retirer les moules de la casserole et les déposer dans un plat profond.

Réserver les moules au chaud en les couvrant d'une serviette humide et chaude.

À feu moyen, réduire des trois quarts le jus de cuisson.

Dans un bol, mélanger le beurre à la farine pour obtenir un beurre manié.

Incorporer le beurre manié au jus de cuisson. Chauffer en brassant, jusqu'à ébullition.

Retirer du feu et ajouter la crème en mélangeant.

Remettre sur feu doux et poursuivre la cuisson en remuant, jusqu'à épaississement.

Saler et poivrer. Ajouter le persil.

Verser la sauce sur les moules.

Servir immédiatement.

Recette traditionnelle

Voici de quoi se remplir la panse ! Ce copieux repas préparé avec des fruits de mer en amusera plus d'un avec son nom purement madelinot, inspiré de « pot-au-feu ».

Pot-en-pot aux fruits de mer

Quantité : 12 portions	Préparation : 1 h	Cuisson : 50 min	Degré de difficulté : élevé

500 ml (2 tasses) de farine

10 ml (2 c. à thé) de poudre à pâte

5 ml (1 c. à thé) de sel

150 ml (⅔ tasse) de graisse végétale

75 ml (⅓ tasse) d'eau froide

6 pommes de terre, pelées et émincées

500 g (1 lb) de pétoncles, en morceaux

500 g (1 lb) de homard, en morceaux

500 g (1 lb) de crabe, en morceaux

250 g (½ lb) de crevettes décortiquées

15 ml (1 c. à soupe) de graisse végétale

1 oignon, haché

Sel et poivre

250 ml (1 tasse) d'eau froide

60 ml (¼ tasse) de beurre fondu

Mélanger la farine, la poudre à pâte et le sel. À l'aide d'un coupe-pâte ou de deux couteaux, couper la graisse dans la farine jusqu'à consistance grumeleuse. Tout en mélangeant, verser l'eau froide en un mince filet, pour que la pâte forme une boule.

Abaisser la pâte en un rectangle, sur une surface farinée. Tailler huit carrés de pâte de 10 cm (4 po) de côté. Garnir de quatre carrés de pâte le fond d'un plat allant au four de 23 cm (9 po) de côté. Réserver.

Mélanger les pommes de terre, les pétoncles, le homard, le crabe et les crevettes. Déposer ce mélange sur les carrés de pâte. Réserver.

Préchauffer le four à 170 °C (325 °F).

Faire fondre la graisse dans un poêlon. Y faire revenir l'oignon jusqu'à ce qu'il soit doré et en parsemer la préparation aux fruits de mer.

Saler et poivrer.

Déposer les autres carrés de pâte sur les oignons.

Cuire au four 30 minutes, jusqu'à ce que la pâte soit légèrement dorée.

Retirer du four et verser l'eau au centre du plat, en ayant soin de ne pas mouiller la pâte. Badigeonner la pâte de beurre fondu.

Poursuivre la cuisson 15 minutes.

MIREILLE LEBEL

Pâtés à la viande des Îles

Quantité : 2 pâtés	Préparation : 3 h	Cuisson : 1 h 40 min	Degré de difficulté : moyen

4 jarrets de porc

1 kg (2 lb) de bœuf haché

1 oignon, haché

Sel et poivre

1 l (4 tasses) de farine

20 ml (4 c. à thé) de poudre à pâte

10 ml (2 c. à thé) de sel

325 ml (1 ⅓ tasse) de graisse végétale

150 ml (⅔ tasse) d'eau froide

Déposer les jarrets de porc, le bœuf haché et l'oignon dans une casserole. Saler et poivrer. Couvrir d'eau et amener à ébullition. Laisser mijoter 1 heure à feu moyen, jusqu'à ce que la viande soit cuite. Égoutter le contenu de la casserole. Désosser les jarrets et en hacher la chair. Réserver. (Le jus de cuisson de la viande pourra servir à la préparation d'une soupe ou d'une gelée).

Préchauffer le four à 230 °C (450 °F).

Mélanger la farine, la poudre à pâte et le sel. À l'aide d'un coupe-pâte ou de deux couteaux, couper la graisse dans la farine jusqu'à consistance grumeleuse.

Tout en mélangeant, verser l'eau froide en un mince filet, pour que la pâte forme une boule. Diviser la pâte en quatre portions.

Abaisser deux portions de pâte sur une surface farinée, puis en foncer deux plats à tarte.

Remplir les plats à tarte de la préparation de viande et recouvrir d'une abaisse.

Cuire au four 10 minutes, puis baisser la température à 190 °C (375 °F). Poursuivre la cuisson 30 minutes, jusqu'à ce que les pâtés soient dorés.

YVONNE CHIASSON

Soucieux de tirer le meilleur parti des ressources du terroir, nos ancêtres maîtrisaient l'art de préparer des plats consistants, à peu de frais.

Galettes à la morue

Quantité : 6 galettes   **Préparation : 20 min**   **Cuisson : 10 min**   **Degré de difficulté : moyen**

375 ml (1 ½ tasse) de morue salée, cuite et émiettée

375 ml (1 ½ tasse) de purée de pommes de terre

45 ml (3 c. à soupe) d'oignon haché finement

5 ml (1 c. à thé) de persil séché

1 ml (¼ c. à thé) de poivre

1 œuf, battu

60 ml (¼ tasse) de flocons de maïs émiettés

45 ml (3 c. à soupe) d'huile végétale

Mélanger la morue et la purée de pommes de terre.

Ajouter l'oignon, le persil, le poivre et l'œuf battu. Mélanger jusqu'à consistance homogène.

Façonner la préparation en six galettes.

Mettre les flocons de maïs dans une assiette et en enrober chaque galette.

Faire chauffer l'huile dans un poêlon. Y faire revenir les galettes 5 minutes de chaque côté, jusqu'à ce qu'elles soient dorées.

Recette traditionnelle

On raconte que tout bon Madelinot se fait un point d'honneur d'apprendre cette recette que lègue toute grand-mère digne de ce nom… Il peut ainsi retrouver le goût de la maison, quel que soit l'endroit où il vit.

Galettes à la poudre à pâte

Quantité : 24 galettes	Préparation : 15 min	Cuisson : 20 min	Degré de difficulté : moyen

1 l (4 tasses) de farine

30 ml (2 c. à soupe) de poudre à pâte

5 ml (1 c. à thé) de sel

10 ml (2 c. à thé) de sucre

125 ml (½ tasse) de beurre

1 œuf

10 ml (2 c. à thé) de vinaigre

310 ml (1 ¼ tasse) de lait

Préchauffer le four à 200 °C (400 °F).

Au-dessus d'un bol, tamiser la farine avec la poudre à pâte, le sel et le sucre.

À l'aide d'un coupe-pâte ou de deux couteaux, couper le beurre dans la farine jusqu'à consistance grumeleuse.

Dans un autre bol, battre l'œuf. Ajouter le vinaigre et le lait et incorporer ce mélange à la préparation précédente. Mélanger à la fourchette jusqu'à ce que la pâte forme une boule.

Étendre cette boule de pâte avec les mains sur une surface farinée (ne pas utiliser de rouleau à pâtisserie). Abaisser la pâte à 1 cm (⅜ po) d'épaisseur et découper en rondelles à l'aide d'un emporte-pièce fariné.

Placer les galettes sur une plaque à biscuits beurrée et les cuire 20 minutes, jusqu'à ce qu'elles soient dorées.

Servir avec de la confiture, si désiré.

LOUISE BOUDREAU

Yum Yum ! Petits et grands ne pourront se retenir d'émettre cette onomatopée en goûtant ce dessert par ailleurs si simple à réaliser, qu'aucune excuse ne tient de devoir s'en priver.

Carrés Yum Yum

Quantité : 9 carrés	Préparation : 15 min	Cuisson : 30 min	Degré de difficulté : faible

375 ml (1 ½ tasse) de farine

2 ml (½ c. à thé) de poudre à pâte

2 ml (½ c. à thé) de sel

125 ml (½ tasse) de beurre

250 ml (1 tasse) de cassonade

2 jaunes d'œufs

GARNITURE

2 blancs d'œufs

250 ml (1 tasse) de cassonade

*P*réchauffer le four à 180 °C (350 °F).

*M*élanger la farine, la poudre à pâte et le sel. Réserver.

*D*ans un grand bol, défaire le beurre en crème avec la cassonade. Ajouter les jaunes d'œufs et battre. Incorporer la farine réservée.

*M*élanger jusqu'à consistance homogène.

*V*erser dans un moule carré de 23 cm (9 po), beurré. Cuire le gâteau 30 minutes, jusqu'à ce qu'un cure-dents en ressorte sec. Laisser refroidir complètement.

GARNITURE

*B*attre les blancs d'œufs en neige. Incorporer la cassonade graduellement en continuant de battre, jusqu'à formation de pics fermes.

*G*arnir la pâte cuite et refroidie de cette préparation.

*C*ouper en carrés.

Havre-aux-Maisons/Île-aux-Loups/Grande-Entrée

Pour l'une des dernières étapes de votre exploration de l'archipel, vous réservez un chalet à Pointe-aux-Loups, où vos hôtes de la veille vous rejoindront. Ce sera votre tour de cuisiner! Vous pensez à votre menu tout au long de la traversée, mais cela ne vous empêche pas d'entrevoir à quel point cette dernière invite à la détente.

À votre première halte à La Pointe, vous vous embarquez sur le bateau à fond de verre qui sillonne la lagune de Havre-aux-Maisons pour observer crustacés, mollusques, poissons et algues marines dans leur milieu naturel. Vous avez aussi l'occasion d'y observer les oiseaux de l'île aux Cochons, de même que les sites d'élevage de la moule et du pétoncle. Enfin, après avoir assisté à une démonstration de pêche au homard, vous regagnez la terre ferme et vous achetez du homard sur les lieux en prévision du repas du soir.

Pressé de vous rendre à la dune du Sud, vous alliez l'utile à l'agréable : une bonne cueillette de coques et une baignade rafraîchissante. En chemin, vous remarquez les baraques à foin à toit coulissant, signe qu'on pratique encore l'agriculture sur cette île, et vous lorgnez du côté des anciens séchoirs à poisson de la Pointe-Basse.

Sitôt votre cueillette terminée, vous vous dirigez vers Pointe-aux-Loups où, après avoir ramassé quelques coques supplémentaires, vous vous consacrez à vos chaudrons. Le vent se lève comme vos invités arrivent. Ils peuvent enfin se réchauffer avec une bonne soupe aux coques et de remarquables crêpes au homard !

Au mois de mars, vous reviendrez visiter l'île de la Grande-Entrée. C'est que vous avez accepté l'invitation de vos hôtes et amis à participer à une excursion d'observation des phoques sur la banquise. Et vous vous doutez qu'après une journée d'observation, un petit festin bien spécial sera organisé pour vous autour d'une casserole de loup-marin des Îles. La cuisinière n'aura nul besoin d'un livre de recettes

Un peu partout dans l'archipel, on retrouve de jolis hameaux aux maisons éparses où on peut acheter des coques ou autres mollusques pêchés dans les lagunes.

pour la préparer : elle fricote cette casserole chaque année, depuis si longtemps. Tout comme pour les croquignoles — dessert bien connu des Acadiens — qu'elle servira dans la soirée; elle en tient la recette de sa mère, qui la tenait elle-même de la sœur à Pierre-à-François... ■

LOLA VIGNEAU

Cette soupe est une variante du célèbre « clam chowder », mais servie à la mode des Îles, elle devient là-bas le « chowder aux coques ».

Soupe aux coques

Quantité : 12 portions	Préparation : 30 min	Cuisson : 30 min	Degré de difficulté : moyen

10 ml *(2 c. à thé) de beurre*

1 *oignon, émincé*

125 ml *(½ tasse) de céleri en dés*

500 ml *(2 tasses) de pommes de terre en dés*

125 ml *(½ tasse) de carottes hachées*

500 ml *(2 tasses) d'eau bouillante (ou de jus de coques ou de palourdes)*

5 ml *(1 c. à thé) de sel*

2 ml *(½ c. à thé) de poivre*

2 *boîtes de 284 ml (10 oz) de coques ou de palourdes*

500 ml *(2 tasses) de lait*

Faire fondre le beurre dans une casserole. Y faire revenir l'oignon et le céleri 5 minutes, jusqu'à ce que l'oignon soit transparent.

Ajouter les pommes de terre, les carottes, l'eau, le sel et le poivre.

Couvrir et laisser mijoter 15 minutes, jusqu'à tendreté.

Ajouter les coques ou les palourdes. Poursuivre la cuisson 10 minutes.

Incorporer le lait. Laisser mijoter 3 minutes.

LOLA VIGNEAU

Saviez-vous que le foie du crabe et la substance crémeuse située entre la chair et la carapace sont délicieux sur du pain de seigle beurré ? Essayez, vous verrez !

Trempette au crabe

Quantité : 4 portions	Préparation : 20 min	Cuisson : —	Réfrigération : 2 h	Degré de difficulté : faible

250 g (½ lb) de fromage à la crème ramolli (type Philadelphia)

■

10 ml (2 c. à thé) d'échalote verte hachée finement

■

10 ml (2 c. à thé) de céleri haché finement

■

1 boîte de 184 g (6½ oz) de chair de crabe, bien égouttée

■

2 gouttes de sauce au piment fort (type Tabasco)

■

Persil frais haché, au goût

Dans un bol, défaire le fromage en crème avec l'échalote et le céleri.

Incorporer le crabe, la sauce au piment fort et le persil.

Réfrigérer 2 heures.

Tartiner de ce mélange des biscuits au blé, ou servir comme trempette, avec des crudités.

Recette traditionnelle

Il existe encore, aux Îles, une vieille famille propriétaire d'un abattoir essentiellement consacré au loup-marin. Elle sait fort bien tirer profit de chaque partie de ce phoque dont la chasse est controversée !

Casserole de loup-marin des Îles

Quantité : 8 portions	Préparation : 45 min	Cuisson : 2 h	Degré de difficulté : moyen

2 kg (4 lb) de chair de loup-marin (1 échine ou 4 pattes)

2 oignons, en quartiers

6 carottes, en tronçons

1 navet blanc, en cubes

6 pommes de terre, en cubes

Sel et poivre

Persil frais et herbes fraîches, au choix

Préchauffer le four à 180 °C (350 °F).

Dégraisser le loup-marin. Pour ce faire, passer la viande sous le gril, 5 minutes de chaque côté, puis plonger dans un bain d'eau froide. Le gras figera à la surface et s'enlèvera facilement.

Frotter vigoureusement la chair sous l'eau froide afin de la nettoyer.

Déposer la chair dans une cocotte avec les oignons, les carottes, le navet et les pommes de terre. Saler, poivrer et assaisonner au goût.

Fermer hermétiquement la cocotte et cuire 2 heures.

HÉLÈNE VIGNEAU

On peut préparer ses crêpes à l'avance et les congeler en prenant bien soin de les séparer par un papier paraffiné. Des invités s'annoncent à la dernière minute ? Qu'à cela ne tienne, vous serez toujours prêts !

Crêpes au homard

Quantité : 6 crêpes	Préparation : 40 min	Cuisson : 30 min	Degré de difficulté : moyen

180 ml (¾ tasse) de farine

2 ml (½ c. à thé) de sel

2 œufs

250 ml (1 tasse) de lait

15 ml (1 c. à soupe) de beurre

10 ml (2 c. à thé) d'échalotes françaises hachées

250 ml (1 tasse) de champignons hachés

60 ml (¼ tasse) de beurre

60 ml (¼ tasse) de farine

250 ml (1 tasse) de lait

75 ml (⅓ tasse) de vin blanc sec

2 ml (½ c. à thé) de sel

2 ml (½ c. à thé) de poivre

500 g (1 lb) de chair de homard

60 ml (¼ tasse) de fromage râpé

20 ml (4 c. à thé) de chapelure

Dans un bol, mélanger la farine et le sel. Dans un autre bol, mélanger les œufs et le lait. Ajouter à la préparation précédente. Mélanger.

Dans un poêlon légèrement beurré, verser 60 ml (¼ tasse) de pâte en inclinant la poêle afin que la pâte recouvre bien toute la surface. Cuire la crêpe jusqu'à ce que des bulles se forment à la surface. Retourner et poursuivre la cuisson 1 minute.

Empiler les crêpes refroidies en les séparant d'un papier ciré. Envelopper de papier d'aluminium et mettre au réfrigérateur ou au congélateur. Avant d'utiliser les crêpes congelées, laisser dégeler sans les développer.

Faire fondre le beurre dans un poêlon. Ajouter les échalotes et les champignons.

Couvrir et laisser suer, à feu très doux, 10 minutes. Réserver.

Faire fondre le beurre dans une casserole. Ajouter la farine et mélanger jusqu'à légère ébullition. En brassant continuellement, ajouter le lait et cuire à feu moyen jusqu'à épaississement.

À feu doux, ajouter le vin blanc , le sel, le poivre, le homard et les champignons réservés. Laisser mijoter 3 minutes sans faire bouillir.

Préchauffer le four à 220 °C (425 °F).

Déposer 15 ml (1 c. à soupe) de garniture au centre de chaque crêpe et rouler en forme de cigare.

Disposer les crêpes côte à côte dans un plat allant au four. Saupoudrer de fromage râpé et de chapelure. Gratiner au four 5 minutes.

Le degré de finesse du pétoncle n'a d'égal que celui de la précision qu'exige sa cuisson. Trop prolongée, celle-ci le durcirait et atténuerait sa saveur.

IRÈNE ARSENEAU

Brochettes de pétoncles

Quantité : 8 portions	Préparation : 20 min	Cuisson : 15 min	Macération : 15 min	Degré de difficulté : faible

1 boîte de 540 ml (19 oz) d'ananas, en morceaux

500 g (1 lb) de pétoncles crus

1 poivron vert, en morceaux

1 poivron rouge, en morceaux

8 quartiers de tomates ou tomates cerises

8 champignons

20 ml (4 c. à thé) de beurre fondu

2 ml (½ c. à thé) de persil frais haché

*É*goutter les ananas en ayant soin d'en recueillir le jus. Réserver les ananas.

*V*erser le jus d'ananas sur les pétoncles et laisser macérer 15 minutes. Égoutter les pétoncles et réserver le jus d'ananas.

*P*réchauffer le four à 180 °C (350 °F).

*S*ur des brochettes, enfiler en alternance les morceaux d'ananas, les légumes et les pétoncles. Mélanger le jus d'ananas réservé, le beurre et le persil.

*A*rroser les brochettes de cette préparation et couvrir de papier d'aluminium.

*C*uire au four 15 minutes.

SYLVIE LANGFORD

Des sauterelles dans la tarte? Rassurez-vous! Ce délicieux dessert doit son nom à sa couleur verte, qui n'est pas sans rappeler cet insecte familier.

Tarte à la sauterelle

Quantité : 8 portions	Préparation : 30 min	Cuisson : 15 min	Congélation : 1 h	Degré de difficulté : faible

60 ml (¼ tasse) de beurre fondu

500 ml (2 tasses) de chapelure de biscuits au chocolat (type Oreo)

32 grosses guimauves blanches

60 ml (¼ tasse) de lait

125 ml (½ tasse) de crème de menthe verte

500 ml (2 tasses) de crème 35 %

Chocolat, en copeaux

Dans un bol, mélanger le beurre et la chapelure de biscuits.

Presser ce mélange contre le fond et les parois d'un plat à tarte de 23 cm (9 po) de diamètre. Réserver.

Au bain-marie, faire fondre les guimauves dans le lait.

Incorporer la crème de menthe.

Congeler 30 minutes, jusqu'à ce que le mélange soit légèrement pris.

Fouetter la crème et l'incorporer à la préparation.

Verser dans la croûte. Congeler 30 minutes avant de servir.

Décorer de copeaux de chocolat.

Recette traditionnelle

Est-ce parce qu'ils sont « à croquer » que l'on appelle croquignoles ces beignets tressés ? Peut-être, mais ce qu'il importe de savoir, c'est qu'on les faisait frire, à l'origine, dans de la graisse de loup-marin.

Croquignoles

Quantité : 24 croquignoles	Préparation : 50 min	Réfrigération : 12 h	Cuisson : variable	Degré de difficulté : élevé

1,06 l (4 ¼ tasses) de farine

15 ml (1 c. à soupe) de poudre à pâte

310 ml (1 ¼ tasse) de sucre

2 ml (½ c. à thé) de sel

2 œufs

250 ml (1 tasse) de lait

2 ml (½ c. à thé) de vanille

5 ml (1 c. à thé) de graisse végétale fondue

*D*ans un bol, mélanger la farine, la poudre à pâte, le sucre et le sel.

*D*ans un autre bol, battre les œufs. Ajouter le lait, la vanille et la graisse fondue.

*I*ncorporer à la préparation précédente de façon à obtenir une pâte homogène. Laisser reposer la pâte 12 heures, au réfrigérateur.

*A*baisser la pâte en un rectangle de 0,5 cm (¼ po) d'épaisseur. À l'aide d'un couteau, tailler ensuite la pâte en rectangles de 15 cm x 7 cm (6 po x 3 po).

*F*aire deux entailles dans un rectangle, sur la longueur, en laissant l'une des extrémités intacte.

*T*resser les trois lanières obtenues pour former une croquignole. Faire de même pour chaque rectangle.

*D*ans une friteuse, faire chauffer l'huile à 190 °C (375 °F). Frire les croquignoles 4 minutes, quelques-unes à la fois, jusqu'à ce qu'elles soient dorées.

GASPÉSIE

Contrée enchanteresse aux parfums de la mer

Ceux qui arrivent à vol d'oiseau au-dessus de la Gaspésie se voient offrir un inestimable cadeau. Emballée d'un feuillage végétal, la péninsule semble enrubannée du long lacet de la route qui la contourne. Le ruban forme çà et là des nœuds et des boucles ficelant de petits villages de pêcheurs dans les baies et les anses.

Du côté de l'estuaire du St-Laurent, l'enveloppe végétale est déchiquetée par de hautes falaises abruptes, aboutissement ultime de la chaîne appalachienne. Du côté de la Baie-des-Chaleurs, l'emballage-cadeau est quelque peu teinté de jaune et de doré : c'est qu'en plus de la pêche et de la sylviculture, on y pratique l'agriculture. Des côtes vers l'intérieur, de nombreux serpentins bleus lient l'ensemble. Ce sont des rivières limpides, souvent reconnues pour la pêche au saumon. À l'intérieur de cette vaste étendue de montagnes et de forêts, le chou cuivré, Murdochville, dont la fonction n'est pas simplement décorative, apporte une touche finale à la présentation.

Malgré ces paysages grandioses, cette terre isolée n'avait pratiquement que la mer à offrir pour subsistance à ses premiers occupants. Les Micmacs, puis les colons français venus occuper ce coin de Nouvelle-France, les Acadiens de la déportation, les Loyalistes fuyant la Nouvelle-Angleterre, de même que tous ces naufragés européens qui furent accueillis en cette terre aride n'ont donc eu de cesse de perfectionner l'art de la pêche et de la conservation du poisson. Et les eaux des côtes gaspésiennes n'ont pas uniquement permis à la population résidante de subsister, fréquentées qu'elles étaient déjà au XIVe siècle par des pêcheurs basques, normands et bretons.

Même si les façons de faire ont évolué, la pêche, comme on le voit dans les villages côtiers, demeure une des occupations majeures des Gaspésiens. Les usines de transfor-

mation du poisson, du crabe et de la crevette ont remplacé les techniques de séchage sur les galets ou sur les vigneaux, ces treillis installés à quelques pieds du sol et qui permettaient jadis aux pêcheurs européens et aux habitants de conserver le poisson pendant la traversée pour les uns, et pendant les longs hivers pour les autres.

Les Gaspésiens trouvent également depuis toujours dans les forêts qui recouvrent l'intérieur des terres, un complément à la pêche. On y chasse en effet des orignaux, des chevreuils et du gibier à plume, de même qu'on y cueille des petits fruits sauvages. Ainsi, ces gens qui ne pouvaient

Oubliez un peu qui vous êtes et laissez-vous apprivoiser par la nature lors d'une formidable excursion en mer autour de l'étonnante presqu'île de Forillon dont la végétation témoigne des séquelles de l'ère glacière.

compter que sur eux-mêmes pour assurer leur subsistance ont développé des habitudes alimentaires simples, mais saines, centrées sur le gibier et le poisson frais.

Comme c'est le cas chez bien des populations de régions isolées, les Gaspésiens sont des gens d'une chaleur et d'une hospitalité peu communes. Aux visiteurs, qui en ont fait une destination touristique reconnue, ils offrent absolument tout ce que la nature leur procure, voire même un peu plus : pour mieux les accueillir, ils ont rendu leurs plus beaux sites davantage accessibles et avec eux, ils partagent les repas qu'ils préparent pour eux-mêmes depuis des générations.

Si vous y allez un jour, ils vous emmèneront partout, en mer et en forêt, racontant, avec leur accent savoureux, les mille et une anecdotes de leur vie quotidienne. Ils vous proposeront toujours le fruit du labeur de la saison : l'éperlan, le maquereau, la morue, la plie, la truite, le saumon, l'omble ou le touladi, le crabe, le homard, la crevette ou les mollusques frais pêchés, le tout, simplement ou finement préparé.■

Parmi toutes les images poétiques qu'évoquent en nous la Gaspésie, la première est sans doute celle du célèbre rocher Percé qui offre une vue saisissante à toute heure de la journée, même en hiver...

La Baie-des-Chaleurs

*Jamais vous n'auriez cru que la Baie-des-Chaleurs portait si bien son nom...
Bien sûr, vous saviez que le microclimat dont elle jouit y a davantage favorisé l'agriculture
qu'ailleurs en Gaspésie... À ce sujet, vous êtes à même de mesurer l'ingéniosité
des ancêtres ayant utilisé les produits de la mer pour faire fructifier la terre.*

Ainsi, autant dans d'autres régions le fumier a-t-il précédé les engrais chimiques, autant, dans la Baie-des-Chaleurs, le hareng ou le varech que l'on étendait en couches épaisses sur les terres labourées ont-ils jadis permis de faire pousser pommes de terre et poireaux dans un sol sablonneux.

Jamais vous n'auriez cru que la Baie-des-Chaleurs portait si bien son nom... Bien sûr, vous y alliez pour les plages qui ne vous ont pas déçu, mais vous ne saviez pas, avant de visiter le parc de Miguasha que le site était fort probablement, il y a environ 400 millions d'années, occupé par un lagon tropical entouré d'une végétation luxuriante. La qualité de conservation des poissons et des plantes fossiles enchâssés dans la roche sédimentaire témoigne de façon grandiose du milieu de vie qui y existait pendant la période dévonienne.

Jamais vous n'auriez cru que la Baie-des-Chaleurs avait été le théâtre de moments si chauds de notre histoire... Avant d'aller faire un tour du côté de Pointe-à-la-Croix, où une exposition vous permet de revivre la traversée de la flotte de ravitaillement dépêchée au secours de la Nouvelle-France au printemps de 1760, vous ne saviez pas que cette dernière tentative de la France pour soustraire sa colonie d'Amérique à la domination anglaise avorta, en été 1760, dans la Baie-des-Chaleurs, à l'embouchure de la rivière Restigouche. Vous ne saviez pas non plus, avant de vous arrêter à Paspébiac, que ce site avait été, dans la seconde moitié du XVIIIe siècle, le siège d'un empire anglais fondé sur la pêche à la morue.

Jamais vous n'auriez cru, avant tout, que la Baie-des-Chaleurs vous réserverait de si chauds moments. Des instants privilégiés qui commencent tous, sans exception, autour de la bonne table où l'on ne vous sert que des plats préparés avec des produits de la Gaspésie. Vous frissonnez de plaisir en dégustant la soupe au crabe des neiges et la fabuleuse mousse de pétoncles et sauce aux endives qui ajoute au plaisir que vous prenez à regarder la personne qui vous accompagne et qui opte pour des brochettes d'agneau au paprika... à moins que ce ne soit pour des quiches gaspésiennes ? Est-ce uniquement la chaleur qui vous rend si tendrement confus ? ■

Pour une escapade à saveur scientifique, il faut s'arrêter à la falaise de Miguasha et admirer les fossiles magnifiquement conservés qui ornent ce site de réputation internationale.

ANDRÉ MOREAU

On pourrait qualifier cette soupe de « chaudrée ». Ce titre est exclusif à une préparation contenant au moins un élément de la mer. Dans cette recette, il s'agit du crabe des neiges, ce crustacé dont le nom évoque à lui seul la fraîcheur de l'air marin.

Soupe de crabe des neiges

Quantité : 6 portions	Préparation : 10 min	Cuisson : 1 h	Degré de difficulté : élevé

2 l (8 tasses) d'eau

1 l (4 tasses) de vin blanc

1 bouquet garni
(thym, laurier, persil)

500 ml (2 tasses) de mirepoix
(mélange d'oignons, de
carottes et de céleri taillés
en petits dés)

2 gousses d'ail hachées

Sel et poivre, au goût

2 crabes des neiges d'environ
1,5 à 2 kg (3 à 4 lb)

30 ml (2 c. à soupe) d'huile

1 ml (¼ c. à thé) de safran

1 blanc de poireau, haché

2 carottes, hachées

1 oignon, haché

3 gousses d'ail, hachées

15 ml (1 c. à soupe) d'anis

250 ml (1 tasse) de crème 35 %

30 ml (2 c. à soupe) de beurre

Mettre l'eau, le vin blanc, le bouquet garni, la mirepoix, l'ail, le sel et le poivre dans une grande casserole. Porter à ébullition. Réduire la chaleur, couvrir et laisser mijoter 30 minutes.

Ramener le court-bouillon à ébullition. Y plonger les crabes et les cuire 10 minutes.

Retirer les crabes du bouillon. Réserver ce dernier.

Enlever les pattes des crabes et en retirer la chair. Réserver.

Faire chauffer l'huile dans une autre grande casserole.

Y faire revenir le safran, le poireau, les carottes, l'oignon, l'ail et l'anis, sans laisser prendre couleur.

Ajouter les carapaces de crabe et le court-bouillon. Amener à ébullition et réduire la chaleur. Laisser mijoter de 10 à 15 minutes.

Retirer les carapaces de crabe.

Passer la soupe au robot jusqu'à consistance homogène. Transvaser dans la casserole.

Tout en fouettant, incorporer la crème et le beurre. Laisser mijoter 2 ou 3 minutes, juste pour réchauffer.

Garnir de la chair de crabe. Servir avec des petits croûtons à l'ail.

Il existe plusieurs variétés de caviar, mais le plus prisé et le plus réputé est celui de l'esturgeon, dont les œufs sont lavés, criblés, mis en saumure, puis égouttés, avant d'être déposés dans des boîtes de fer. Dans la présente recette, ne pas saler l'œuf, puisque le caviar l'est déjà suffisamment.

Omelettes au saumon fumé, sauce au caviar

Quantité : 6 portions	Préparation : 15 min	Cuisson : 12 min	Degré de difficulté : moyen

250 ml (1 tasse) de crème 35 %

30 ml (2 c. à soupe) de jus de citron

45 ml (3 c. à soupe) de ciboulette hachée finement

45 ml (3 c. à soupe) de caviar (ou d'œufs de lompe)

6 gros œufs

360 g (12 oz) de saumon fumé

60 ml (¼ tasse) de beurre

Dans un bol, mélanger la crème, le jus de citron, la ciboulette et le caviar. Réserver au réfrigérateur.

Battre les œufs individuellement dans des petits bols.

Faire fondre 10 ml (2 c. à thé) de beurre dans un poêlon de 18 cm (7 po) de diamètre, jusqu'à ce qu'il ne soit plus mousseux.

Ajouter un œuf battu et incliner le poêlon pour que l'omelette soit étalée uniformément.

Cuire l'omelette jusqu'à ce qu'elle soit ferme, bien qu'encore baveuse.

Déposer 60 g (2 oz) de saumon fumé au centre de celle-ci. Replier l'omelette sur le saumon, puis la glisser dans une assiette chaude.

Verser un peu de sauce de chaque côté de celle-ci.

Répéter ces opérations pour faire cinq autres omelettes.

Garnir d'œufs de saumon, si désiré.

YVAN BELZILE

On ne blanchit jamais les endives. On peut cependant les faire fondre au beurre, les faire braiser, les préparer en chiffonnade ou en fritots pour, comme ici, accompagner les crustacés...

Mousse de pétoncles et sauce aux endives

Quantité : 4 portions	Préparation : 45 min	Cuisson : 40 min	Degré de difficulté : élevé

125 g (¼ lb) de pétoncles

375 ml (1 ½ tasse) de lait

125 ml (½ tasse) de crème 35 %

4 jaunes d'œufs

2 œufs entiers

Sel et poivre du moulin

3 endives, hachées finement

Le jus de 2 limes

60 ml (¼ tasse) de beurre doux

60 ml (¼ tasse) de miel

250 ml (1 tasse) de crème 35 %

Préchauffer le four à 180 °C (350 °F).

Réduire les pétoncles en purée au mélangeur. Ajouter le lait et la crème. Bien mélanger.

Ajouter les jaunes d'œufs et les œufs entiers. Mélanger jusqu'à consistance homogène. Saler et poivrer.

Verser la préparation dans quatre ramequins beurrés et déposer ceux-ci dans une lèchefrite contenant de l'eau.

Cuire 20 minutes.

Arroser les endives d'un peu du jus des limes.

Faire fondre le beurre dans une casserole. Y faire revenir les endives, sans laisser prendre couleur.

Ajouter le jus des limes, le miel et la crème. Chauffer à feu doux 15 minutes environ, jusqu'à faible ébullition. Saler et poivrer.

Telle quelle, cette recette toute simple regorge de saveurs. Toutefois, la plupart des brochettes sont plus savoureuses et plus tendres si les éléments qui les composent ont mariné avec de l'huile, des herbes hachées, de l'ail, une eau-de-vie, du sel, du poivre et divers aromates.

Brochettes d'agneau au paprika

Quantité : 6 portions	Préparation : 20 min	Cuisson : 15 à 20 min	Degré de difficulté : faible

1 kg (2 lb) d'agneau (épaule)

125 ml (½ tasse) de lard fumé ou salé en cubes

45 ml (3 c. à soupe) d'huile

10 ml (2 c. à thé) de paprika

5 ml (1 c. à thé) de sel

1 ml (¼ c. à thé) de poivre

250 ml (1 tasse) de tomates en quartiers

180 ml (¾ tasse) d'oignons en quartiers

Préchauffer le four à 220 °C (425 °F).

Couper l'agneau en petits cubes. Blanchir les cubes de lard fumé, 30 secondes, dans une casserole d'eau bouillante. Réserver.

Mélanger l'huile et le paprika. Badigeonner de cette préparation les cubes d'agneau. Saler et poivrer.

Enfiler les cubes d'agneau, les quartiers de tomates, les quartiers d'oignons et les cubes de lard fumé sur six brochettes, en alternance.

Griller au four de 15 à 20 minutes.

Servir avec du riz et une sauce barbecue.

Recette traditionnelle

Cet apprêt, un classique de la cuisine française, peut être agrémenté d'une diversité d'ingrédients (jambon, fromage, oignons, etc.). Il prend ici une allure et une saveur toutes gaspésiennes, grâce aux mignonnes petites crevettes nordiques...

Quiches gaspésiennes

Quantité : 6 portions	Préparation : 20 min	Cuisson : 40 min	Degré de difficulté : moyen

500 g (1 lb) de pâte brisée (du commerce)

1 kg (2 lb) de crevettes nordiques

125 ml (½ tasse) d'échalotes vertes hachées finement

250 ml (1 tasse) de lait

4 œufs

2 jaunes d'œufs

125 ml (½ tasse) de crème 35 %

Sel et poivre

Muscade, au goût

375 ml (1 ½ tasse) de gruyère râpé

*P*réchauffer le four à 180 °C (350 °F).

*S*ur une surface farinée, abaisser la pâte en un carré d'environ 50 cm (20 po) de côté. Y découper six cercles et en foncer six moules individuels de 15 cm (6 po) de diamètre (on peut également foncer d'une seule abaisse un moule de 23 cm (9 po) de diamètre).

*R*épartir les crevettes et les échalotes dans les abaisses.

*D*ans un grand bol, battre le lait, les œufs, les jaunes d'œufs, la crème, le sel, le poivre et la muscade. Verser dans les abaisses.

*P*arsemer les quiches de gruyère.

*C*uire au moins 40 minutes.

Recette traditionnelle

On peut agrémenter ce pouding au riz traditionnel de fruits frais, secs ou confits, selon la saison, et le servir avec du sirop de maïs ou du sirop d'érable.

Pouding au riz

| Quantité : 6 portions | Préparation : 10 min | Cuisson : 3 h | Degré de difficulté : faible |

90 ml (6 c. à soupe) de riz à grains courts

625 ml (2 ½ tasses) de lait évaporé

75 ml (⅓ tasse) de sucre

60 ml (¼ tasse) de cassonade

2 ml (½ c. à thé) de sel

375 ml (1 ½ tasse) d'eau

1 pincée de muscade

60 ml (¼ tasse) de raisins de Corinthe

Préchauffer le four à 180 °C (350 °F).

Rincer le riz.

Dans un bol, mélanger le riz, le lait évaporé, le sucre, la cassonade, le sel, l'eau, la muscade et les raisins de Corinthe.

Verser dans un plat de 23 cm (9 po) de côté, allant au four.

Cuire 3 heures.

Servir avec du sirop de maïs ou du sirop d'érable.

GASPÉSIE • LA BAIE-DES-CHALEURS

Petits pains ronds de pâte levée, les scones se servent chauds, fendus en deux et beurrés. D'origine écossaise, mous et blancs à l'intérieur, ils se mangent habituellement au petit déjeuner ou à l'heure du thé.

Scones

Quantité : 10 scones	Préparation : 25 min	Cuisson : 20 min	Refroidissement : 15 min	Degré de difficulté : faible

560 ml (2 ¼ tasses) de farine

60 ml (¼ tasse) de sucre

15 ml (1 c. à soupe) de poudre à pâte

5 ml (1 c. à thé) de sel

75 ml (⅓ tasse) de beurre

125 ml (½ tasse) de lait

1 œuf

1 jaune d'œuf

*P*réchauffer le four à 200 °C (400 °F).

*D*ans un bol, mélanger la farine, le sucre, la poudre à pâte et le sel.

À l'aide d'un coupe-pâte ou de deux couteaux, couper le beurre dans les ingrédients secs jusqu'à consistance granuleuse.

*I*ncorporer le lait, l'œuf et le jaune d'œuf. Mélanger jusqu'à ce que les ingrédients soient humides, sans plus.

*P*étrir délicatement la pâte de 3 à 4 minutes. Réfrigérer 15 minutes.

*S*ur une surface farinée, abaisser la pâte jusqu'à 1 cm (⅜ po) d'épaisseur. À l'aide d'un emporte-pièce, découper environ 10 cercles dans la pâte.

*E*ntailler légèrement les biscuits avec un couteau.

*D*isposer les biscuits sur une plaque à pâtisserie beurrée, en les espaçant de 2,5 cm (1 po).

*C*uire 20 minutes environ.

La Côte

En taquinant l'éperlan sur le quai de Matane au soleil couchant,
vous éprouvez ce sentiment d'un instant déjà vécu,
où le sel de mer, insidieusement transporté par les embruns,
entre dans les pores et colle à la peau.

Cette sensation vous rappelle une très sympathique conversation que vous avez eue avec un pêcheur de homard d'un autre petit village côtier. Il vous expliquait, homard à la main, comment endormir la petite bête afin qu'une fois plongée dans l'eau de cuisson, elle ne batte pas de la queue et que surtout, elle ne souffre pas.

Avec son accent gaspésien, il vous montrait comment prendre le homard par le dos, pattes pointées vers le sol, et comment lui flatter vigoureusement la queue, de haut en bas. Vous en étiez tout abasourdi : les pattes et les pinces, qui avaient cessé de bouger sous vos yeux, pendaient nonchalamment. Le corps était si profondément endormi que le pêcheur pouvait insérer un bout de bois entre les pinces sans susciter aucune réaction...

Quelqu'un fait pression sur votre épaule, vous prévenant ainsi qu'un petit éperlan se débat au bout de votre ligne. Celui-ci bien maîtrisé, vous remerciez l'autre pêcheur, en qui vous reconnaissez le guide qui vous a fait visiter le jour même l'usine de traitement de la crevette : déchargement des bateaux, transformation, cuisson et décorticage, tout cela vous a prédisposé à la dégustation très attendue de ce renommé crustacé que l'on pêche dans les environs de Matane.

Assis près de vous, la ligne à la main, votre guide vous raconte que le parc de la Gaspésie, tout près, est l'unique endroit au Québec où l'on retrouve dans le même territoire, selon les strates de végétation et de climat, le caribou, l'orignal et le cerf de Virginie. Au sommet du mont Albert, sur un immense plateau parsemé d'une végétation typique des régions nordiques, il a lui-même été accompagné d'un couple de caribous pendant une bonne partie de sa randonnée en solitaire. « À cinquante kilomètres de la route qui ceinture la Gaspésie, dit-il, j'avais peu à peu acquis la certitude d'être arrivé au bout du monde. Et là, poursuit-il, s'est soudain révélé à moi un relais gastronomique dont je garderai un souvenir éternel ».

Vous savez déjà que comme lui, vous vous rendrez bientôt sur les hauts plateaux de ce bout du monde et que, comme lui, vous vous souviendrez à tout jamais d'une exquise crème de bourgots suivie de délectables rillettes aux deux saumons — fumé et poché... Vous vous imaginerez même pouvoir frôler les nuages d'encore plus près en terminant le repas par un très très léger gâteau des anges au chocolat.■

Fidèle au poste depuis quelques générations déjà, le phare octogonal de La Martre, impressionnant mais oh! combien rassurant, en a guidé plus d'un pour les ramener sains et saufs au bercail...

Bourgots, bigorneaux et buccins, coquillages fort connus et appréciés en Gaspésie et sur la Côte-Nord peuvent, sans préjudice aucun, être incorporés à cette crème apprêtée à la marinière. On peut se les procurer frais ou congelés, dans les poissonneries spécialisées.

« LE CABILLAUD »

Crème de bourgots

Quantité : 12 portions | **Préparation : 30 min** | **Cuisson : 50 min** | **Degré de difficulté : moyen**

30 ml (2 c. à soupe) de beurre

37 ml (2 ½ c. à soupe) de farine

325 ml (1 ½ tasse) de lait

15 ml (1 c. à soupe) d'huile

1 oignon, haché

250 ml (1 tasse) de poireau coupé en rondelles

5 ml (1 c. à thé) d'ail

1,5 l (6 tasses) de fumet de poisson (du commerce)

125 ml (½ tasse) de vin blanc

1 ml (¼ c. à thé) de cerfeuil

1 ml (¼ c. à thé) d'oseille

2 ml (½ c. à thé) de zeste d'orange

1 l (4 tasses) de bourgots (dans la saumure), parés et hachés

125 ml (½ tasse) de saumure des bourgots

Le jus de ½ citron

Poivre blanc, au goût

4 feuilles de laitue

500 ml (2 tasses) de lait

125 ml (½ tasse) de crème 35 %

Ciboulette hachée, au goût

Beurre, au goût

Faire fondre le beurre dans une casserole. Ajouter la farine et bien mélanger.

Tout en remuant, incorporer le lait graduellement et chauffer jusqu'à épaississement. Réserver cette béchamel.

Faire chauffer l'huile dans une autre casserole. Y faire revenir l'oignon, le poireau et l'ail, sans laisser prendre couleur.

Ajouter le fumet de poisson, le vin blanc, le cerfeuil, l'oseille et le zeste d'orange. Amener à ébullition.

Réduire la chaleur et laisser mijoter 5 minutes.

Ajouter les bourgots, la saumure et le jus de citron. Poivrer. Laisser mijoter 10 minutes.

Ajouter la laitue et poursuivre la cuisson jusqu'à ce qu'elle soit tendre.

Passer au robot jusqu'à consistance homogène.

Incorporer la béchamel, le lait et la crème. Laisser mijoter 2 ou 3 minutes, juste pour réchauffer.

Rectifier l'assaisonnement au besoin. Garnir chaque portion de ciboulette et d'une noisette de beurre.

Il va de soi que les rillettes se servent toujours froides, éventuellement avec du pain de campagne légèrement grillé; on en fait aussi des sandwichs et des canapés.

Rillettes aux deux saumons

Quantité : 6 portions	Préparation : 30 min	Cuisson : 50 min	Refroidissement : 6 h	Degré de difficulté : moyen

15 ml (1 c. à soupe) de beurre

½ carotte, coupée en fins bâtonnets

45 ml (3 c. à soupe) d'échalotes françaises, hachées

250 ml (1 tasse) de poireaux hachés

310 ml (1 ¼ tasse) de vin blanc sec

750 ml (3 tasses) d'eau

22 ml (1 ½ c. à soupe) de vinaigre de vin blanc

500 g (1 lb) de saumon

300 g (10 oz) de saumon fumé

60 ml (¼ tasse) de beurre ramolli

Poivre, au goût

Piment de Cayenne, au goût

Jus de citron, au goût

20 ml (4 c. à thé) de vin xérès

20 ml (4 c. à thé) de crème épaisse (facultatif)

Faire fondre le beurre dans une grande casserole. Y faire revenir la carotte, les échalotes et les poireaux, sans laisser prendre couleur.

Ajouter le vin et l'eau. Amener à ébullition. Réduire la chaleur et laisser mijoter 20 minutes.

Passer le bouillon dans une passoire chemisée d'étamine (coton à fromage). Ajouter le vinaigre au bouillon.

Dans une passoire placée au-dessus de la casserole, filtrer le court-bouillon.

Amener de nouveau à ébullition. Réduire la chaleur. Déposer le saumon dans le court-bouillon et faire pocher 20 minutes environ, jusqu'à ce que la chair s'effeuille facilement à la fourchette. Laisser reposer dans le court-bouillon.

Pendant ce temps, passer au mélangeur le saumon fumé et le beurre ramolli, jusqu'à consistance homogène.

Débarrasser le morceau de saumon de la peau et des arêtes puis l'émietter finement à la fourchette.

Dans un bol, mélanger la préparation de saumon fumé et le saumon émietté. Assaisonner de poivre et de piment de Cayenne. Ajouter le jus de citron et le xérès et mélanger. Ajouter la crème, si la préparation semble trop épaisse.

Verser la préparation dans un moule huilé et rincé à l'eau froide.

Réfrigérer au moins 6 heures.

Servir avec du pain grillé.

Très apprécié sur la Côte, le flétan, ce poisson plat des eaux froides et profondes, se vend frais, salé ou fumé. Sa chair est à la fois très maigre et énergétique.

Flétan de la Côte

Quantité : 2 portions	Préparation : 20 min	Cuisson : 50 min	Degré de difficulté : moyen

15 ml (1 c. à soupe) d'huile d'olive

1 petit oignon, haché finement

1 échalote française hachée

1 gousse d'ail haché

5 tomates rouges, épépinées, blanchies, pelées et hachées

3 champignons, coupés en cubes de 1 cm (½ po)

15 ml (1 c. à soupe) de persil frais

Sel et poivre

Thym, au goût

1 feuille de laurier

15 ml (1 c. à soupe) de jus de citron

250 ml (1 tasse) de vin blanc

250 ml (1 tasse) de fumet de poisson

250 ml (1 tasse) de crème 35 %

5 ml (1 c. à thé) de beurre manié (soit du beurre mélangé à une égale quantité de farine)

5 ml (1 c. à thé) de beurre d'anchois (soit environ 5 ml (1 c. à thé) de beurre mélangé à ⅓ de filet d'anchois)

375 g (¾ lb) de flétan (2 darnes)

*F*aire chauffer l'huile dans un poêlon. Y faire revenir l'oignon, l'échalote et l'ail jusqu'à ce que l'oignon commence à se colorer. Ajouter les tomates et cuire 10 minutes.

*A*jouter les champignons, le persil, le sel, le poivre, le thym, la feuille de laurier et le jus de citron. Poursuivre la cuisson jusqu'à ce que le liquide se soit évaporé. Réserver.

*P*réchauffer le four à 200 °C (400 °F).

*V*erser le vin blanc et le fumet de poisson dans une casserole.

*A*mener à ébullition et laisser réduire de moitié.

*A*jouter la crème et le beurre manié. Poursuivre la cuisson jusqu'à ce que la sauce ait épaissi et qu'elle nappe le dos d'une cuillère.

*S*aler et poivrer. Ajouter le beurre d'anchois. Réserver.

*É*tendre la préparation aux tomates dans deux assiettes allant au four. Déposer dans chacune une darne de flétan. Saler et poivrer.

*C*uire de 5 à 8 minutes, jusqu'à ce que la chair du poisson s'effeuille facilement à la fourchette.

*N*apper le poisson de la sauce.

*S*ervir aussitôt.

YVAN BELZILE

THÉRÈSE CHOQUETTE

Bouilli de bœuf à l'ancienne

Quantité : 4 portions	Préparation : 20 min	Cuisson : 1 h 30 min	Degré de difficulté : faible

1 bifteck de palette de 1 kg (2 lb)

1 ml (¼ c. à thé) de thym

1 ml (¼ c. à thé) de sarriette

Sel et poivre

250 ml (1 tasse) de bouillon de bœuf

2 oignons, en quartiers

1 navet blanc, en cubes

1 chou, en gros morceaux

6 carottes, en rondelles

6 pommes de terre, en cubes

250 g (½ lb) de haricots verts entiers

250 g (½ lb) de haricots jaunes entiers

Préchauffer le four à 170 °C (325 °F).

Dans une rôtissoire, mettre le bifteck de palette. Assaisonner de thym, de sarriette, de sel et de poivre. Ajouter le bouillon de bœuf.

Cuire au four à découvert pendant 1 heure, jusqu'à ce que la viande se défasse à la fourchette.

Mettre les oignons, le navet, le chou, les carottes, les pommes de terre et les haricots verts et jaunes dans une grande casserole. Couvrir d'eau à hauteur.

Couvrir et cuire à feu moyen 15 minutes. Ajouter le bifteck de palette et le jus de cuisson. Poursuivre la cuisson 15 minutes. Servir aussitôt.

> Délicieuses en soi, ces belles crêpes dorées accompagnent très bien les grillades et offrent une agréable alternative aux éternelles pommes de terre sautées du petit déjeuner...

Crêpes aux pommes de terre gaspésiennes

Quantité : 6 portions	Préparation : 10 min	Cuisson : 15 min	Degré de difficulté : faible

500 ml (2 tasses) de pommes de terre, râpées

2 œufs, légèrement battus

5 ml (1 c. à thé) de sel

2 ml (½ c. à thé) de poivre

1 ml (¼ c. à thé) de muscade

100 ml (⅓ tasse + 5 c. à thé) de farine

60 ml (¼ tasse) d'oignon haché

60 g (2 oz) de lard salé maigre, en petits cubes

*B*ien assécher les pommes de terre avec un linge propre et les mettre dans un bol.

*A*jouter les œufs, le sel, le poivre, la muscade, la farine et l'oignon.

*B*ien mélanger.

*F*aire fondre le lard salé dans un poêlon. Y verser 60 ml (¼ tasse) de pâte à crêpes.

*C*uire à feu doux jusqu'à ce que la crêpe soit dorée et croustillante de chaque côté (pour éviter de brûler les crêpes, on peut, après les avoir dorées, poursuivre la cuisson 10 minutes, au four préchauffé à 200 °C (400 °F).

THÉRÈSE MEILLEUR

Gâteau des anges au chocolat

Quantité : 12 portions	Préparation : 30 min	Cuisson : 1 h	Refroidissement : 30 min	Degré de difficulté : moyen

250 ml (1 tasse) de farine

180 ml (¾ tasse) de sucre

125 ml (½ tasse) de cacao

12 blancs d'œufs

5 ml (1 c. à thé) de crème de tartre

1 ml (¼ c. à thé) de sel

5 ml (1 c. à thé) de vanille

125 ml (½ tasse) de sucre

500 ml (2 tasses) de crème 35 %

125 ml (½ tasse) de sucre glace

125 ml (½ tasse) de cacao tamisé

Préchauffer le four à 170 °C (325 °F).

Au-dessus d'un grand bol, tamiser la farine, le sucre et le cacao. Réserver.

Dans un autre bol, fouetter les blancs d'œufs au batteur électrique avec la crème de tartre, le sel et la vanille, jusqu'à formation de pics mous.

Ajouter le sucre, 15 ml (1 c. à soupe) à la fois, et battre jusqu'à formation de pics fermes.

Tamiser le quart des ingrédients secs sur les blancs d'œufs, tout en pliant délicatement à l'aide d'une spatule de caoutchouc. Répéter trois fois l'opération.

Verser la pâte dans un moule à gâteau de 25 cm (10 po) de côté, non beurré. Lisser légèrement le dessus.

Cuire le gâteau de 55 à 60 minutes, jusqu'à ce qu'un cure-dents en ressorte sec.

Démouler aussitôt le gâteau et le laisser refroidir.

Dans un bol, fouetter la crème jusqu'à formation de pics mous.

Saupoudrer de sucre glace et de cacao. Fouetter jusqu'à formation de pics fermes.

Réfrigérer 30 minutes pour raffermir la crème fouettée.

En glacer le gâteau refroidi.

Bien que ces carrés soient délicieux en soi, on peut également les napper d'une crème anglaise ou encore, si le cœur vous en dit, parfumer la préparation de Grand-Marnier ou de cointreau.

Carrés aux bleuets

Quantité : 12 carrés	Préparation : 1 h	Cuisson : 25 min	Degré de difficulté : élevé

125 ml (½ tasse) de graisse végétale

250 ml (1 tasse) de cassonade

250 ml (1 tasse) de farine

500 ml (2 tasses) de bleuets

250 ml (1 tasse) de sucre

45 ml (3 c. à soupe) d'eau

15 ml (1 c. à soupe) de fécule de maïs

3 blancs d'œufs

125 ml (½ tasse) de sucre

180 ml (¾ tasse) de noix de coco râpée

Préchauffer le four à 180 °C (350 °F).

Dans un bol, défaire la graisse en crème avec la cassonade. Tout en mélangeant, incorporer graduellement la farine jusqu'à consistance homogène.

Verser la pâte dans un moule carré de 20 cm (8 po) de côté, graissé.

Cuire le gâteau 15 minutes, jusqu'à ce qu'un cure-dents en ressorte sec. Laisser refroidir.

Dans une casserole, mélanger les bleuets, le sucre, l'eau et la fécule de maïs. Cuire à feu doux 7 minutes environ, jusqu'à épaississement. Laisser refroidir. Garnir le gâteau de la sauce aux bleuets.

Dans un bol, monter les blancs d'œufs en neige avec le sucre. Étendre la meringue sur la garniture aux bleuets.

Parsemer de noix de coco et dorer 5 minutes environ, sous le gril du four.

Couper en carrés.

La Pointe

Ils volent au-dessus de la mer et pêchent en plongeant tête première. Plus vous approchez, plus ils se font nombreux et bruyants. Ce n'est qu'en contournant l'île que vous apercevez ces dizaines de milliers de fous de Bassan nichant sur les saillies et dans les anfractuosités des hautes parois rocheuses. Pour l'extrême démesure du spectacle de la faune ailée, cette excursion à l'Île Bonaventure est celle qui marque le plus votre premier séjour à la pointe de la Gaspésie.

Chaque soir, vous vous retrouvez dans la salle à manger que vous avez adoptée en raison de la cuisine traditionnelle qu'on y offre et de ses grandes baies vitrées avec vue sur le rocher Percé. C'est le temps de la pêche au maquereau. Tous les jours, vous le goûtez, bien frais et différemment apprêté. Deux plats vous ont plu au point d'insister auprès du chef pour qu'il vous en dévoile les recettes. Depuis, à chaque fois que vous préparez la quiche au maquereau, vous fermez les yeux à la première bouchée et, comme par magie, vous entendez la mer...

À l'occasion de vos secondes vacances dans la région, vous optez pour un petit chalet du parc Forillon. Votre première surprise survient lorsqu'en vous rendant à Gaspé pour faire des provisions, vous apercevez quelques fermes que, tout hypnotisé par la mer, vous n'aviez pas remarqué lors de votre séjour précédent. Celle qui possède une petite fromagerie est ouverte aux visiteurs. Vous en ressortez avec les uniques fromages et yogourts de chèvre produits en région, de même qu'avec des fraises, des légumes de culture biologique, du pain de ménage et des poissons fumés. Vous terminez vos emplettes à Gaspé, dans les petites boutiques en enfi-

lade de la rue de la Reine, ainsi qu'au port, où vous vous procurez le homard frais que vous ferez bouillir le soir même.

Du parc Forillon, vous garderez le souvenir de l'averse qui vous prend au dépourvu alors que vous vous prélassez tranquillement sur la plage sablonneuse de la petite péninsule de Penouille. Vous coupez au plus court en traversant la baie dont le niveau d'eau vous va parfois à la taille. Sur la terre ferme, vous vous abritez dans la crevasse d'un rocher où comme un enfant, vous imaginez cette même « caverne » ayant jadis servi de refuge à des

Percé, c'est bien plus que l'attrait de son spectaculaire rocher sculpté par les marées... C'est aussi tous ces sites enchanteurs où une symphonie de couleurs baigne le décor d'une douce harmonie.

Vikings ou même à des ours. Vous êtes un peu pressé d'aller préparer le papillon de veau et de homard — pour lequel vous avez prélevé quelques pinces de vos crustacés de la veille — selon une recette qu'on vous a refilée à Gaspé. C'est pourquoi la pluie n'a pas encore tout à fait cessé lorsque vous prenez le chemin du retour. Le soleil, lui, est quand même au rendez-vous pour vous offrir, miroitant dans la baie, le plus bouleversant des arcs-en-ciel. ∎

C. LELIÈVRE

Outre chez le pois-
sonnier, on peut se
procurer les filets
de maquereau en
conserve, arômatisés
à la moutarde, à la
tomate, au raifort, etc.

Soupe au maquereau

Quantité : 4 portions	Préparation : 20 min	Cuisson : 35 min	Degré de difficulté : moyen

30 ml (2 c. à soupe) de beurre
■

2 branches de céleri, hachées
grossièrement
■

1 carotte, hachée grossièrement
■

1 petit oignon, haché
grossièrement
■

1 petit poireau, haché
grossièrement
■

30 ml (2 c. à soupe) de farine
■

1 l (4 tasses) de fumet
de poisson (du commerce)
■

1 boîte de 540 ml (19 oz)
de tomates
■

1 ml (¼ c. à thé) de safran
■

Sel et poivre
■

2 pommes de terre, en dés
■

500 g (1 lb) de filets
de maquereau,
coupés en morceaux

*F*aire fondre le beurre dans une casserole. Ajouter le céleri, la carotte, l'oignon et le poireau. Cuire 5 minutes.

*I*ncorporer la farine.

*I*ncorporer le fumet de poisson, les tomates et le safran. Saler et poivrer.

*C*uire 15 minutes. Réduire en purée au robot culinaire. Ajouter les pommes de terre et poursuivre la cuisson 5 minutes.

*A*jouter le maquereau. Cuire 5 minutes de plus.

Recette traditionnelle

On n'en est pas à une variété de laitue près pour préparer cette rafraîchissante salade québécoise : la pommée, la frisée, la romaine ou un amalgame des trois feront tout aussi bien l'affaire.

Salade québécoise

Quantité : 4 à 6 personnes	Préparation : 10 min	Cuisson : —	Degré de difficulté : faible

125 ml (½ tasse) de crème sure

75 ml (⅓ tasse) de jus de citron

15 ml (1 c. à soupe) de sucre

2 ml (½ c. à thé) de sel

2 ml (½ c. à thé) de poivre

1 laitue romaine, déchiquetée

Ciboulette hachée, au goût

Verser la crème sure dans un saladier.

À l'aide d'une cuillère de bois, incorporer le jus de citron, le sucre, le sel et le poivre.

Battre jusqu'à l'obtention d'un mélange homogène.

Ajouter la laitue. Bien mélanger.

Garnir de ciboulette hachée.

JEANNETTE LEBŒUF

Voilà une façon simple et délectable d'apprêter le poulet. On peut servir ces galettes avec une variété de légumes mais, si le cœur vous en dit, pourquoi ne pas les servir en sandwichs ?

Galettes de poulet gaspésiennes

Quantité : 6 portions	Préparation : 30 min	Cuisson : 10 min	Degré de difficulté : faible

4 tranches de pain

125 ml (½ tasse) de lait

1 poulet cuit d'environ 1,5 kg (3 lb)

15 ml (1 c. à soupe) de beurre fondu

Sel et poivre

60 ml (¼ tasse) de mie de pain émiettée

45 ml (3 c. à soupe) de beurre

Sauce brune (du commerce), au goût, en accompagnement

Émietter le pain dans le lait. Laisser tremper 5 minutes et égoutter. Pendant ce temps, désosser le poulet et en hacher la chair.

Presser la mie de pain pour en extraire l'excédent de liquide, puis l'ajouter au poulet haché.

Réduire en purée au mélangeur. Ajouter le beurre. Saler et poivrer. Bien mélanger.

Façonner la préparation en six galettes. Enrober de mie de pain.

Faire fondre le beurre dans un poêlon. Y faire revenir les galettes 5 minutes, jusqu'à ce qu'elles soient dorées des deux côtés.

Couvrir. Laisser mijoter à feu doux 5 minutes.

Servir avec une sauce brune.

PIERRE DIONNE

On peut maintenant trouver dans la plupart des supermarchés, des filets ou des darnes de poisson emballés sous vide, prêts à cuire. Cette solution est un peu plus coûteuse, mais extrêmement pratique.

Quiche au maquereau

Quantité : 4 portions	Préparation : 45 min	Cuisson : 45 min	Refroidissement : 2 h	Degré de difficulté : moyen

500 ml (2 tasses) de farine

5 ml (1 c. à thé) de sel

180 ml (¾ tasse) de graisse végétale

60 ml (¼ tasse) d'eau froide

15 ml (1 c. à soupe) de beurre

125 ml (½ tasse) de champignons tranchés

1 filet de maquereau, cuit et coupé en cubes

60 ml (¼ tasse) d'échalotes vertes hachées

180 ml (¾ tasse) de mozzarella râpée

3 œufs

250 ml (1 tasse) de crème 35 %

Sel et poivre

Dans un bol, mélanger la farine et le sel. Tout en mélangeant, verser, en un mince filet, suffisamment d'eau pour que la pâte forme une boule.

Pétrir afin d'obtenir une pâte homogène. Partager la pâte en deux boules. Les envelopper dans une pellicule de plastique et les laisser reposer 2 heures, au réfrigérateur.

Réserver une boule de pâte pour un usage ultérieur.

Préchauffer le four à 190 °C (375 °F).

Abaisser la pâte sur une surface farinée et en foncer un moule à quiche de 23 cm (9 po) de diamètre.

Faire fondre le beurre dans un poêlon. Y faire sauter les champignons jusqu'à ce qu'ils aient rendu leur eau.

Ajouter les cubes de maquereau, les échalotes vertes et la mozzarella.

Dans un bol, mélanger les œufs et la crème. Saler et poivrer. Verser sur la garniture.

Cuire 45 minutes.

C'est un heureux mélange de saveurs délicates que vous propose cette recette qui marie ingénieuse-ment le goût tendre du veau au goût fin de la chair de homard. Quelque peu inusité, mais il s'agissait d'y penser...

Papillon de veau et de homard

Quantité : 1 portion   **Préparation : 20 min**   **Cuisson : 10 min**   **Degré de difficulté : élevé**

1   *tranche de longe de veau*

  Sel et poivre

15   *ml (1 c. à soupe) d'huile*

15   *ml (1 c. à soupe) de beurre*

1   *ml (¼ c. à thé) d'échalote verte hachée*

60   *ml (¼ tasse) de vin blanc*

100   *ml (⅓ tasse + 5 c. à thé) de sauce demi-glace (du commerce)*

10   *ml (2 c. à thé) de beurre*

  Sel et poivre

60   *ml (¼ tasse) de vin blanc*

2   *pinces de homard, cuites et décortiquées*

75   *ml (⅓ tasse) de sauce au homard (du commerce)*

30   *ml (2 c. à soupe) de crème 35 %*

  Sel et poivre

Trancher partiellement la tranche de veau sur l'épaisseur, de façon à pouvoir éventuellement l'ouvrir comme une côtelette papillon. Saler et poivrer. Faire chauffer l'huile et le beurre dans un poêlon. Y faire revenir la tranche de veau 5 minutes environ, jusqu'à ce qu'elle soit dorée des deux côtés.

Dresser la tranche au centre d'une assiette de service, en l'ouvrant de façon à former un papillon. Réserver au chaud.

Enlever l'excédent de matières grasses du poêlon de cuisson; y mettre l'échalote verte. Déglacer avec le vin blanc. Laisser réduire.

Ajouter la sauce demi-glace. Faire réduire de nouveau.

Incorporer le beurre, en fouettant. Saler et poivrer. Réserver au chaud.

Dans une petite casserole, faire chauffer le vin blanc. Y réchauffer les pinces de homard.

Les dresser en papillon sur les tranches de veau. Réserver.

Incorporer au vin la sauce au homard. Ajouter la crème et mélanger. Saler et poivrer.

Faire réduire la sauce jusqu'à épaississement.

Verser un cordon de sauce autour de la viande.

Recette traditionnelle

Voilà une collation facile à préparer qui régalera les jeunes appétits voraces en plus de leur fournir de précieuses réserves d'énergie. À leur offrir avant une compétition sportive, surtout si cette dernière s'annonce mouvementée...

Bonbons blancs aux patates

Quantité : 20 bonbons	Préparation : 1 h	Refroidissement : 1 h	Degré de difficulté : moyen

125 ml (½ tasse) de purée de pommes de terre tiède

1 kg (2 lb) de sucre glace

2 ml (½ c. à thé) d'essence de vanille

125 ml (½ tasse) de beurre d'arachide

Dans un bol, mélanger la purée de pommes de terre et le sucre glace. Tout en battant, incorporer l'essence de vanille. Continuer de battre jusqu'à ce que la pâte soit moelleuse.

Sur une feuille de papier ciré, abaisser cette pâte en un rectangle de 40 cm x 25 cm (16 po x 10 po). Couvrir uniformément de beurre d'arachide.

Façonner la pâte en un rouleau. Réfrigérer 1 heure.

Tailler en rondelles.

À la mesure de son humeur, on peut remplacer la confiture de cerises par une garniture de son choix ou des fruits frais de saison...

L. THÉRRIEN

Gâteau suprême au fromage

Quantité : 8 portions	Préparation : 40 min	Repos : 30 min	Cuisson : 1 h 30 min	Refroidissement : 4 h	Degré de difficulté : élevé

375 ml (1 ½ tasse) de chapelure de biscuits

60 ml (¼ tasse) de beurre

60 ml (¼ tasse) de sucre

500 g (1 lb) de fromage à la crème, ramolli

75 ml (⅓ tasse) de sucre

60 ml (¼ tasse) de farine

1 ml (¼ c. à thé) de sel

2 jaunes d'œufs

5 ml (1 c. à thé) de vanille

5 ml (1 c. à thé) de zeste de citron râpé

250 ml (1 tasse) de crème sure

2 blancs d'œufs

75 ml (⅓ tasse) de sucre

250 ml (1 tasse) de confiture de cerises

*P*réchauffer le four à 180 °C (350 °F).

*D*ans un bol, mélanger la chapelure, le beurre et le sucre.

*P*resser cette préparation dans un moule à fond amovible de 23 cm (9 po) de diamètre. Cuire 10 minutes et laisser refroidir.

*D*ans un bol, fouetter le fromage à la crème, le sucre, la farine et le sel jusqu'à consistance homogène.

*A*jouter les jaunes d'œufs, un à la fois, en battant bien après chaque addition.

*I*ncorporer la vanille, le zeste de citron et la crème sure.

*D*ans un autre bol, battre les blancs d'œufs en neige, en ajoutant graduellement le sucre. Incorporer délicatement à la préparation précédente en pliant à l'aide d'une spatule de caoutchouc.

*V*erser sur la croûte. Cuire au four 1 heure 15 minutes.

*É*teindre le four. Y laisser le gâteau reposer 30 minutes. Réfrigérer au moins 4 heures, jusqu'à refroidissement complet.

*D*émouler le gâteau.

*G*arnir de confiture de cerises.

La Vallée

*Le charme indicible de la Vallée de la Matapédia
vous laissera le souvenir d'une succession
de douces impressions fugitives, délicates nuances de sons,
d'odeurs, de couleurs et de goûts...*

Rien qu'à l'odeur qui s'échappe des longues cheminées où brûlent les résidus de la transformation du bois, au détour des moulins à bois de Causapscal, vous devinez l'importance de l'exploitation forestière dans la Vallée. Le pont couvert de la localité vous rappelle qu'à l'époque où l'on couvrait les ponts pour les protéger contre le pourrissement, il fallait enneiger leurs tabliers avant de les traverser en traîneau ! Le site historique de pêche sportive au saumon de l'Atlantique vous montre, quant à lui, l'importance de cette pêche en Gaspésie.

De la localité d'Amqui, vous garderez le goût du fromage typiquement gaspésien qui y est fabriqué à partir de la production laitière locale. Mais ce sont les journées passées à la pourvoirie de Sayabec qui sont les plus paisibles de toutes...

Tous les jours avant l'aurore, déjà bien installé dans votre embarcation, le petit moteur éteint, vous taquinez la truite mouchetée — à la mouche — et vous vous laissez imprégner de cette atmosphère unique de calme et de sérénité. Lentement, pendant que le soleil amorce timidement sa montée, la ligne des arbres passe du noir au vert, la brume épaisse se dissipe sur le lac et le chant des oiseaux se mêle au lever du jour. La présence du guide qui vous accompagne silencieusement est rassurante.

Tous les jours, une fois le soleil levé, vous faites le compte de vos prises. C'est à ce moment que vous décidez si vous allez ou non demander au chef restaurateur de préparer vos truites pour le repas du soir ou si vous allez plutôt opter pour l'un des menus de fine cuisine ou du terroir qu'il propose aux pêcheurs infortunés.

Vous resterez plusieurs jours, la ligne à la main, à humer l'air du lac et de la forêt, à regarder le soleil se lever et se coucher, à écouter les oiseaux chanter et à goûter la très bonne cuisine de la pourvoirie. Par choix bien davantage que par nécessité, vous ne mangez pas de la truite tous les jours... Le soir où vous vous sentez l'âme d'un coureur des bois, vous appréciez la cuisine locale à travers un menu composé de cigares au chou à la mode de chez nous et de gâteau au café. Par contre, le soir où un repas plus léger vous fait envie, vous choisissez le velouté glacé de tournesol au crabe et les faisans à l'impériale, deux plats de la nouvelle cuisine régionale.■

C'est avec toute la simplicité de ses petits villages qui s'intègrent discrètement à la splendeur de ses décors que la Vallée vous révèle une partie de ses charmes. Il n'en tient qu'à vous de découvrir le reste...

ANDRÉ MOREAU

Le tournesol est surtout connu pour son huile. Mais ses pousses, offertes dans certaines boutiques spécialisées, agrémentent savoureusement certaines préparations, comme c'est le cas pour ce velouté.

Velouté glacé de tournesol au crabe

Quantité : 6 portions	Préparation : 20 min	Cuisson : 35 min	Refroidissement : 4 h	Degré de difficulté : moyen

2 branches de thym

1 l (4 tasses) de bouillon de poulet maison, bouillant

15 ml (1 c. à soupe) de beurre

1 blanc de poireau, haché

1 oignon moyen, haché

250 g (½ lb) de pousses de tournesol

2 ml (½ c. à thé) de fécule de maïs

100 ml (⅓ tasse + 5 c. à thé) de crème 35 %

4 jaunes d'œufs

200 g (6⅔ oz) de chair de crabe

Déposer les branches de thym dans une casserole. Arroser de bouillon.

Faire fondre le beurre dans une autre casserole. Y faire suer le poireau, l'oignon et les pousses de tournesol.

Retirer le thym du bouillon et verser ce dernier sur les légumes. Poursuivre la cuisson 30 minutes, à feu doux.

Passer au robot culinaire jusqu'à consistance homogène. Remettre sur le feu.

Dans un bol, délayer la fécule de maïs dans un peu de crème.

Ajouter le reste de la crème et les jaunes d'œufs. Incorporer graduellement au bouillon, en battant.

Poursuivre la cuisson à feu doux, en remuant constamment, jusqu'à épaississement.

Ajouter la chair de crabe. Remuer. Réfrigérer au moins 4 heures avant de servir.

ANDRÉ MOREAU

Le terme « mousseline » s'applique à une variété de préparations culinaires dont on veut souligner la délicatesse. On peut aussi qualifier de « mousseline » une variante de la sauce hollandaise, une pâte à biscuits, ou encore, une purée de pommes de terre particulièrement légère.

Mousseline de pétoncles au beurre blanc

Quantité : 6 portions	Préparation : 30 min	Cuisson : 30 min	Refroidissement : 1 h	Degré de difficulté : élevé

90 g (3 oz) de plie grise

250 g (½ lb) de pétoncles

1 blanc d'œuf

1 ml (¼ c. à thé) de sel

1 ml (¼ c. à thé) de poivre

250 ml (1 tasse) de crème 35 %

60 ml (¼ tasse) de vin blanc

60 ml (¼ tasse) de vinaigre de vin blanc

30 ml (2 c. à soupe) de crème 35 %

125 ml (¼ tasse) de beurre, très froid

6 crevettes nordiques

6 feuilles de persil italien

Au robot culinaire, réduire la plie et les pétoncles en purée.

Incorporer le blanc d'œuf, le sel et le poivre. Ajouter 60 ml (¼ tasse) de crème. Réfrigérer 30 minutes.

Incorporer de nouveau à la préparation 60 ml (¼ tasse) de crème. Réfrigérer 30 minutes.

Fouetter le reste de la crème puis l'incorporer à la préparation en pliant délicatement à l'aide d'une spatule de caoutchouc.

Préchauffer le four à 180 °C (350 °F).

Chemiser de papier ciré le fond et les parois de six ramequins beurrés. Remplir de mousseline et couvrir de papier d'aluminium.

Déposer dans une lèchefrite, puis verser de l'eau dans celle-ci, jusqu'à mi-hauteur des ramequins. Cuire au

four 15 minutes, ou jusqu'à ce que la mousseline soit ferme. Réserver au chaud.

Dans une petite casserole, faire réduire le vin et le vinaigre de moitié.

Ajouter la crème et laisser réduire presque complètement. Retirer du feu.

Incorporer le beurre en fouettant, jusqu'à ce qu'il soit fondu.

Démouler la mousseline au centre d'assiettes chaudes. Entourer de beurre blanc. Garnir chaque portion d'une crevette et d'une feuille de persil italien.

Note : *La mousseline de pétoncles peut se préparer à l'avance. Il suffit alors de la réchauffer avant de servir.*

Vendues en conserve dans les marchés spécialisés, les herbes salées gaspésiennes rehausseront cette préparation originale d'un subtil bouquet marin. Une invitation à prendre le large...

« INSTITUT DE TOURISME ET D'HÔTELLERIE DU QUÉBEC »

Fricassée de fruits de mer aux herbes salées

Quantité : 6 portions	Préparation : 20 min	Cuisson : 30 min	Degré de difficulté : moyen

90 ml (6 c. à soupe) de beurre

12 queues de langoustines, cuites et décortiquées

12 pinces de crabes, cuites et parées

18 crevettes, décortiquées

18 pétoncles

60 ml (¼ tasse) de calvados

500 ml (2 tasses) de velouté de poisson (du commerce, type Knorr) ou de bisque de homard

250 ml (1 tasse) de crème 35 %

15 ml (1 c. à soupe) d'herbes salées

Sel et poivre

*F*aire fondre le beurre dans un grand poêlon.

Y faire sauter successivement les queues de langoustines 5 minutes, les pinces de crabes 2 minutes, les crevettes 4 minutes et les pétoncles 4 minutes. Réserver dans les assiettes.

*R*etirer l'excès de gras du poêlon.

*D*églacer au calvados. Flamber.

*A*jouter le velouté de poisson. Incorporer la crème et les herbes salées. Saler et poivrer.

*C*uire environ 10 minutes à feu doux, en remuant constamment, jusqu'à consistance crémeuse.

*V*erser sur les fruits de mer. Laisser reposer 3 minutes avant de servir.

L'expression « à l'im-
périale » en impose
déjà par elle-même !
Appliquée au faisan
de la Vallée de la
Gaspésie, elle lui
confère une noble
connotation, non
étrangère à celle
qu'inspire l'immensité
de la péninsule.

Faisans à l'impériale

Quantité : 6 portions	Préparation : 30 min	Cuisson : 2 h	Degré de difficulté : moyen

2 **faisans**

30 ml **(2 c. à soupe) d'huile**

125 ml **(½ tasse) de carottes tranchées finement**

125 ml **(½ tasse) d'oignons tranchés finement**

125 ml **(½ tasse) de céleri tranché finement**

Sel et poivre

3 **clous de girofle**

250 ml **(1 tasse) de vin blanc sec**

45 ml **(3 c. à soupe) de vinaigre de vin**

2 **citrons, en tranches**

1 ml **(¼ c. à thé) de thym**

1 ml **(¼ c. à thé) de persil**

1 ml **(¼ c. à thé) de sarriette**

500 ml **(2 tasses) de bouillon de poulet, chaud**

60 ml **(¼ tasse) d'huile de maïs**

45 ml **(3 c. à soupe) de farine**

15 ml **(1 c. à soupe) d'eau**

Préchauffer le four à 150 °C (300 °F).

Nettoyer les faisans. Réserver.

Faire chauffer l'huile à feu vif, dans un poêlon. Ajouter les carottes, les oignons et le céleri. Saler et poivrer.

Réduire le feu et laisser suer 10 minutes.

Ajouter les clous de girofle, le vin, le vinaigre de vin, les tranches de citrons, le thym, le persil, la sarriette et le bouillon de poulet. Cuire 12 minutes à feu doux.

Pendant ce temps, faire chauffer l'huile dans une cocotte. Y faire revenir les faisans jusqu'à ce qu'ils soient dorés de toute part.

Ajouter les légumes cuits et leur bouillon.

Mélanger la farine et l'eau pour obtenir une pâte très épaisse.

Mettre le couvercle de la cocotte en place. Coller la pâte tout autour de la cocotte, de façon à fermer celle-ci de façon hermétique. La chaleur de la cuisson fera durcir la pâte et scellera la cocotte.

Cuire au four 1 heure 30 minutes.

V. LA ROCHE

Comme il est rassurant de constater que tout ne se démode pas... Ces délicieux cigares au chou seront toujours à la mode aux bonnes tables de chez nous...

Cigares au chou à la mode de chez nous

Quantité : 10 portions	Préparation : 20 min	Cuisson : 1 h	Degré de difficulté : moyen

10 feuilles de chou

500 g (1 lb) de bœuf haché

1 oignon, haché

1 gousse d'ail, hachée

1 poivron vert, haché

2 ml (½ c. à thé) de sauce au piment fort (type Tabasco)

2 ml (½ c. à thé) de thym

2 ml (½ c. à thé) de sarriette

2 ml (½ c. à thé) de marjolaine

Sel et poivre

250 ml (1 tasse) de vin blanc

Préchauffer le four à 170 °C (325 °F).

Laver les feuilles de chou et les blanchir 3 minutes dans une casserole d'eau bouillante salée. Égoutter sur un linge propre et laisser refroidir.

Dans un bol, mélanger le bœuf, l'oignon, l'ail et le poivron. Ajouter la sauce au piment fort, le thym, la sarriette et la marjolaine. Saler et poivrer. Bien mélanger.

Répartir cette préparation sur les feuilles de chou. Rouler celles-ci pour former des cigares, puis les ficeler.

Déposer les cigares dans un plat allant au four. Arroser de vin.

Couvrir et cuire 1 heure.

Parce qu'il supporte mal les températures inférieures à 7 °C (55 °F), il est déconseillé de conserver l'ananas frais au réfrigérateur. Quand on le sert nature, il est préférable de le couper dans le sens de la longueur, pour que tous puissent avoir leur part de la base, plus sucrée.

DIANE GIASSON

Carrés à l'ananas

Quantité : 12 portions	Préparation : 30 min	Cuisson : 45 min	Degré de difficulté : moyen

250 ml (1 tasse) de farine

5 ml (1 c. à thé) de poudre à pâte

1 ml (¼ c. à thé) de sel

125 ml (½ tasse) de beurre

1 œuf, battu

15 ml (1 c. à soupe) de lait

1 boîte de 540 ml (19 oz) d'ananas broyés, égouttés

1 œuf, battu

60 ml (¼ tasse) de beurre fondu

250 ml (1 tasse) de sucre

250 ml (1 tasse) de noix de coco râpée

5 ml (1 c. à thé) de vanille

Préchauffer le four à 180 °C (350 °F).

Au-dessus d'un bol, tamiser la farine avec la poudre à pâte et le sel.

À l'aide d'un coupe-pâte ou de deux couteaux, couper le beurre dans la farine jusqu'à consistance granuleuse.

Dans un autre bol, mélanger l'œuf et le lait.

Ajouter à la préparation précédente et mélanger jusqu'à obtention d'une pâte homogène.

Avec les doigts, presser cette pâte au fond d'un un moule de 20 cm (8 po) de côté beurré.

Étendre les ananas sur la pâte.

Dans un bol, mélanger l'œuf, le beurre fondu, le sucre, la noix de coco et la vanille. Verser sur les ananas.

Cuire au four 45 minutes. Laisser refroidir et couper en 12 carrés.

Gâteau au café

Recette traditionnelle

Qu'il s'agisse de celui du petit déjeuner, celui que l'on savoure à tout moment de la journée, ou celui qu'on intègre aux desserts les plus variés, le café ponctue les moments privilégiés de la vie sociale de par le monde. N'est-ce pas justement le temps d'une petite pause... café ?

Quantité : 8 portions	Préparation : 15 min	Cuisson : 45 min	Degré de difficulté : faible

125 ml (½ tasse) de beurre

250 ml (1 tasse) de sucre

2 œufs

125 ml (½ tasse) de sucre

500 ml (2 tasses) de farine

1 ml (¼ c. à thé) de clou de girofle moulu

2 ml (½ c. à thé) de cannelle

12 ml (2 ½ c. à thé) de poudre à pâte

1 ml (¼ c. à thé) de muscade

125 ml (½ tasse) de raisins de Corinthe

125 ml (½ tasse) de café fort

Préchauffer le four à 180 °C (350 °F).

Dans un bol, défaire le beurre en crème. Incorporer le sucre. Réserver.

Dans un autre bol, battre les œufs avec le sucre. Incorporer à la préparation précédente.

Tamiser la farine avec le clou de girofle, la cannelle, la poudre à pâte et la muscade. Ajouter les raisins de Corinthe et mélanger.

Incorporer à la préparation réservée les ingrédients secs et le café, en alternance.

Verser dans un moule fariné de 23 cm (9 po) de diamètre. Cuire au four 45 minutes, ou jusqu'à ce qu'un cure-dents en ressorte sec.

BAS-ST-LAURENT

Une mosaïque de goûts et de couleurs...

Avec la Beauce et la Gaspésie pour voisines, le Bas-St-Laurent, c'est la rencontre du meilleur de deux mondes. Dans le sillon des érablières beauceronnes se situent celles, non moins fameuses, du Bas-St-Laurent. Et sur les côtes de Ste-Luce-sur-mer, dans le Bas-St-Laurent, l'air est tout aussi salin que sur celles de la municipalité voisine de Ste-Flavie, en Gaspésie. Le Bas-St-Laurent, comme on dit là-bas, c'est là où le fleuve rejoint la mer...

Les versants nord des Appalaches, qui traversent la région et les régions limitrophes, descendent jusqu'à la plaine étroite et fertile qui borde le fleuve. Ces paisibles paysages champêtres qui longent aujourd'hui le rivage dans les alentours de Kamouraska ont été divisés, à partir du XVIIe siècle, en rangs perpendiculaires au fleuve, selon la coutume seigneuriale. Ces terres étaient bien adaptées à l'agriculture mixte pratiquée par les colons français, mais comme les coûteuses redevances au seigneur ne laissaient qu'une maigre

pitance, ceux-ci prirent vite l'habitude de compléter leur alimentation avec les produits de la chasse, de la trappe et de la pêche, dont ils apprirent d'abord les techniques des Amérindiens. Certains colons se faisaient d'ailleurs garantir un droit de pêche par le seigneur.

Quant aux environs de Rivière-du-Loup et de Rimouski, bien que des activités agricoles, de pêche saisonnière et de traite des fourrures aient marqué les débuts de la colonisation, c'est le commerce du bois qui a engendré plus tard leur véritable essor. Le Témiscouata, enfin, fut colonisé d'une part pour pallier à l'exode des Québécois se rendant travailler dans les manufactures de la Nouvelle-Angleterre et d'autre part, à la faveur de la liaison de Rivière-du-Loup et du Nouveau-Brunswick, par rail et par terre. On dit que par cette route, les Baslaurentiens auraient adopté certains plats de cuisine acadienne tels les crêpes, les galettes de sarrasin et les fèves au lard.

Au temps de la colonie, et selon que l'on se trouvait aux abords du fleuve, des lacs ou des rivières, on pêchait,

entre autres, l'anguille, l'esturgeon, le marsouin, le saumon et la truite. On cultivait surtout des céréales et des pommes de terre et on élevait des vaches laitières. On chassait le gibier à plume, dont le canard et l'outarde. Comme les activités d'alors, soient l'agriculture, l'élevage et l'exploitation forestière, demeurent au centre des activités économiques de la région, plusieurs des produits de l'époque sont toujours offerts sur les tables régionales. Cependant, les techniques de production et les goûts évoluant, on s'adonne aussi dorénavant à l'acériculture, à la production de miel, à l'élevage d'agneaux, de faisans et d'autres oiseaux d'élevage...

Coquet petit village épousant le fleuve, Bic vous réserve un accueil aimable et attentif dans ses petites auberges et gîtes aux charmes d'antan.

Parmi les activités en évolution, mentionnons qu'un nombre grandissant de Baslaurentiens font maintenant de l'accueil des visiteurs leur occupation première. Ils vous invitent tout autant à respirer l'air salin du fleuve qu'à vous réfugier dans le calme à l'intérieur des terres. Ils vous convient à des «sorties en mer», mais ils vous donnent aussi rendez-vous sur leurs grands lacs. Ils vous dévoilent la richesse de leur patrimoine de même que les multiples possibilités d'activités de plein air qui s'offrent à vous : nautisme, randonnée pédestre, cyclotourisme, etc. Et bien sûr, ils ne manquent pas de vous parler des relaxants bains de boue de tourbe de la région...

Ils vous offrent la perspective de rencontres chaleureuses et vous promettent le plaisir de nombreuses bonnes bouffes! Ils vous affirment enfin, avec autant d'assurance que d'enthousiasme, que le Bas-St-Laurent, c'est là où vous aimerez revenir...■

Offrant une vue splendide sur le fleuve, les paysages féériques de Kamouraska, parsemés de maisons ancestrales, feront ressurgir votre âme de poète.

Kamouraska

Imaginez-vous la page couverture d'un magnifique magazine où un garçonnet et une fillette de trois ou quatre ans vont, main dans la main, sur le sentier du dessus de la digue. Vous les voyez de dos, à cheval entre les battures qui s'étendent à perte de vue et les terres en culture : ils découvrent, à marée basse, l'Aboiteau de la seigneurie de Kamouraska, cette digue protégeant les terres agricoles de l'invasion de l'eau salée...

Tournant la page du magazine, vous les revoyez, minuscules devant la grande maison Chapais, à St-Denis, dont l'extérieur de planches blanches est surmonté d'une couverture de tôle rouge qui rappelle le « toit de Kamouraska », et dont le larmier cintré, incurvé, déborde de la toiture. À l'intérieur, une autre photo montre leur étonnement devant les pièces somptueuses des maîtres de l'époque en regard des quartiers des serviteurs, dans les mansardes, au bout de l'escalier étroit auquel on accède par une porte dissimulée au fond des cuisines.

Le cliché suivant les surprend à nouveau sur le littoral, en travers duquel des nasses à anguilles se prolongent dans le fleuve. Ils viennent de tout apprendre des techniques d'aujourd'hui et d'hier de la pêche à l'anguille, ce métier traditionnel de Kamouraska. Ils dégustent l'anguille qu'ils ont l'air d'aimer, n'étant pas encore à l'âge ingrat où tout ce qui est nouveau n'est pas bon... Bien des Québécois n'ont jamais eu le privilège de goûter l'anguille dont la presque totalité de la production est exportée; ce poisson est bien davantage prisé à l'étranger que chez nous !

Dans les avant-dernières pages de « la revue », les petits se bouchent

les oreilles devant les grosses meules que l'on vient d'actionner à leur intention. Ils se trouvent au moulin Paradis, où l'on a moulu le blé, l'avoine et l'orge de la région, de 1804 à 1976, date de construction d'un petit barrage qui a modifié le débit d'eau de la rivière des Perles et forcé la fermeture du moulin, qui ne fournit plus de farine que pour les besoins de la famille...

Les dernières photos croquent les enfants devant un plat d'épaule d'agneau farcie, l'agneau provenant sans doute d'un élevage de

Technique de pêche empruntée aux Amérindiens, la pêche à fascines s'est transformée avec les méthodes d'aujourd'hui, mais conserve tout de même une saveur traditionnelle.

St-Alexandre-de-Kamouraska et enfin, bouche grande ouverte, devant un plateau débordant de beignets préparés selon la recette traditionnelle de la région.

Le Kamouraska restera toujours pour vous cet album photo qui aide les petits et les grands à faire le lien entre le passé et le présent... ∎

FRANCIS MOREL

Très appréciée des riverains du St-Laurent, l'alose remonte peu les fleuves et se pêche surtout dans les estuaires et en mer. Elle a une chair très fine, un peu grasse, mais qui s'altère vite... Avis aux cuistots un peu rêveurs et traînards !

Soupe d'alose

Quantité : 6 portions	Préparation : 20 min	Cuisson : 40 min	Degré de difficulté : moyen

60 ml (¼ tasse) de beurre

180 ml (¾ tasse) d'oignons hachés

750 ml (3 tasses) d'eau bouillante

180 ml (¾ tasse) de poireau haché

180 ml (¾ tasse) de carottes râpées

125 ml (½ tasse) de céleri haché

375 ml (1 ½ tasse) d'alose en morceaux

Safran, au goût

5 ml (1 c. à thé) de sel

1 pincée de muscade

500 ml (2 tasses) de lait

60 ml (¼ tasse) de crème 35 %

15 ml (1 c. à soupe) de persil haché

*F*aire fondre le beurre dans un poêlon.

Y cuire les oignons sans les laisser prendre couleur.

*A*jouter l'eau bouillante, le poireau, les carottes et le céleri. Amener à ébullition.

*A*jouter l'alose, le safran, le sel et la muscade. Réduire la chaleur et laisser mijoter 25 minutes.

*I*ncorporer le lait et poursuivre la cuisson 5 minutes. Retirer du feu.

*A*jouter la crème. Garnir de persil haché.

FRANCIS MOREL

Hareng mariné du bas du fleuve

Quantité : 4 portions	Préparation : 10 min	Repos : 1 h	Marinage : 4 jours	Degré de difficulté : faible

12 filets de hareng

250 ml (1 tasse) de gros sel

250 ml (1 tasse) de vinaigre

60 ml (¼ tasse) d'oignon en tranches

125 ml (½ tasse) d'eau

30 ml (2 c. à soupe) d'épices à marinade

60 ml (¼ tasse) de carotte en dés

6 feuilles de laitue

Crème sure, au goût

Saupoudrer les filets de hareng de gros sel. Laisser reposer 1 heure, au réfrigérateur. Rincer sous le robinet.

Dans un bol, mélanger le vinaigre, l'oignon, l'eau, les épices et la carotte.

Ajouter les filets.

Couvrir. Laisser mariner quatre jours au réfrigérateur. Égoutter.

Dans chaque assiette, déposer une feuille de laitue et une cuillerée de crème sure. Déposer trois filets marinés à côté.

BAS-ST-LAURENT • KAMOURASKA

VIATEUR DIONNE

Remarquez de quelle façon les mignonnes crosses de fougères se lovent et acceptent de jouer les seconds violons, pour céder la vedette aux délectables darnes de saumon riveloises...

Darnes de saumon riveloises

Quantité : 2 portions	Préparation : 25 min	Cuisson : 20 min	Degré de difficulté : faible

60 ml (¼ tasse) de vin de framboises de Pacôme

60 ml (¼ tasse) de fumet de poisson (du commerce)

10 ml (2 c. à thé) de ciboulette hachée

5 ml (1 c. à thé) de jus de citron

75 ml (⅓ tasse) de crème 35 %

30 ml (2 c. à soupe) de beurre

30 ml (2 c. à soupe) de farine

500 ml (2 tasses) d'eau

2 darnes de saumon

200 g (6⅔ oz) de crosses de fougères fraîches

Dans une petite casserole, mélanger le vin et le fumet de poisson. Amener à ébullition.

Ajouter la ciboulette et le jus de citron. Réduire la chaleur.

Incorporer la crème et laisser mijoter 2 minutes. Réserver.

Dans un petit bol, mélanger le beurre et la farine, jusqu'à l'obtention d'une pâte lisse. Façonner en boule.

Incorporer au bouillon en fouettant, jusque la sauce soit onctueuse.

Passer au chinois (tamis très fin). Réserver au chaud.

Verser l'eau dans une casserole et amener à ébullition. Réduire la chaleur et y déposer les darnes.

Les faire pocher de 5 à 8 minutes, jusqu'à ce que la chair s'effeuille facilement à la fourchette.

Pendant ce temps, cuire les crosses de fougères de 7 à 8 minutes dans une casserole d'eau bouillante. Égoutter.

Servir avec les darnes nappées de sauce.

Accompagner de crosses de fougères.

MARIE-JEANNE BÉLANGER-LAVOIE 🍃

L'agneau se prête à une foule de recettes et se sert également très bien comme entrée. Le mets que nous proposons ici ne manquera pas de charmer tous vos convives et les rendra « doux comme des agneaux »...

Épaule d'agneau farcie

Quantité : 8 portions	Préparation : 20 min	Cuisson : 2 h	Marinage : 2 h	Degré de difficulté : moyen

125 ml (½ tasse) d'échalotes vertes hachées finement

■

3 gousses d'ail, hachées finement

■

5 ml (1 c. à thé) de sauge

■

5 ml (1 c. à thé) de basilic haché

■

5 ml (1 c. à thé) de menthe hachée

■

500 g (1 lb) d'agneau haché

■

Sel et poivre

■

1 épaule d'agneau désossée, d'environ 1,5 kg (3 lb)

■

60 ml (¼ tasse) de miel

■

Feuilles de menthe fraîche

Dans un grand bol, mélanger les échalotes vertes, l'ail, la sauge, le basilic, la menthe et l'agneau haché.

Saler et poivrer.

Farcir de cette préparation l'épaule désossée, puis la rouler comme un rôti. Ficeler.

Laisser cette préparation mariner 2 heures, au réfrigérateur.

Préchauffer le four à 180 °C (350 °F).

À l'aide d'un pinceau à pâtisserie, badigeonner l'épaule d'agneau de miel.

La déposer sur une plaque de cuisson. Cuire l'agneau 2 heures, en l'arrosant souvent, jusqu'à ce que le jus qui s'en écoule soit à peine rosé.

Garnir de feuilles de menthe fraîche.

GERTRUDE MADORE

> Quand on mentionne « esturgeon », on pense tout de suite « caviar », hors-d'œuvre de choix, s'il en est un. Le plat que nous vous proposons est plus modeste, mais non moins succulent. Les clous de girofle et les fines herbes lui confèrent une saveur toute particulière.

Esturgeon en ragoût

Quantité : 4 portions	Préparation : 15 min	Cuisson : 20 min	Degré de difficulté : moyen

1 **esturgeon**

Sel et poivre

30 ml (2 c. à soupe) de farine

30 ml (2 c. à soupe) de beurre

500 ml (2 tasses) d'eau bouillante

1 **oignon haché**

2 **clous de girofle**

15 ml (1 c. à soupe) de fines herbes

60 ml (¼ tasse) de farine

60 ml (¼ tasse) d'eau

Couper l'esturgeon en morceaux. Saler et poivrer.

Fariner les morceaux de poisson.

Faire fondre le beurre dans un poêlon. Y faire dorer les morceaux de poisson 1 minute environ de chaque côté.

Couvrir d'eau bouillante. Ajouter l'oignon, les clous de girofle et les fines herbes. Saler et poivrer. Laisser mijoter 10 minutes.

À l'aide d'une écumoire, retirer délicatement les morceaux de poisson du bouillon.

Dans un petit bol, délayer la farine dans l'eau.

Incorporer au bouillon, en remuant constamment, et poursuivre la cuisson 3 minutes environ, jusqu'à épaississement. (Si la sauce est trop épaisse, l'allonger d'un peu d'eau.).

Servir le poisson nappé de sauce.

À l'origine, les gâteaux étaient de simples mélanges de farine et d'eau, auxquels on ajouta graduellement du miel, des œufs, des épices, du beurre et du lait. C'est ainsi qu'au fil des siècles, on en arriva au mélange inattendu et un peu insolite que propose cette recette...

ANNE BOURGOIN

Gâteau au fromage de chèvre et à la rhubarbe

Quantité : 8 portions	Préparation : 40 min	Cuisson : 2 h	Refroidissement : 3 h	Degré de difficulté : moyen

250 ml (1 tasse) de fromage cottage

240 g (8 oz) de fromage de chèvre

240 g (8 oz) de fromage à la crème

250 ml (1 tasse) de sucre

30 ml (2 c. à soupe) de farine

3 œufs

60 ml (¼ tasse) de lait

5 ml (1 c. à thé) d'essence de vanille

1,25 l (5 tasses) de rhubarbe en dés

250 ml (1 tasse) d'eau

325 ml (1 ⅓ tasse) de sucre

125 ml (½ tasse) de jus de citron

4 sachets de gélatine

Fraises fraîches

Préchauffer le four à 135 °C (275 °F).

Y déposer un plat rempli d'eau, qui y maintiendra un certain degré d'humidité.

Égoutter le fromage cottage. Réserver le liquide.

Dans un grand bol, fouetter le fromage de chèvre, le fromage à la crème et le cottage jusqu'à consistance lisse et homogène.

Incorporer le sucre et la farine. Mélanger.

Ajouter les œufs, un à un, en remuant après chaque addition.

Incorporer le lait et l'essence de vanille. Verser la préparation dans un moule à fond amovible de 23 cm (9 po) de diamètre, beurré.

Cuire au four 2 heures. Laisser refroidir.

Pendant ce temps, mettre la rhubarbe et l'eau dans une casserole. Cuire à feu moyen 15 minutes.

Ajouter le sucre et le jus de citron. Retirer du feu.

Faire gonfler la gélatine dans le liquide d'égouttement du cottage. Incorporer à la compote et mélanger jusqu'à dissolution. Laisser tiédir.

Démouler le gâteau refroidi. L'entourer d'une double épaisseur de papier ciré, en ayant soin de laisser dépasser celui-ci de 1 cm (½ po), de façon à former un collet.

Verser la compote tiède sur le gâteau. Laisser refroidir 3 heures, au réfrigérateur.

Garnir de fraises.

Recette traditionnelle

Que dire des beignets, sinon qu'ils rappellent à plusieurs d'entre nous la collation que l'on prenait au retour de l'école. On en mangeait même les trous ! On les servait alors presque toujours chauds ou même brûlants, poudrés de sel fin ou de sucre.

Beignets de Kamouraska

Quantité : 40 beignets	Préparation : 30 min	Cuisson : 20 min	Degré de difficulté : moyen

1,75 l (7 tasses) de farine

25 ml (5 c. à thé) de poudre à pâte

5 ml (1 c. à thé) de bicarbonate de soude

1 pincée de sel

Muscade, au goût

125 ml (½ tasse) de beurre

375 ml (1 ½ tasse) de sucre

4 œufs

500 ml (2 tasses) de lait

Huile, pour friture

Mélanger la farine, la poudre à pâte, le bicarbonate de soude, le sel et la muscade dans un bol.

Dans un autre bol, défaire le beurre en crème.

Ajouter le sucre et mélanger jusqu'à consistance homogène. Incorporer les œufs. Tout en mélangeant, ajouter le lait et la farine en alternance.

Façonner en boule. (Ajouter de la farine si la pâte est trop collante.)

Abaisser la pâte en un rectangle de 0,6 cm (¼ po) d'épaisseur sur une surface farinée. Y découper des beignets à l'emporte-pièce.

Dans une friteuse, faire chauffer l'huile à 190 °C (375 °F).

Frire les beignets quelques-uns à la fois, environ 2 minutes de chaque côté.

Rimouski

C'était en 1769. Il y avait déjà quarante ans que le père Rouillard parcourait la côte en canot, se rendant en mission de village en village. Chaque fois qu'il passait par Trois-Pistoles, il résidait chez le seigneur Rioux, où son portrait, réalisé par un peintre ambulant, était accroché au mur. Bien que les gens du village le trouvaient très ressemblant, le père Rouillard estimait qu'il avait l'air d'un noyé sur ce portrait.

Cet été là, avant de partir pour Rimouski en canot, il emprunta un gobelet au seigneur Rioux, car il avait égaré le sien. En promettant de remettre l'objet avant de mourir, le père Rouillard dit à la blague «si je le perds, Dieu vous le rendra». Le canot du bon père chavira durant une tempête et avant même que la nouvelle soit connue, on retrouva le gobelet dans la maison du seigneur, et l'on sut qu'il était mort.

En entendant cette légende, vous vous faites la réflexion qu'il y a longtemps que sur cette côte, la vie autant que l'imaginaire tourne autour de la mer.

Lors de votre visite au musée de la mer de Pointe-au-Père, on vous rappelle que l'«Empress of Ireland» fit naufrage non loin des côtes en 1914, faisant 1 012 victimes. Vous y voyez quantité d'objets récupérés dans l'épave et exposés au musée qui retrace aussi la vie quotidienne du gardien de phare, au début du siècle. Sur le même site, vous visitez le bâtiment du criard à brume et escaladez les 128 marches du phare de la Pointe-au-Père, l'un des plus hauts au Canada.

Au marché de poisson, vous choisissez de l'esturgeon et du saumon, fumés sur place, que vous allez gri-

gnoter sur la magnifique plage de sable de Ste-Luce. Après une bonne baignade, vous partez pour une ballade sur la promenade de l'Anse-aux-Coques, en bordure de la plage; en ce pays où tout vous parle de la mer, vous avez envie d'en goûter davantage les fruits.

C'est à Rimouski, la capitale océanographique du Québec, dans un restaurant avec vue sur le fleuve et sur l'île de St-Barnabé, que vous appréciez le plus ce que la mer peut vous donner. Vous commandez trois délicieux plats : un très bon potage, le pot-au-feu de la mer, rehaussé

La station balnéaire de Ste-Luce est fort prisée pour la beauté de ses plages et la vue inoubliable qu'elle offre sur la mer...

d'un soupçon de calvados, des profiteroles à la façon de Michotte, c'est-à-dire au crabe et au fromage, et enfin, des aumônières de crabe aux pleurotes. Évidemment, c'est la saison du crabe ! Vous contemplez l'île de St-Barnabé en terminant votre repas par le traditionnel fondant au sirop d'érable et vous vous demandez si le pauvre ermite qui l'habita pendant quarante ans, au début du XVIIIe siècle, sortait de temps en temps de son refuge pour se procurer quelques douceurs. ∎

LAURENT SAGET

Un pot-au-feu bien garni à base de poisson comme celui-ci, constitue un repas à lui seul. Cuit la veille, il est plus savoureux ; avant de le faire réchauffer, on le dégraisse en surface. Apprêté « à la Rimouski », parfumé d'air marin, il est tout simplement délectable…

Pot-au-feu de la mer

| Quantité : 10 portions | Préparation : 20 min | Cuisson : 40 min | Degré de difficulté : moyen |

15 ml (1 c. à soupe) de beurre

60 ml (¼ tasse) d'oignon en dés

60 ml (¼ tasse) de carotte en dés

75 ml (⅓ tasse) de pâte de tomate

250 g (½ lb) de poisson à chair blanche, en morceaux

30 ml (2 c. à soupe) de calvados

180 ml (¾ tasse) de vin blanc

1,25 l (5 tasses) de fumet de poisson (du commerce)

30 ml (2 c. à soupe) de riz

½ branche de thym

½ feuille de laurier

Sel et poivre

Piment de Cayenne, pour décorer

Cerfeuil, pour décorer

*F*aire fondre le beurre dans une casserole.

Y faire sauter l'oignon et la carotte environ 2 minutes.

*A*jouter la pâte de tomate et le poisson. Faire sauter 3 ou 4 minutes.

*D*églacer au calvados. Flamber. Ajouter le vin.

*I*ncorporer le fumet de poisson et amener à ébullition.

*A*jouter le riz. Réduire la chaleur et laisser mijoter 30 minutes.

*A*jouter le thym et la feuille de laurier. Saler et poivrer.

*G*arnir de piment de Cayenne et de cerfeuil.

Le mot « profiterole » dérive du mot « profit » et désignait, à l'origine, une « petite gratification ». C'est cependant une grande satisfaction que vous procureront ces profiteroles à la façon de Michotte qui a eu l'excellente idée d'intégrer de la chair de crabe à ses petites boules de pâtes...

Profiteroles à la façon de Michotte

Quantité : 24 profiteroles	Préparation : 40 min	Cuisson : 40 min	Degré de difficulté : élevé

250 ml (1 tasse) d'eau

2 ml (½ c. à thé) de sel

60 ml (¼ tasse) de beurre

125 ml (½ tasse) de farine

4 œufs

30 ml (2 c. à soupe) de beurre

30 ml (2 c. à soupe) de farine

325 ml (1 ⅓ tasse) de lait

180 ml (¾ tasse) de gruyère, râpé

Sel et poivre

2 jaunes d'œufs

200 g (6 ⅔ oz) chair de crabe

180 ml (¾ tasse) de gruyère, râpé

Préchauffer le four à 180 °C (350 °F).

Dans une casserole, amener l'eau, le sel et le beurre à ébullition. Réduire la chaleur.

Tout en battant vigoureusement, tamiser la farine au-dessus de l'eau bouillante. Continuer de battre jusqu'à ce que la pâte forme une boule et qu'elle se détache des parois de la casserole.

Retirer du feu et laisser tiédir 3 minutes. Ajouter les œufs un à un, en battant bien après chaque addition.

Remettre la casserole sur feu doux et battre jusqu'à ce que la pâte semble sèche.

Façonner la pâte en boules de la grosseur d'une noix. Déposer celles-ci sur une plaque à pâtisserie beurrée, en les espaçant de 5 cm (2 po).

Cuire au four 20 minutes. Réduire la chaleur du four à 150 °C (300 °F) et poursuivre la cuisson 10 minutes ou jusqu'à ce que la pâte soit dorée.

Pendant ce temps, mélanger le beurre et la farine dans une casserole. Cuire 3 minutes à feu doux.

Incorporer le lait en remuant constamment.

Cuire 10 minutes, jusqu'à l'obtention d'une sauce lisse.

Incorporer le gruyère râpé et poursuivre la cuisson en remuant, jusqu'à ce qu'il soit fondu. Saler et poivrer.

Incorporer les jaunes d'œufs, un à la fois, en battant bien après chaque addition. Ajouter la chair de crabe et mélanger.

Retirer les choux du four. Pratiquer une incision sur le côté de chacun. Farcir de préparation au crabe.

Saupoudrer de gruyère et poursuivre la cuisson 2 minutes, jusqu'à ce que le fromage soit fondu.

GILBERTE GAGNON

Le cipaille original se cuisinait à partir de viande de gibier : chevreuil, orignal, perdrix ou lièvre, par exemple. À vous de choisir...

Cipaille du bas du fleuve

Quantité : 12 portions	Préparation : 40 min	Cuisson : 4 h	Marinage : 12 h	Degré de difficulté : moyen

500 g (1 lb) de bœuf, en cubes

500 g (1 lb) de porc, en cubes

500 g (1 lb) de poulet désossé, en cubes

2 gros oignons, hachés

5 ml (1 c. à thé) d'un mélange de cannelle, de muscade, de clou de girofle et de poivre

Sel et poivre

500 g (1 lb) de pâte brisée (du commerce)

8 pommes de terre, en cubes

625 ml (2 ½ tasses) de bouillon de bœuf

625 ml (2 ½ tasses) de bouillon de poulet

Dans un grand bol, mélanger le bœuf, le porc, le poulet, les oignons et les épices. Saler et poivrer. Couvrir et laisser mariner 12 heures au réfrigérateur.

Préchauffer le four à 170 °C (325 °F).

Sur une surface farinée, abaisser la pâte en deux abaisses de mêmes dimensions que la marmite de fonte qui servira à la cuisson.

Dans la marmite, déposer la moitié de la préparation de viandes.

Couvrir de la moitié des pommes de terre, puis couvrir d'une abaisse.

Tailler la dernière abaisse en lisières. Déposer dans la marmite le reste des viandes, puis des pommes de terre. Couvrir des lisières de pâte. Pratiquer une ouverture au centre du cipaille.

Mélanger le bouillon de bœuf et le bouillon de poulet. Verser ce liquide dans l'ouverture du cipaille, jusqu'à ce que le dernier rang de pommes de terre en soit couvert.

Cuire au four 4 heures.

Pourquoi ne pas
accompagner cet
émincé royal d'une
purée de marrons et
d'une gelée de
groseille ?

Émincé royal

Quantité : 4 portions	Préparation : 30 min	Cuisson : 15 min	Marinage : 2 h	Degré de difficulté : faible

500 g (1 lb) d'épaule de veau dégraissée, coupée en fines languettes

■

60 ml (¼ tasse) de yogourt

■

5 ml (1 c. à thé) de moutarde forte

■

15 ml (1 c. à soupe) d'huile d'olive

■

1 oignon, finement haché

■

250 g (½ lb) de champignons, finement émincés

■

1 ml (¼ c. à thé) de sel

■

Poivre noir, fraîchement moulu

■

15 ml (1 c. à soupe) de persil haché

■

15 ml (1 c. à soupe) de ciboulette hachée

*D*ans un grand bol, mélanger le veau, le yogourt et la moutarde. Laisser mariner 2 heures, au réfrigérateur.

*F*aire chauffer l'huile dans un poêlon. Y cuire l'oignon et les champignons 5 minutes, à feu moyen. Augmenter la chaleur.

*A*jouter le veau. Poursuivre la cuisson 8 minutes, à feu vif, en remuant constamment.

*S*aler et poivrer.

*G*arnir de persil et de ciboulette.

D'un chic fou, ces belles aumônières garnies de pleurotes et de chair de crabe sont aussi délicieuses qu'appétissantes. Fermez les yeux en les dégustant et pour peu, vous vous sentirez au bord de la mer à chaque bouchée...

Aumônières de crabe aux pleurotes

Quantité : 4 portions	Préparation : 40 min	Cuisson : 20 min	Refroidissement : 2 h	Degré de difficulté : moyen

2 œufs

180 ml (¾ tasse) de farine

Sel

Persil haché, au goût

Ciboulette hachée, au goût

250 ml (1 tasse) de lait

60 ml (¼ tasse) de beurre

1 échalote verte, hachée

250 g (½ lb) de pleurotes (champignons)

60 ml (¼ tasse) de farine

Sel et poivre

250 ml (1 tasse) de lait

75 ml (⅓ tasse) de vin blanc

500 g (1 lb) de chair de crabe

Battre les œufs dans un bol. Ajouter la farine, le sel, le persil et la ciboulette. Tout en battant, incorporer le lait graduellement.

Continuer de battre jusqu'à consistance lisse. Réfrigérer 2 heures.

Badigeonner de beurre un poêlon antiadhésif de 15 cm (6 po) de diamètre. Y verser environ 60 ml (¼ tasse) de pâte. Cuire jusqu'à ce que des bulles se forment à la surface de la crêpe. Retourner et poursuivre la cuisson 30 secondes environ.

Cuire ainsi huit crêpes.

Préchauffer le four à 200 °C (400 °F).

Faire chauffer le beurre dans un poêlon. Y faire sauter l'échalote verte et les pleurotes 4 minutes.

Incorporer la farine. Saler et poivrer. Ajouter graduellement le lait, en remuant constamment. Cuire jusqu'à l'obtention d'une sauce épaisse.

Ajouter le vin blanc et la chair de crabe. Garnir chaque crêpe de 45 ml (3 c. à soupe) de garniture. Pour former des aumônières, ramener les pourtours des crêpes au sommet, puis exercer une légère torsion au-dessus de la farce.

Déposer les aumônières côte à côte dans un plat allant au four.

Cuire 6 minutes.

GÉRALD BEAUDRY

Recette traditionnelle

Au moment de servir (et à ce moment seulement), on peut décorer ce fondant de sucre d'érable râpé.

Fondant au sirop d'érable

Quantité : 6 portions	Préparation : 40 min	Cuisson : 35 min	Refroidissement : 2 h	Degré de difficulté : élevé

6 œufs

250 ml (1 tasse) de sucre

250 ml (1 tasse) de farine

2 ml (½ c. à thé) de sel

60 ml (¼ tasse) d'eau froide

1 sachet de gélatine

125 ml (½ tasse) de sirop d'érable

500 ml (2 tasses) de crème 35 %

5 ml (1 c. à thé) d'essence d'érable

125 ml (½ tasse) de sirop d'érable

Préchauffer le four à 170 °C (325 °F).

Dans un bol, battre les œufs et le sucre 10 minutes jusqu'à ce que la préparation pâlisse et épaississe.

Tamiser la farine et le sel. Incorporer au mélange, en pliant à l'aide d'une spatule de caoutchouc.

Verser dans un moule beurré de 23 cm (9 po) de diamètre.

Cuire le gâteau 30 minutes, ou jusqu'à ce qu'un cure-dents inséré en son centre en ressorte propre.

Laisser refroidir. Trancher en deux sur l'épaisseur. Conserver l'un des deux disques de génoise pour un usage ultérieur.

Verser l'eau froide dans un bol. Saupoudrer de gélatine et laisser gonfler 5 minutes.

Dans une petite casserole, faire chauffer le sirop d'érable. Retirer du feu. Incorporer la gélatine et mélanger jusqu'à ce qu'elle soit dissoute.

Laisser refroidir ce sirop.

Dans un bol, fouetter la crème jusqu'à l'obtention de pics mous. Tout en fouettant, ajouter l'essence d'érable et le sirop refroidi. Continuer de fouetter jusqu'à l'obtention de pics fermes.

Sur une assiette, déposer un moule à charnière sans fond de même diamètre que la génoise. Y déposer celle-ci.

Mouiller la génoise de 125 ml (½ tasse) de sirop d'érable.

Couvrir la génoise de la mousse à l'érable.

Réfrigérer 2 heures.

ALMINA VIEL

Si on le désire, on peut parfumer légèrement ce pouding d'une eau-de-vie de son choix : Grand-Marnier, cointreau, cognac, pernod, etc.

Pouding fermier aux fruits

Quantité : 8 portions	Préparation : 15 min	Cuisson : 30 min	Degré de difficulté : faible

500 *ml (2 tasses) de crème 35 %*
■

2 *gros œufs*
■

250 *ml (1 tasse) de sucre*
■

250 *ml (1 tasse) de farine*
■

5 *ml (1 c. à thé) de poudre à pâte*
■

1 *ml (¼ c. à thé) de sel*
■

250 *ml (1 tasse) de fraises, équeutées*
■

250 *ml (1 tasse) de framboises*
■

250 *ml (1 tasse) de bleuets*
■

250 *ml (1 tasse) de rhubarbe en dés*

*P*réchauffer le four à 180 °C (350 °F).

*D*ans un bol, battre la crème, les œufs, le sucre, la farine, la poudre à pâte et le sel jusqu'à consistance lisse et homogène.

*D*ans un autre bol, mélanger les fraises, les framboises, les bleuets et la rhubarbe.

*B*eurrer un moule de 25 cm (10 po) de diamètre. Y déposer les fruits, puis y verser la pâte. Cuire 30 minutes.

BAS-ST-LAURENT • RIMOUSKI

Témiscouata

Jamais vacances ne furent-elles plus attendues que celles qui vous conduisent dans le Témiscouata. Quittant la ville, courbaturé, stressé au point de sentir une tension constante dans tout le corps, vous traînez avec vous une migraine tenace.

Le premier jour, voulant couper avec vos préoccupations professionnelles, vous vous lancez à l'assaut de la piste cyclable du parc linéaire Petit Témis, longeant les rives du Témiscouata. Pour le repas du midi, vous faites halte au poste de défense de Fort Ingall, construit en 1839 à la suite d'une querelle frontalière entre le Canada et les États-Unis. On vous y sert le pain au poulet de la région qui, sans être trop lourd, est assez consistant pour vous donner l'énergie nécessaire à la poursuite de votre randonnée. En découvrant les paysages aussi magnifiques qu'inattendus du lac Témiscouata et devant la douce tranquillité d'esprit qui vous gagne enfin, vous avez grand peine à ne pas vous laisser porter sur cette piste paisible jusqu'à Edmunston...

Le deuxième jour, voulant faire corps avec les forces de la nature, vous affrontez les vents du lac Pohénégamook en planche à voile. Et vous êtes bien servi! Des heures durant, vous épousez tour à tour la direction des vents chauds et, muscles bandés, défiez leur trajectoire en remontant sens contraire. De retour sur la plage, la saine fatigue que vous éprouvez n'a rien à voir avec la lassitude qui ne vous quittait plus avant de vous rendre dans le Témiscouata. La magie, vous en

Avec ses grandes étendues d'eau qui s'éparpillent à perte de vue, pas surprenant qu'on surnomme également le Bas-St-Laurent « le doux pays des lacs »...

avez maintenant acquis la certitude, commence à opérer...

Le troisième jour, voulant définitivement laisser derrière vous toute forme de courbature, vous vous offrez le plus miraculeux des massages. Dans la demi-pénombre, au son d'une douce musique, vous sentez lentement les muscles de votre corps se détendre les uns après les autres. Lorsque finalement vous vous relevez, vous ressentez une légèreté telle que vous avez à peine l'impression que vos pieds foulent le sol...

Le soir, dans une magnifique auberge située à proximité de la plage municipale de Pohénégamook, votre bien-être atteint un point de

non retour avec les produits du Bas-St-Laurent qui sont au cœur de tous les plats que vous savourez. L'entrée de gravlax (de touladi), ce poisson qui a cuit dans sa marinade, est d'une rare délicatesse. Les tranches de grillades de mignons d'agneau, elles aussi marinées pendant plusieurs heures, sont présentées en alternance avec des tranches d'aubergine grillées, une trouvaille originale. La douceur des choux à la crème La Grande Coulée, quant à elle, vous suit jusque dans la nuit qui est peuplée des rêves les plus féériques.■

Pour préparer le
gravlax, on utilise
habituellement le
saumon. Mais
pourquoi ne pas
opter pour le touladi.
Le gravlax se sert
comme entrée ou en
amuse-gueule avec
du pain de seigle
finement tranché.

MAURICE PEDNEAULT

Gravlax (de touladi)

| Quantité : 8 portions | Préparation : 15 min | Marinage : 24 h | Refroidissement : 24 h | Degré de difficulté : moyen |

2 filets de touladi (truite grise), soit environ 750 g (1 ½ lb)

15 ml (1 c. à soupe) de grains de poivre noir

15 ml (1 c. à soupe) de grains de poivre blanc

125 ml (½ tasse) de sucre

60 ml (¼ tasse) de sel de mer

250 ml (1 tasse) d'aneth frais grossièrement haché

1 citron, en tranches

Retirer soigneusement les arêtes des filets.

À l'aide d'un pilon, broyer les grains de poivre avec le sucre et le sel.

Disposer un filet dans un plat, côté peau en dessous.

Couvrir de la moitié du mélange de sel, puis y étaler uniformément l'aneth.

Saupoudrer du reste du mélange de sel. Déposer l'autre filet sur le tout.

Couvrir d'une pellicule de plastique. Déposer un poids sur les filets.

Réfrigérer 6 heures. Retourner les filets. Retirer le liquide qui s'en est écoulé. Répéter trois fois l'opération.

Enlever le mélange de sel et d'aneth. Étaler les filets, côté peau en dessous.

Avec un couteau effilé, trancher très finement ceux-ci de biais et dans le sens contraire des fibres.

Jeter la peau.

Garnir de tranches de citron.

SUZETTE DE ROY «MAISON LE BÉLUGA»

La quiche, un classique de la cuisine française, peut s'agrémenter de fromage, de jambon, de fruits de mer, ou encore, pour lui donner un petit air printanier, de crosses de fougères...

Quiche du printemps

Quantité : 8 portions	Préparation : 30 min	Cuisson : 35 min	Degré de difficulté : moyen

500 ml (2 tasses) de crosses de fougères fraîches

4 œufs

125 ml (½ tasse) de lait

125 ml (½ tasse) de crème 35 %

Sel et poivre

1 ml (¼ c. à thé) de muscade

180 ml (¾ tasse) de cheddar

Pâte brisée pour 1 abaisse (du commerce)

15 ml (1 c. à soupe) de moutarde forte

Préchauffer le four à 170 °C (325 °F).

Nettoyer les crosses de fougères. Les blanchir 2 minutes dans une casserole d'eau bouillante salée. Égoutter.

Cuire les crosses de fougères blanchies 3 minutes dans une petite casserole d'eau bouillante salée. Égoutter et laisser refroidir.

Battre les œufs dans un bol. Tout en battant, incorporer le lait et la crème. Saler et poivrer.

Ajouter la muscade et la moitié du fromage.

Abaisser la pâte brisée sur une surface farinée, puis en foncer un moule à quiche. Piquer l'abaisse à la fourchette et la badigeonner de moutarde.

Couvrir l'abaisse de crosses de fougères.

Verser dans le moule la préparation aux œufs. Saupoudrer du reste de fromage.

Cuire au four 30 minutes.

Pain au poulet

Quantité : 8 portions	Préparation : 15 min	Cuisson : 45 min	Degré de difficulté : moyen

500 g (1 lb) de poulet cuit, haché

2 pommes de terre, cuites et réduites en purée

250 ml (1 tasse) de navet blanc ou rutabaga, cuit et réduit en purée

2 œufs durs, hachés

250 ml (1 tasse) de maïs en crème

1 œuf, battu

10 ml (2 c. à thé) de persil haché

1 ml (¼ c. à thé) de piment de Cayenne

Sel et poivre

150 ml (⅔ tasse) de flocons de maïs écrasés

125 ml (½ tasse) de fromage à la crème

30 ml (2 c. à soupe) de beurre

*P*réchauffer le four à 180 °C (350 °F).

*D*ans un bol, mélanger le poulet, les pommes de terre, le navet, les œufs durs, le maïs, l'œuf, le persil et le piment de Cayenne jusqu'à consistance homogène. Saler et poivrer.

*V*erser la préparation dans un moule à pain.

*D*ans un autre bol, mélanger les flocons de maïs et le fromage.

*E*n saupoudrer le pain. Parsemer de noisettes de beurre.

*C*uire le pain 45 minutes, ou jusqu'à ce qu'il soit doré.

La chair délicate et recherchée du faisan agréablement rehaussée par l'arôme rafraîchissant des framboises, voilà une idée exquise digne des plus fins gourmets.

Faisan aux framboises

Quantité : 2 portions	Préparation : 10 min	Cuisson : 30 min	Degré de difficulté : faible

Sel et poivre

2 poitrines de faisan, désossées

45 ml (3 c. à soupe) de beurre

150 ml (⅔ tasse) de bouillon de bœuf

60 ml (¼ tasse) de vin rouge

30 ml (2 c. à soupe) de cognac

15 ml (1 c. à soupe) de vinaigre de framboise

60 ml (¼ tasse) de crème 35 %

Framboises fraîches

Préchauffer le four à 190 °C (375 °F).

Saler et poivrer les poitrines de faisan.

Faire fondre le beurre dans un poêlon. Y faire revenir les poitrines jusqu'à ce qu'elles soient dorées de toute part.

Réserver le poêlon. Déposer les poitrines dans un plat allant au four. Poursuivre la cuisson 8 minutes.

Dans une petite casserole, réchauffer à feu moyen le bouillon de bœuf, le vin rouge et le cognac. Laisser réduire de moitié à feu doux.

Déglacer le poêlon avec le vinaigre de framboise. Ajouter le mélange de bouillon. Incorporer la crème et les framboises. Laisser mijoter 1 minute.

Disposer les poitrines de faisan dans un plat de service. Napper de sauce.

BAS-ST-LAURENT • TÉMISCOUATA

« INSTITUT DE TOURISME ET D'HÔTELLERIE DU QUÉBEC »

On pourrait dire que l'agneau et la menthe ont été créés l'un pour l'autre tant leurs goûts se marient aisément. Ajoutez-y un flirt de citron vert et ce triangle amoureux se transforme en véritable péché... mignon !

Grillades de mignons d'agneau

Quantité : 2 portions	Préparation : 20 min	Marinage : 5 h	Cuisson : 20 min	Degré de difficulté : élevé

100 ml (⅓ tasse + 5 c. à thé) d'huile d'olive

Le jus d'un citron vert

20 feuilles de menthe fraîche

Sel et poivre

300 g (10 oz) de longe d'agneau, désossée et coupée en rondelles de 50 g (1⅔ oz)

30 ml (2 c. à soupe) de beurre

Petite aubergine, coupée en tranches de 1,25 cm (½ po)

Huile d'olive, au besoin

60 ml (¼ tasse) de vin blanc

60 ml (¼ tasse) de vinaigre blanc

10 ml (2 c. à thé) d'échalote verte hachée

20 ml (4 c. à thé) de menthe hachée

2 jaunes d'œufs

250 ml (1 tasse) de beurre fondu

Bouquets de menthe fraîche

Mélanger l'huile d'olive, le jus de citron vert et les feuilles de menthe. Saler et poivrer.

Saler et poivrer les rondelles d'agneau. Laisser mariner 5 heures, au réfrigérateur.

Égoutter la viande.

Badigeonner les tranches d'aubergine d'huile d'olive. Les dorer dans un poêlon 2 minutes environ de chaque côté.

Disposer alternativement en cercle, dans chaque assiette, l'agneau et les tranches d'aubergine.

Garnir les assiettes de bouquets de menthe. Réserver au chaud.

Dans une petite casserole, mélanger le vin blanc, le vinaigre et l'échalote verte. Laisser réduire du tiers.

Ajouter la menthe hachée. Laisser réduire 2 minutes de plus.

Mettre les jaunes d'œufs dans un bain-marie. Tout en fouettant, incorporer la préparation au vin blanc. Cuire à feu doux, jusqu'à l'obtention d'une préparation lisse et crémeuse.

Tout en fouettant, incorporer délicatement le beurre.

Saler et poivrer. Servir avec l'agneau et les aubergines.

« LA GRANDE COULÉE »

Un classique en pâtis-
serie, le chou à la
crème clôture tout
repas en beauté et
en légèreté... et
avec cette version à
l'érable, vous rallierez
tous les gourmands !

Choux à la crème La Grande Coulée

Quantité : 25 choux	Préparation : 40 min	Refroidissement : 1 h	Cuisson : 40 min	Degré de difficulté : élevé

250 ml (1 tasse) d'eau

60 ml (¼ tasse) de graisse
végétale

2 ml (½ c. à thé) de sel

250 ml (1 tasse) de farine, tamisée

5 œufs

10 ml (2 c. à thé) de beurre,
pour graisser

1 œuf, battu

375 ml (1 ½ tasse) de crème 35 %

180 ml (¾ tasse) de sucre d'érable
finement râpé

90 ml (6 c. à soupe) de beurre
d'érable

45 ml (3 c. à soupe) d'eau

Préchauffer le four à 220 °C (425 °F).

Dans une casserole, mélanger l'eau, la graisse et le sel. Faire chauffer jusqu'à ce que la graisse soit fondue.

Retirer du feu. Ajouter la farine d'un seul coup. Mélanger.

Remettre sur le feu et remuer jusqu'à ce que la pâte forme une boule et se détache des parois de la casserole. Retirer du feu et laisser tiédir.

Ajouter les œufs, un à la fois, en battant bien après chaque addition (la pâte doit être assez ferme). Réfrigérer 1 heure.

Beurrer une plaque à pâtisserie. À l'aide d'une poche à pâtisserie munie d'une douille de 1 cm (½ po) de diamètre, déposer des boules sur des plaques, en les espaçant bien.

Badigeonner les boules de l'œuf battu.

Cuire 10 minutes.

Réduire la chaleur du four à 190 °C (375 °F) et poursuivre la cuisson 25 minutes. Retirer du four.

Trancher une calotte au sommet des choux. Les laisser reposer 10 minutes, dans le four éteint.

Fouetter la crème jusqu'à ce qu'elle forme des pics. Incorporer le sucre d'érable en pliant délicatement à l'aide d'une spatule de caoutchouc.

Farcir les choux de cette préparation. Réserver au réfrigérateur.

Dans une petite casserole, faire chauffer à feu doux le beurre d'érable et l'eau. Napper les choux de cette sauce.

LÉNA PÉDNEAULT

Glace meringuée au sirop d'érable

Quantité : 6 portions	Préparation : 15 min	Cuisson : 18 min	Degré de difficulté : moyen

250 ml (1 tasse) de sirop d'érable

1 ml (¼ c. à thé) de crème de tartre

30 ml (2 c. à soupe) d'eau chaude

2 blancs d'œufs

1 pincée de sel

Noix de Grenoble, au goût

Pépites de sucre d'érable, au goût

Dans la partie supérieure d'un bain-marie, mélanger le sirop d'érable, la crème de tartre, l'eau, les blancs d'œufs et le sel.

Battre 2 minutes.

Remplir d'eau bouillante la partie inférieure du bain-marie. Couvrir de la partie supérieure. Mettre sur un feu doux

Battre la préparation 15 minutes, ou jusqu'à l'obtention d'une glace onctueuse.

Garnir de noix de Grenoble et de pépites de sucre d'érable.

Rivière-du-Loup/Basques

Surgissant bouche ouverte, retenant avec leurs fanons les petits poissons dont ils se nourrissent, trois rorquals communs contournent votre bateau. L'impression est si forte que longtemps après, vous vous demanderez encore comment, avec leurs petits bateaux de l'époque et leur équipement rudimentaire, les Basques pouvaient capturer les marsouins, même plus petits que les rorquals, qu'ils venaient pêcher au large de l'Île-aux-Basques.

Car ils y venaient, c'est certain, bien avant que Jacques Cartier ne remonte le fleuve, en 1534. Leur présence est confirmée par les vestiges des fourneaux de pierres qui servaient à extraire l'huile des baleines capturées à l'embouchure du Saguenay et que vous avez vous-même aperçu en visitant l'Île-aux-Basques, au large de Trois-Pistoles.

Sur cette île — ou était-ce plutôt à l'Île-Verte — vous avez aussi eu l'occasion d'observer l'eider à duvet, ce canard plongeur dont le duvet, minutieusement récolté dans les nids, sert à confectionner des vêtements chauds et des édredons. Vous avez également pris sur le vif la longue silhouette du grand héron marchant dans l'eau à la recherche de nourriture, de même que celle du cormoran à aigrettes, étendant ses larges ailes pour les faire sécher.

Vous n'êtes pas, toutefois, parmi les premiers visiteurs attirés par les paysages côtiers époustouflants de Rivière-du-Loup et Les Basques. Il y a déjà une centaine d'années, la région était une destination à la mode pour la clientèle riche et huppée de toute la province, et même des États-Unis, qui appréciait, notamment, les vertus des bains de mer de Cacouna, l'un des centres de villégiature les plus populaires de

À deux pas du centre-ville, la Rivière-du-Loup se jette dans le vide en cascades rebondissantes pour le plus grand plaisir des badauds qui s'arrêtent au belvédère pour y admirer la chute.

l'époque. Vous en êtes fort aise d'ailleurs, puisque vous logez dans l'une des somptueuses villas victoriennes témoignant de l'âge d'or de cette station balnéaire.

Vous y garderez le doux souvenir d'un soir où, dans la salle à dîner, vous n'en revenez pas du petit goût unique des suprêmes de volaille aux prunes de St-André, préparé avec un soupçon de confiture de prunes provenant assurément de ce verger-musée du Bas-St-Laurent où l'on offre des produits maison cuisinés à base de prunes, de cerises et de poires. Vous restez bouche bée en constatant que peu à peu, toute la

maison est comme enveloppée d'une sorte de halo rougeâtre. Arrivé à la fenêtre, vous en avez le souffle coupé : vous restez de longues minutes à regarder le soleil blanc-jaune descendre, loin derrière les Laurentides, colorant le ciel d'un rouge flamboyant, laissant dans le noir la silhouette des montagnes, de même que la crête des vaguelettes du fleuve, et teintant le creux des vagues du même feu que le ciel... ∎

Potage de céleri

Recette traditionnelle

Pour les jours pressés ou pour les invités improvisés, voici un savoureux potage prêt en deux temps trois mouvements.

G. GAGNON

Quantité : 6 portions	Préparation : 15 min	Cuisson : 20 min	Degré de difficulté : faible

1 l (4 tasses) de céleri haché

250 ml (1 tasse) d'oignons hachés

250 ml (1 tasse) de pommes de terre, hachées

30 ml (2 c. à soupe) de persil haché

1 gousse d'ail, broyée

500 ml (2 tasses) de bouillon de poulet

Sel et poivre

500 ml (2 tasses) de lait

Amandes grillées, au goût

Dans une casserole, mélanger le céleri, les oignons, les pommes de terre, le persil et l'ail. Ajouter le bouillon.

Laisser mijoter 20 minutes à feu moyen. Saler et poivrer.

Ajouter le lait. Réduire en purée au mélangeur.

Garnir d'amandes grillées juste avant de servir.

Ces pommes de terre joliement parées feront une entrée remarquée à coup sûr. À noter que le temps de cuisson au micro-ondes peut varier d'un four à l'autre.

GÉRARD BEAULIEU

Pommes de terre farcies de bacon et de fromage frais des Basques

Quantité : 5 portions	Préparation : 45 min	Cuisson : 15 min	Degré de difficulté : faible

5 **pommes de terre**

60 **ml (¼ tasse) de lait chaud**

30 **ml (2 c. à soupe) de beurre**

60 **ml (¼ tasse) de bacon cuit et émietté**

30 **ml (2 c. à soupe) de ciboulette hachée**

Sel et poivre blanc

125 **ml (½ tasse) de fromage en grains**

5 **brins de persil frais**

Laver et brosser les pommes de terre. Les piquer à quelques reprises à la fourchette, puis les couper en deux, sur la longueur.

Cuire au micro-ondes 9 minutes, à intensité maximale.

Évider les pommes de terre.

Dans un bol, réduire la chair en purée. Incorporer le lait, le beurre, le bacon et la ciboulette. Saler et poivrer.

Farcir les pommes de terre de cette préparation. Parsemer la purée de grains de fromage.

Gratiner sous le gril du four. Garnir d'un brin de persil.

JEAN-PIERRE LABONTÉ « MAISON LE BÉLUGA »

Médaillons de porc aux bleuets de St-Antonin

Quantité : 2 portions	Préparation : 20 min	Cuisson : 15 min	Degré de difficulté : moyen

125 ml (½ tasse) de vin blanc

125 ml (½ tasse) de vinaigre blanc

15 ml (1 c. à soupe) de poivre

125 ml (½ tasse) de bouillon de bœuf

30 ml (2 c. à soupe) de beurre

6 médaillons de porc de 30 g (1 oz) chacun

30 ml (2 c. à soupe) de vin blanc

60 ml (¼ tasse) de bouillon de bœuf

60 ml (¼ tasse) de bleuets, frais ou congelés

60 ml (¼ tasse) de crème champêtre 15 %

Dans un bol, mélanger le vin blanc et le vinaigre. Ajouter le poivre et le bouillon de bœuf. Laisser réduire de moitié.

Réserver 60 ml (¼ tasse) de cette sauce pour la recette. Congeler le reste dans des bacs à glaçons.

Faire fondre le beurre dans un poêlon.

Y saisir les médaillons de porc 1 minute environ de chaque côté.

Poursuivre la cuisson 5 minutes environ, en ayant soin de retourner les médaillons à mi-cuisson.

Retirer du poêlon. Réserver au chaud.

Déglacer le poêlon avec le vin blanc.

Ajouter la sauce piquante réservée. Incorporer le bouillon de bœuf. Laisser mijoter 5 minutes.

Amener très lentement à ébullition. Ajouter les bleuets. Poursuivre la cuisson 30 secondes, sans faire bouillir.

Incorporer la crème et retirer du feu.

Napper les médaillons de porc de cette sauce.

Pour ajouter une touche de fraîcheur à ce plat déjà des plus appétissants, on peut le décorer de zestes de citron et d'une fleur comestible : pensée, campanule, capucine, rose, etc.

GÉRARD BEAULIEU

Méli-mélo de pétoncles et de crevettes à l'ail des bois

Quantité : 5 portions	Préparation : 20 min	Cuisson : 15 min	Degré de difficulté : moyen

125 ml (½ tasse) de beurre

2 gousses d'ail des bois ou d'ail commun, hachées

25 pétoncles

50 crevettes nordiques

15 ml (1 c. à soupe) de persil haché

30 ml (2 c. à soupe) de ciboulette hachée

60 ml (¼ tasse) de crème 35 %

Jus de 1 citron

Pâtes fraîches cuites

Faire chauffer le beurre dans un poêlon. Y faire suer l'ail et les pétoncles 5 minutes environ, jusqu'à ce que ces derniers soient moelleux.

Retirer du poêlon. Réserver au chaud.

Dans le même poêlon, faire sauter les crevettes 4 minutes. Remettre les pétoncles dans le poêlon.

Saupoudrer de persil et de ciboulette.

Incorporer la crème et poursuivre la cuisson 6 minutes, à feu doux. Arroser de jus de citron. Servir sur un lit de pâtes.

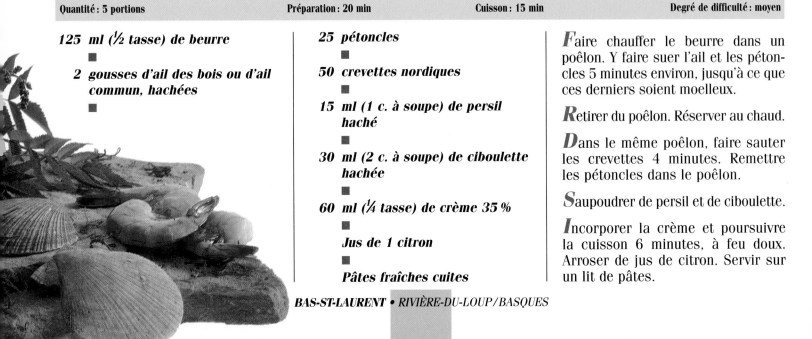

Vous pouvez, augmenter la quantité de liqueur de prune, au goût, au moment de flamber. Et tant qu'à y être, pourquoi ne pas s'en réserver un petit verre pour clore en beauté ce repas délicieux?

JEAN-PIERRE LABONTÉ «LA MAISON LE BELUGA»

Suprêmes de volaille aux prunes de St-André

Quantité : 2 portions	Préparation : 15 min	Cuisson : 20 min	Degré de difficulté : faible

2 **suprêmes de poulet (demi-poitrines sans peau et désossées)**

15 **ml (1 c. à soupe) de confiture de prunes**

1 **ml (¼ c. à thé) de « 5 épices »**

30 **ml (2 c. à soupe) de beurre**

30 **ml (2 c. à soupe) de vin blanc**

30 **ml (2 c. à soupe) de liqueur de prune**

30 **ml (2 c. à soupe) de confiture de prunes**

1 **ml (¼ c. à thé) de « 5 épices »**

30 **ml (2 c. à soupe) de vinaigre de cidre**

60 **ml (¼ tasse) de bouillon de bœuf**

Crème 15 %, au goût

À l'aide d'un couteau bien affûté, pratiquer une incision sur la longueur des suprêmes, de façon à pouvoir les farcir. Déposer dans chacun la confiture de prunes et le « 5 épices ». Refermer.

Faire chauffer le beurre dans un poêlon. Y faire revenir les suprêmes de poulet 4 minutes environ, de chaque côté, jusqu'à ce qu'ils soient dorés.

Retirer du poêlon. Réserver au chaud.

Déglacer le poêlon avec le vin blanc.

Ajouter la liqueur de prune. Faire flamber.

Ajouter la confiture de prunes, le « 5 épices » et le vinaigre de cidre.

Incorporer le bouillon de bœuf et faire chauffer. Arroser de crème. Retirer du feu.

Servir les suprêmes avec la sauce.

Il existe mille et une façons de servir les belles fraises de chez-nous, que ce soit nature, au sucre ou, comme dans cette recette, accompagnées de crème fouettée au miel. À déguster par une nuit de pleine lune... de miel !

DANIÈLE BOUCHER

Lunes de miel aux fraises et à la crème

Quantité : 9 portions	Préparation : 30 min	Cuisson : 20 min	Degré de difficulté : moyen

250 ml (1 tasse) de crème 35 %

60 ml (¼ tasse) de miel

5 ml (1 c. à thé) d'essence de vanille

375 ml (1 ½ tasse) de farine

10 ml (2 c. à thé) de poudre à pâte

1 ml (¼ c. à thé) de sel

60 ml (¼ tasse) de beurre

75 ml (⅓ tasse) de miel

1 œuf

2 ml (½ c. à thé) d'essence de vanille

125 ml (½ tasse) de lait

Fraises fraîches, tranchées au goût

Dans un bol, fouetter la crème jusqu'à ce qu'elle forme des pics fermes. Ajouter le miel et l'essence de vanille. Fouetter 30 secondes.

Préchauffer le four à 190 °C (375 °F).

Au-dessus d'un bol, tamiser la farine avec la poudre à pâte et le sel. Dans un autre bol, défaire le beurre en crème. Incorporer le miel. Mélanger.

Ajouter l'œuf et l'essence de vanille. Battre jusqu'à consistance légère.

Incorporer les ingrédients secs et le lait, en alternance.

Répartir la pâte dans 9 moules à muffins graissés et farinés.

Cuire les gâteaux 20 minutes, ou jusqu'à ce qu'un cure-dents inséré en leur centre en ressorte propre.

Démouler, refroidir et couper en deux sur l'épaisseur.

Garnir la partie inférieure des gâteaux de crème fouettée et de fraises, en ayant soin de réserver un peu de crème.

Garnir de la seconde moitié de gâteau et décorer de crème fouettée.

DANIÈLE BOUCHER

> Rappelez-vous qu'un couteau électrique peut servir à couper aisément un gâteau en belles tranches minces.

Gâteau aux épices et au miel

Quantité : 8 portions	Préparation : 20 min	Cuisson : 45 min	Degré de difficulté : moyen

500 ml (2 tasses) de farine

10 ml (2 c. à thé) de poudre à pâte

2 ml (½ c. à thé) de bicarbonate de soude

1 ml (¼ c. à thé) de gingembre

1 ml (¼ c. à thé) de clou de girofle moulu

1 ml (¼ c. à thé) de cannelle

2 ml (½ c. à thé) de sel

2 ml (½ c. à thé) de bicarbonate de soude

125 ml (½ tasse) de lait

125 ml (½ tasse) de beurre

125 ml (½ tasse) de miel

2 œufs, battus

180 ml (¾ tasse) de cassonade

30 ml (2 c. à soupe) de miel

22 ml (1 ½ c. à soupe) d'eau

1 blanc d'œuf

Préchauffer le four à 180 °C (350 °F).

Au-dessus d'un bol, tamiser la farine, la poudre à pâte, le bicarbonate de soude, le gingembre, le clou de girofle, la cannelle et le sel.

Dans un autre bol, mélanger le bicarbonate de soude et le lait. Réserver.

Défaire le beurre en crème. Ajouter le miel et les œufs, en battant. Incorporer les ingrédients secs et le lait, en alternance.

Verser la préparation dans un moule graissé de 23 cm x 13 cm (9 po x 5 po), chemisé de papier ciré. Cuire le gâteau 40 minutes ou jusqu'à ce qu'un cure-dents en ressorte sec.

Démouler et laisser refroidir.

Dans un bain-marie, mélanger la cassonade, le miel, l'eau et le blanc d'œuf. Cuire 5 minutes en battant constamment, jusqu'à ce que la glace forme des pics fermes.

En napper le gâteau.

CÔTE-NORD

Territoire d'aventure au rythme de la nature...

Un chapelet de villages pittoresques, douze cents kilomètres de rivage le long du fleuve qui devient golfe, l'immensité d'un territoire foisonnant de lacs, de rivières et de tourbières, des îles spectaculaires, une contrée rude avec ses falaises et ses rochers nus, tout cela, c'est la région de la Côte-Nord.

De Tadoussac à Blanc-Sablon, en passant par Schefferville et par l'Île d'Anticosti, cet immense triangle de nature sauvage impose à ses habitants disséminés le long du littoral ou regroupés dans les nouvelles villes au nord, une vie au rythme des saisons. Un coin multiculturel où vivent ensemble, proches de leurs cultures et de leurs traditions, des autochtones, des francophones et des anglophones, heureux de saluer le visiteur.

Cette « terre effroyable et mal rabotée » pour reprendre les mots de Jacques Cartier, a accueilli les

premiers Français en 1534, mais auparavant, les Basques et les Amérindiens s'y étaient également installés. Avant l'industrialisation, dans les années 1950, on y vivait surtout de chasse au marsouin, au loup-marin ou à la baleine. Ces activités existaient au moins depuis le XVIe siècle, comme en font foi les restes des fours basques retrouvés au Cap-de-Bon-Désir, à Bergeronnes. De plus, partout sur la Côte-Nord, on trouve des traces d'occupation remontant aussi loin que 3 500 ans avant notre ère, alors que des Amérindiens remontaient au lac à Jacques pour confectionner des pointes de flèches en silex !

La colonisation s'intensifie vers 1850 à la faveur de l'expansion des activités d'exploitation forestière. Mais le véritable essor commence au milieu du XXe siècle avec l'exploitation des ressources hydroélectriques et minières. Aujourd'hui, c'est le tourisme qui prend la relève dans cette région riche d'une nature sauvage vraiment spectaculaire. Pour les amateurs de plein air, les chasseurs et les pêcheurs, la Côte-Nord est le paradis de la grande aventure.

Mais la Côte-Nord, c'est aussi la terre des grandes entreprises où hydroélectricité, bois et minerai sont l'occasion de passionnantes visites de lieux historiques et industriels.

Partout, les panoramas s'offrent, inoubliables, vertigineux. Les villages portent des noms inédits : Moisie, Pigou, Manitou avec sa cascade de 34 mètres, Magpie avec sa chute de neuf mètres, Rivière-St-Jean avec son sanctuaire de la pêche au saumon, Longue-Pointe-de-Mingan, Mingan avec sa chapelle amérindienne de 1857, Havre-St-Pierre, là où la route s'arrête, Natashquan que Gilles Vigneault a fait aimer à tant de gens, Tête-à-la-Baleine, Vieux-Fort, fondé

Authentique musée patrimonial, le très beau phare de Pointe-des-Monts, dont la maison du gardien fut réaménagée en restaurant de fine cuisine, est l'un des plus vieux au Canada.

au XVe siècle par des marins bretons... Baie-Comeau, Port-Cartier, Sept-Îles et ses cargos pleins de crevettes amarrés au quai, Fermont et Schefferville, ces lieux où plein air et grande nature côtoient tous les avantages de la ville moderne.

La chasse et la pêche sont depuis toujours à la base de la cuisine régionale, une cuisine simple aux allures luxueuses : caribou, lièvre, perdrix, saumon, truite, homard, crabe, pétoncles, coques, morue, flétan... Pour les trappeurs, la bannique, un pain à base de farine détrempée d'eau, de poudre à pâte et de sel, qu'on cuisait comme une grosse crêpe, s'ajoutait à l'ordinaire. Les petits fruits, le bleuet, entre autres, qu'on retrouve à l'ouest de la région, et le chicouté, appelé aussi plaquebière, duquel on tire une liqueur délectable.

Les excursions aux baleines, la découverte des îles Mingan, la pêche en haute mer, les randonnées pédestres, la visite du littoral en bateau, les nombreux sites d'observation, voilà un coin de pays qui promet un dépaysement et un ressourcement de premier choix.■

Terre sauvage à peine apprivoisée par l'homme, la Côte-Nord est un véritable paradis de lacs, de rivières et de forêts pour les amateurs de chasse et de pêche sportives.

La Basse-Côte-Nord

L'excitation de vos grands est à son comble. Vous laissez la voiture derrière, à Havre-St-Pierre, et ne la reprendrez que dans huit jours. Les déplacements se feront désormais au rythme de la houle. Vous aviez promis comme récompense un voyage de dépaysement, mais vous ne pensiez jamais si bien dire! Les paysages rudes et saisissants, la lumière à la fois plus douce et plus crue, le fleuve presque mer déjà, chacun se tait, surpris, ensorcelé.

Première étape, Kegaska: là, après une longue randonnée à fouler un sable blanc mêlé de coquillages, l'estomac dans les talons, vous faites tout un sort aux spaghettis aux fruits de mer, lesquels ont été choisis par votre plus vieux à la petite usine de transformation, juste au-delà du quai. C'est là que le concours a commencé, à savoir, qui de vous deux engloutirait le plus de crabe?

À La Romaine, tout semble un peu différent. Est-ce la langue montagnaise, entendue un peu partout, ou n'est-ce pas plutôt le paysage qui devient de plus en plus rocheux, de plus en plus sauvage? À Harrington Harbour, le charme se déploie comme un radieux sourire, séduisant immédiatement: les maisonnettes fières, blanches, roses, pêches, bleu ciel, les trottoirs de bois, les petits ponts surplombant partout ravins et ruisseaux. Les garçons, curieux et épanouis, veulent tout apprendre de cette vie dont ils ne savent rien. Au repas, ils choisissent du crabe, mais vous y faites la découverte des buccins, ce petit gastéropode marin, à manger froid, aussi commun ici que les hamburgers chez vous!

Les jours qui suivent se mêlent un peu; Aylmer Sound et ses centaines d'îles qui affleurent à peine à la

Embarcation traditionnelle des Inuits, le kayak est l'embarcation de choix pour partir à l'aventure sur les milliers de kilomètres de littoral où même les baleines sont au rendez-vous.

surface de la mer, Tête-à-la-Baleine et la vieille chapelle de l'île Providence, les crabes, les baleines, Mutton Bay, les pétoncles géants, La Tabatière, les poissons de fond et les crustacées. À St-Augustin, le plus gros village de la Basse-Côte-Nord, l'entrée dans le havre est saluée par des exclamations ravies: quelle beauté, quel spectacle! À Vieux-Fort, à Rivière-St-Paul, hauts lieux de la

pêche au crabe, vous craignez que vos fils ne commencent à marcher à reculons...

Dernière étape: Blanc-Sablon, où vous observez longtemps les sites des fouilles archéologiques. En rentrant chez l'habitant où vous logez, une odeur pleine de réminiscences vous happe littéralement. Qu'est-ce? Du pouding au pain, comme grand-maman en faisait! Le temps s'arrête et vous ne savez plus ni l'heure ni le jour, ni celui qui a remporté la palme du plus gourmand! ■

ANNE BOUTIN

Soupe de gibier

Quantité : 8 portions	Préparation : 30 min	Trempage : 1 h	Cuisson : 2 h	Degré de difficulté : faible

3 kg (6 lb) d'os de gibier (chevreuil ou orignal)

■

4 carottes, en dés

■

3 branches de céleri, en dés

■

125 ml (½ tasse) de navet blanc ou de rutabaga, en dés

■

125 ml (½ tasse) de chou, en dés

■

1 oignon, haché

■

Eau bouillante, au besoin

■

8 grains de poivre

■

Sel

*F*aire tremper les os 1 heure, dans une casserole d'eau froide. Jeter l'eau.

*A*jouter aux os les carottes, le céleri, le navet, le chou et l'oignon.

*C*ouvrir d'eau bouillante à hauteur.

*A*jouter le poivre. Saler.

*A*mener à ébullition et réduire aussitôt la chaleur.

*L*aisser mijoter 2 heures.

ANDRÉ MOREAU

Le buccin est un petit gastéropode marin très commun sur la Côte-Nord. Une fois cuit, il est préférable de le déguster froid, et pourquoi pas dans une salade de légumes bigarrée !

Salade de buccins

Quantité : 8 portions	Préparation : 40 min	Marinage : 3 à 4 h	Cuisson : 1 h 15 min	Degré de difficulté : moyen

1 l (4 tasses) d'eau

1 l (4 tasses) de vin blanc

1 carotte

1 bouquet garni
(thym, persil, laurier)

½ oignon

½ branche de céleri

15 ml (1 c. à soupe) de gros sel

2 kg (4 lb) de buccins

1 échalote verte, hachée

1 tomate, en petits dés

1 petit piment jalapeño,
en dés

1 oignon moyen, en dés

½ poivron rouge, en dés

½ poivron jaune, en dés

Jus de 3 limes

45 ml (3 c. à soupe) d'huile d'olive

1 laitue frisée, défaite en feuilles

Œufs de caille, pour décorer

Préparer le court-bouillon en versant l'eau et le vin blanc dans une grande casserole. Ajouter la carotte, le bouquet garni, l'oignon, le céleri et le gros sel. Amener à ébullition et maintenir celle-ci 15 minutes, pour bien répartir les saveurs.

Nettoyer les buccins dans l'eau froide et les plonger dans le court-bouillon.

Ramener ce dernier à ébullition et réduire aussitôt la chaleur. Laisser mijoter 1 heure, à feu doux.

Réfrigérer les buccins de 3 à 4 heures, dans le bouillon.

Pendant ce temps, mélanger l'échalote verte, la tomate, le piment, l'oignon, les poivrons, et le jus des limes. Laisser mariner de 3 à 4 heures au réfrigérateur. Sortir les buccins de leur coquille avec une épingle, puis les couper en fines rondelles. Les ajouter à la préparation de légumes marinés. Mélanger délicatement.

Mélanger l'huile d'olive et les feuilles de laitue. Répartir celles-ci dans les assiettes. Déposer dans chacune quelques cuillerées de salade de buccins. Décorer chaque portion d'œufs de caille.

Les boutiques de pâtes fraîches, qui jalonnent aujourd'hui le Québec, témoignent éloquemment d'une cuisine du terroir résolument évolutive. On y trouve des spécialités aussi insolites que les raviolis aux ailerons de requin ou les spaghettis à l'encre de seiche.

JOSÉE LABELLE

Raviolis farcis aux fruits de mer sur tombée de tomates fraîches

Quantité : 4 portions	Préparation : 30 min	Cuisson : 15 min	Degré de difficulté : moyen

500 g (1 lb) de raviolis farcis aux fruits de mer (du commerce)

75 ml (⅓ tasse) d'huile d'olive

100 ml (⅓ tasse + 5 c. à thé) d'oignons hachés finement

6 grosses tomates bien mûres, pelées et coupées en dés

1 gousse d'ail, hachée finement

10 feuilles de basilic, hachées

5 ml (1 c. à thé) d'origan haché

Sel et poivre

8 feuilles de basilic

*F*aire cuire les raviolis dans une casserole d'eau bouillante salée, selon les indications du fabricant.

*P*endant ce temps, faire chauffer l'huile dans une casserole. Y faire revenir les oignons, jusqu'à tendreté.

*A*jouter les tomates et mélanger.

*I*ncorporer l'ail, le basilic et l'origan.

*S*aler et poivrer.

*P*oursuivre la cuisson 2 minutes, à feu doux.

*É*goutter les raviolis et les servir sur la tombée de tomates.

*G*arnir chaque portion de deux feuilles de basilic.

Quand l'air salin de la Côte-Nord et les airs napolitains improvisent un duo dans votre assiette, le chœur des fruits de mer entonne un opéra gourmand, harmonieusement ficelé.

Spaghettis aux fruits de mer

Quantité : 6 portions	Préparation : 30 min	Cuisson : 30 min	Degré de difficulté : moyen

500 g (1 lb) de spaghettis

500 ml (2 tasses) de macédoine de légumes à l'italienne (congelée), du commerce

30 ml (2 c. à soupe) de beurre

30 ml (2 c. à soupe) de farine

310 ml (1 ¼ tasse) de lait

125 ml (½ tasse) de parmesan râpé

10 ml (2 c. à thé) de sauce anglaise (Worcestershire)

180 g (6 oz) de chair de crabe des neiges

180 g (6 oz) de crevettes nordiques cuites et décortiquées

180 g (6 oz) de pétoncles

Sel et poivre

Faire cuire les spaghettis dans une casserole d'eau bouillante salée, selon les indications du fabricant.

Rincer et bien égoutter. Réserver au chaud.

Faire cuire la macédoine de légumes selon les instructions du fabricant. Bien égoutter.

Réserver au chaud.

Faire fondre le beurre dans une casserole.

Ajouter la farine et cuire 1 minute, tout en mélangeant.

Tout en brassant, ajouter le lait. Poursuivre la cuisson 5 minutes, en remuant constamment, jusqu'à épaississement.

Ajouter le parmesan. Poursuivre la cuisson à feu doux, jusqu'à ce que le fromage ait fondu et que la sauce soit homogène.

Incorporer la sauce anglaise, la chair de crabe, les crevettes et les pétoncles.

Saler et poivrer. Poursuivre la cuisson 2 minutes.

Déposer les spaghettis dans un grand plat de service.

Disposer les légumes au centre de l'assiette. Napper de sauce et bien mélanger.

La marinade est presque indissociable de la venaison. Non seulement permet-elle d'adoucir le goût prononcé du gibier, mais également de le conserver plus longtemps.

ANNE BOUTIN

Cuisseau de chevreuil rôti

Quantité : 8 portions	Préparation : 15 min	Marinage : 72 h	Cuisson : 1 h 30 min	Degré de difficulté : moyen

500 ml (2 tasses) de vin rouge

60 ml (¼ tasse) d'huile

30 ml (2 c. à soupe) de vinaigre

Sel et poivre en grains

5 ml (1 c. à thé) de thym haché

1 feuille de laurier

1 oignon, haché

1 gousse d'ail, hachée

1 échalote verte, hachée

45 ml (3 c. à soupe) de persil frais haché

2 clous de girofle

1 gigot de chevreuil de 3 kg (6 lb)

Huile, au besoin

30 ml (2 c. à soupe) de farine

250 ml (1 tasse) de vin rouge

Le jus de 1 citron

60 ml (¼ tasse) de crème 35 %

30 ml (2 c. à soupe) de gelée de groseilles

15 ml (1 c. à soupe) de beurre fondu

Dans un plat de verre profond, mélanger le vin rouge, l'huile, le vinaigre, le sel et le poivre. Ajouter le thym, le laurier, l'oignon, l'ail, l'échalote, le persil et les clous de girofle.

Déposer le chevreuil dans cette marinade et laisser mariner 72 heures, au réfrigérateur, en retournant la viande de temps en temps.

Préchauffer le four à 220 °C (425 °F).

Retirer le chevreuil de la marinade. Réserver celle-ci. Égoutter et assécher le chevreuil à l'aide de papier absorbant puis le déposer dans une rôtissoire. Badigeonner d'huile.

Cuire la viande 1 heure 30 minutes environ, selon le degré de cuisson désiré. Saler.

Réserver le jus de cuisson.

Pendant ce temps, dans une casserole, délayer la farine dans une égale quantité de vin rouge.

Tout en fouettant, ajouter le reste du vin, 250 ml (1 tasse) de marinade, le jus de citron et la crème. Laisser réduire à feu doux.

Au moment de servir, délayer la gelée de groseilles dans le beurre. Ajouter à la sauce, ainsi que le jus de cuisson réservé. Saler et poivrer.

Trancher le gigot de chevreuil et le napper de la sauce.

T. LAROCHE

Parce que leurs précieuses vitamines résident à fleur de peau, on devrait se garder d'« écorcher » les carottes. Moyennant un délicat brossage sous un mince jet d'eau, elles se plieront volontiers à des apprêts divers, la congélation y compris.

Gâteau aux noix et aux carottes

Quantité : 8 portions	Préparation : 40 min	Cuisson : 1 h	Degré de difficulté : moyen

180 ml (¾ tasse) d'huile végétale

250 ml (1 tasse) de sucre

3 œufs

5 ml (1 c. à thé) de vanille

250 ml (1 tasse) de carottes râpées grossièrement

180 ml (¾ tasse) de raisins secs

180 ml (¾ tasse) de noix de Grenoble hachées

375 ml (1 ½ tasse) de farine

10 ml (2 c. à thé) de poudre à pâte

2 ml (½ c. à thé) de sel

5 ml (1 c. à thé) de muscade

125 g (4 oz) de fromage à la crème, ramolli

30 ml (2 c. à soupe) de beurre, ramolli

2 ml (½ c. à thé) de vanille

30 ml (2 c. à soupe) de zeste d'orange râpé

375 ml (1 ½ tasse) de sucre glace

Préchauffer le four à 180 °C (350 °F).

Dans un grand bol, battre l'huile et le sucre. Incorporer les œufs, un à la fois, en battant bien après chaque addition.

Ajouter la vanille, les carottes, les raisins secs et les noix de Grenoble. Bien mélanger.

Dans un autre bol, mélanger la farine, la poudre à pâte, le sel et la muscade. Incorporer à la préparation précédente.

Verser la pâte dans un moule à pain beurré et tapissé de papier ciré de 23 cm x 13 cm (9 po x 5 po).

Cuire le gâteau de 1 heure à 1 heure 10 minutes, ou jusqu'à ce qu'un cure-dents en ressorte sec.

Démouler et laisser refroidir.

Dans un autre bol, battre le fromage à la crème et le beurre jusqu'à consistance crémeuse.

Ajouter la vanille, le zeste d'orange et le sucre glace. Battre jusqu'à consistance lisse.

Glacer de cette préparation le gâteau refroidi.

Pouding au pain

Quantité : 8 portions	Préparation : 15 min	Cuisson : 40 min	Degré de difficulté : faible

750 ml (3 tasses) de lait tiède

3 œufs

8 tranches de pain sec, en morceaux

15 ml (1 c. à soupe) de beurre fondu

1 pincée de sel

180 ml (¾ tasse) de sucre

5 ml (1 c. à thé) de vanille

125 ml (½ tasse) de raisins secs

Préchauffer le four à 180 °C (350 °F).

Dans un bol, battre le lait et les œufs jusqu'à consistance homogène.

Ajouter les morceaux de pain.

Incorporer le beurre, le sel, le sucre, la vanille et les raisins secs.

Bien mélanger.

Beurrer un plat de 20 cm x 12 cm (8 po x 4 ½ po). Y verser la préparation.

Cuire 40 minutes.

Sept-Rivières

Cette fois, ça y est! À bord du bateau du pêcheur qui a aimablement accepté de vous amener sur une des îles de Mingan pour y passer deux jours de camping sauvage, vous n'en croyez pas vos yeux. Ces monolithes ou, comme on les appelle ici, ces « pots de fleurs » sculptés par des millénaires de vagues, sont encore plus impressionnants que vous ne l'aviez imaginé !

Le soir venu, éclairé par le feu de camp sur la grève, vous évoquez avec un emballement non dissimulé les surprises et les découvertes de la route qui vous ont mené à destination : Pointe-aux-Anglais d'abord, puis le long des plages sablonneuses, jusqu'aux chutes de Port-Cartier. Votre intérêt pour l'urbanisme, que vous croyiez avoir laissé derrière vous, s'est éveillé brusquement à Clarke City, ancienne métropole de la Côte-Nord, désormais quartier de Sept-Îles et bel exemple de l'aménagement d'une cité créée de toute pièce par une entreprise privée. Après Sept-Îles et son port — le plus grand du Québec — vous vous êtes laissé aller longuement à rêvasser, du haut de la pointe en surplomb de la rivière Moisie, une des plus célèbres rivières à saumon.

Vous revoyez aussi Sheldrake qui, sous des vents à vous soulever de terre, ouvrait les portes de la Minganie; à Rivière-au-Tonnerre et à Mingan, tout juste à côté, comme vous vous êtes régalé de crabe! À Havre-St-Pierre, on vous a même servi de l'aiguillat, ce savoureux petit requin que les gens de la région appellent aussi « chien de mer ». Et finalement, la rencontre avec monsieur Nadon, ce vieux pêcheur sympathique rencontré sur le quai, qui a choisi pour vous la meilleure

île, tout soucieux de votre sécurité et de votre agrément. Par surcroît de prévenance, il s'est entendu avec vous sur un signal, en cas de nécessité : si vous devez revenir rapidement, vous n'aurez qu'à allumer et à éteindre à plusieurs reprises, votre grosse lampe de poche afin qu'il vienne vous chercher.

Votre panier à provisions renferme des trésors préparés avec un soin jaloux que vous dégustez lentement sous les étoiles : une fraîche gaspacho de crabe des neiges, de merveilleuses rouelles de pétoncles nord-côtières au beurre d'agrumes et baies roses et ces brioches amérindiennes que madame Nadon a glissé dans votre sac.

Partout, c'est une nature sauvage qui se déploie, imposant son mode de vie tranquille bercé au rythme des éléments.

Ce soir là, vous dormez d'un profond sommeil, sans savoir que sur la rive là-bas, vous avez inquiété tout le village : en voyant une lumière clignoter sur votre île, les habitants ont cru à un appel au secours et ce n'est que plus tard, grâce à l'aide de puissantes jumelles, que monsieur Nadon s'est rendu compte que vous ne faisiez que passer et repasser devant votre feu de camp... Le lendemain, tous attablés devant une tarte aux fruits des champs alléchante, vous riez bien de ce quiproquo! ■

ANDRÉ MOREAU

Le consommé de crustacés se prépare, à peu de chose près, de la même façon que le fumet de poisson, les carapaces remplaçant les arêtes et parures.

Gaspacho de crabe des neiges

Quantité : 8 portions	Préparation : 30 min	Cuisson : 50 min	Refroidissement : 4 h	Degré de difficulté : élevé

30 ml (2 c. à soupe) de beurre

1 kg (2 lb) de carapaces de homard ou autres crustacés, concassés

2 oignons, hachés

3 branches de céleri, hachées

1 blanc de poireau, haché

½ carotte, tranchée

5 ml (1 c. à thé) de thym haché

1 feuille de laurier

15 ml (1 c. à soupe) de persil haché

10 grains de poivre noir

125 ml (½ tasse) de vin blanc

1,5 l (6 tasses) d'eau

500 ml (2 tasses) d'un mélange de dés de tomates, de concombre, de céleri, de poivrons variés, d'oignons et de ciboulette

60 ml (¼ tasse) de fins bâtonnets de carotte

500 ml (2 tasses) de vin blanc froid

7 ml (1 ½ c. à thé) d'herbes salées

8 œufs de caille

100 g (3 ⅓ oz) de chair de crabe des neiges, effilochée

Persil haché, au goût

Faire fondre le beurre dans une casserole. Ajouter les carapaces de crustacés, les oignons, le céleri, le blanc de poireau et la carotte. Assaisonner de thym, de laurier, de persil haché et de grains de poivre.

Couvrir et faire suer 8 minutes. Ajouter le vin blanc et l'eau. Laisser mijoter 40 minutes, à feu très doux. Passer à travers une passoire chemisée d'étamine (coton à fromage). Réfrigérer ce consommé 4 heures.

Blanchir le mélange de dés de légumes 2 minutes, dans une casserole d'eau bouillante, et bien égoutter. Réserver. Blanchir les bâtonnets de carotte de la même façon.

Dans un bol, mélanger 1,5 l (6 tasses) du consommé de crustacés réservé, le vin blanc et les herbes salées. Incorporer les dés de légumes blanchis. Répartir dans huit bols individuels.

Faire cuire les œufs de caille 1 minute, dans une casserole d'eau très légèrement vinaigrée.

Garnir chaque portion d'un œuf de caille, de fins bâtonnets de carotte, de chair de crabe des neiges et de persil haché.

JOSÉE LABELLE

L'aiguillat est un petit requin que les gens de la région de Sept-Rivières appellent aussi « chien de mer ». On peut servir cette préparation accompagnée de fines laitues et de fleurs comestibles.

Chien de mer

Quantité : 4 portions	Préparation : 20 min	Marinage : 24 h	Cuisson : —	Degré de difficulté : moyen

2 filets d'aiguillat (chien de mer), désossés et sans peau

■

Sel et poivre

■

1 oignon rouge, en petit dés

■

½ concombre, pelé, épépiné et coupé en petit dés

■

4 branches de coriandre fraîche, hachées finement

■

125 ml (½ tasse) de jus de citron

■

100 ml (⅓ tasse + 5 c. à thé) d'huile d'olive

■

1 citron, en tranches fines

Couper les filets d'aiguillat en deux, sur l'épaisseur.

Saler et poivrer.

Déposer les filets dans un plat de verre.

Dans un bol, mélanger l'oignon, le concombre et la coriandre fraîche.

Couvrir les filets de ce mélange.

Arroser de jus de citron et d'huile d'olive.

Couvrir de tranches de citron.

Laisser mariner 24 heures, au réfrigérateur.

Servir froid.

Bien que le terme « rouelle » s'applique spécifiquement au cuisseau de veau, par extension on l'emploie parfois pour désigner des darnes de petits poissons ronds comme c'est ici le cas.

GLENN FORBES

Rouelles de pétoncles nord-côtières au beurre d'agrumes et baies roses

Quantité : 3 portions	Préparation : 15 min	Cuisson : 18 min	Degré de difficulté : moyen

2 oranges

1 pamplemousse

1 limette

24 pétoncles frais

Sel et poivre

30 ml (2 c. à soupe) de beurre fondu

60 ml (¼ tasse) de vin blanc sec

1 échalote française, hachée finement

150 ml (⅔ tasse) de crème 35 %

60 ml (¼ tasse) de beurre doux, en noisettes

5 ml (1 c. à thé) de poivre rose

Peler à vif les oranges, le pamplemousse et la limette au-dessus d'un bol, de façon à recueillir le jus qui s'en écoule.

Prélever les sections d'agrumes en ayant soin de retirer la fine membrane qui les recouvre.

Réfrigérer la moitié des sections de pamplemousse pour un usage ultérieur. Réserver les autres sections d'agrumes dans une assiette.

Couper les pétoncles en deux, sur l'épaisseur. Saler et poivrer. Les badigeonner de beurre fondu. Disposer sur une plaque beurrée.

Préchauffer le gril du four.

Dans un poêlon, amener le vin et le jus d'agrumes à ébullition.

Ajouter l'échalote et laisser réduire jusqu'à ce qu'il ne reste presque plus de liquide.

Ajouter la crème et laisser réduire de moitié.

Incorporer le beurre doux, peu à peu, en fouettant vigoureusement.

Saler et poivrer.

Ajouter le poivre rose. Réserver ce beurre d'agrumes.

Cuire les pétoncles de 2 à 3 minutes, sous le gril du four.

Déposer les pétoncles dans une assiette.

Napper de beurre d'agrumes. Répartir dans les assiettes les sections d'agrumes réservées.

JEANNETTE LEBŒUF

Veau au paprika

Quantité : 6 portions	Préparation : 20 min	Cuisson : 1 h	Degré de difficulté : moyen

30 ml (2 c. à soupe) de saindoux
■

2 oignons, tranchés finement
■

5 ml (1 c. à thé) de paprika doux
■

1 kg (2 lb) de veau, en cubes
■

1 tomate moyenne, pelée
et coupée en morceaux
■

1 poivron vert, épépiné et coupé
en lamelles
■

Sel et poivre
■

Crème sure, au goût
■

1 poivron vert, en lanières

*F*aire fondre le saindoux dans un poêlon.

Y faire sauter les oignons sans les laisser prendre couleur.

*R*etirer le poêlon du feu. Ajouter le paprika et bien mélanger.

*R*emettre sur le feu et ajouter aussitôt le veau, la tomate et le poivron.

*C*ouvrir et laisser mijoter 1 heure à feu doux, en ajoutant de l'eau au besoin et en retournant la viande de temps en temps.

*S*aler et poivrer.

*R*etirer du feu et incorporer la crème sure.

*A*u moment de servir, décorer le plat de quelques lanières de poivron vert.

Oser l'oseille, brillante et ferme, pour habiller le saumon, c'est le parer au goût du jour.

M. PAQUET

Saumon à l'oseille

Quantité : 6 à 8 portions	Préparation : 20 min	Cuisson : 35 min	Degré de difficulté : moyen

1   **saumon de 2 kg (4 lb), paré**
■
1   **bouquet d'oseille, équeuté**
■
1   **citron vert, en quartiers (avec la peau)**
■
1   **orange, en quartiers (avec la peau)**
■
   Sel et poivre
■
125   **ml (½ tasse) de beurre**
■
250   **ml (1 tasse) de crème 15 %**
■
1   **bouquet de ciboulette**

Préchauffer le four à 220 °C (425 °F).

Garnir l'intérieur du saumon de quatre feuilles d'oseille (réserver le reste) et des quartiers de citron vert et d'orange.

Saler et poivrer.

Graisser le fond et les parois d'un plat allant au four avec la moitié du beurre ramolli. Y déposer le poisson.

Parsemer le poisson du reste du beurre, en noisettes.

Cuire 10 minutes.

Retourner le poisson, le couvrir d'une feuille d'aluminium et poursuivre la cuisson 15 minutes.

Déposer le saumon cuit sur une assiette de service. Réserver.

Jeter l'oseille dans le plat de cuisson et ajouter la crème.

Saler et poivrer.

Mélanger et faire chauffer à feu moyen, jusqu'à ce que l'oseille soit bien tendre et que la crème bouillonne.

Enrober le poisson de cette préparation.

Couper la ciboulette dans un verre, à l'aide de ciseaux, puis en parsemer le poisson. Servir aussitôt.

INSTITUT DE TOURISME ET D'HÔTELLERIE DU QUÉBEC

Brioches amérindiennes

Recette traditionnelle

Cette pâtisserie légère et gonflée, plus ou moins fine selon les quantités de beurre et d'œufs utilisées, risque d'en faire saliver plus d'un. Mais attention : à trop en consommer, on risque de « prendre de la brioche ».

Quantité : 24 brioches	Préparation : 1 h 30 min	Repos : 40 min	Réfrigération : 10 h 30 min	Levage : 30 min	Cuisson : 30 min	Degré de difficulté : élevé

160 ml (²⁄₃ tasse + 2 c. à thé) de graisse ramollie

430 ml (1 ¾ tasse) de sirop d'érable

5 œufs

2 ml (½ c. à thé) de sel

250 ml (1 tasse) de lait

4 gouttes d'essence d'érable

2 sachets de levure sèche instantanée

1,4 l (5 ½ tasses) de farine

375 ml (1 ½ tasse) de beurre

150 ml (²⁄₃ tasse) de confiture de fraises

1 œuf, battu

60 ml (¼ tasse) de lait

100 ml (¹⁄₃ tasse + 5 c. à thé) de sirop d'érable

Dans un grand bol, mélanger la graisse, le sirop d'érable, les œufs, le sel, le lait et l'essence d'érable jusqu'à consistance homogène.

Incorporer la levure sèche.

Ajouter la farine et mélanger jusqu'à ce que la pâte soit lisse.

Laisser reposer 30 minutes.

Sur une surface farinée, abaisser la pâte en un carré de 20 cm (8 po) de côté. Y étaler le beurre jusqu'à 1,25 cm (½ po) des bords.

Rabattre deux côtés opposés de la pâte pour qu'ils se touchent au centre, puis procéder de même avec les deux autres côtés. Laisser reposer 15 minutes, au réfrigérateur. Abaisser de nouveau la pâte. Répéter l'opération du pliage (tourage), puis réfrigérer 15 minutes. Envelopper la pâte dans une pellicule de plastique et réfrigérer 10 heures.

Préchauffer le four à 190 °C (375 °F).

Sur une surface farinée, abaisser la pâte en un rectangle de 1 cm (³⁄₈ po) d'épaisseur.

Couvrir d'une mince couche de confiture de fraises.

Rouler la pâte en un cylindre et la trancher en vingt-quatre rondelles de 2,5 cm (1 po) d'épaisseur.

Déposer les rondelles de pâte dans des plats beurrés allant au four.

Laisser lever les brioches 30 minutes dans un endroit chaud et humide.

Mélanger l'œuf battu et le lait. En badigeonner la pâte.

Cuire au four 30 minutes.

Badigeonner de sirop d'érable. Servir.

Printanière, fraîche, gaie, joyeuse : tous les qualificatifs symbolisant le renouveau s'appliquent à cette tarte aux petits fruits dont la cueillette elle-même peut constituer une activité divertissante...

MICHEL PAQUET

Tarte aux fruits des champs

Quantité : 8 portions	Préparation : 20 min	Macération : 20 min	Réfrigération : 2 h	Cuisson : 45 min	Degré de difficulté : faible

625 ml (2 ½ tasses) de farine

2 ml (½ c. à thé) de sel

300 ml (1 tasse + 10 c. à thé) de graisse végétale

1 jaune d'œuf

75 ml (⅓ tasse) d'eau glacée

5 ml (1 c. à thé) de vinaigre

1 l (4 tasses) de petits fruits mélangés (fraises, framboises, bleuets...)

45 ml (3 c. à soupe) de tapioca instant

250 ml (1 tasse) de sucre

1 pincée de sel

30 ml (2 c. à soupe) de jus de citron frais

*D*ans un grand bol, mélanger la farine et le sel.

À l'aide d'un coupe-pâte ou de deux couteaux, couper la graisse dans la farine jusqu'à consistance granuleuse.

*D*ans un autre bol, mélanger le jaune d'œuf, l'eau et le vinaigre.

*T*out en mélangeant, verser ce liquide en un mince filet sur la préparation précédente, jusqu'à ce que la pâte forme une boule.

*D*iviser la pâte en deux boules et les envelopper séparément dans une pellicule de plastique. Réfrigérer 2 heures.

*P*réchauffer le four à 190 °C (375 °F).

*S*ur une surface farinée, abaisser une boule de pâte en un cercle de 30 cm (12 po) de diamètre. En foncer un plat à tarte de 23 cm (9 po) de diamètre. (Réserver l'autre boule de pâte pour un usage ultérieur.)

*D*ans un bol, mélanger avec délicatesse les fruits, le tapioca, le sucre, le sel et le jus de citron.

*L*aisser macérer 20 minutes à la température de la pièce.

*V*erser la préparation de fruits dans l'abaisse.

*C*uire de 40 à 45 minutes.

Manicouagan / Caniapisco

L'eau calme aux abords de Tadoussac, l'eau plombée du fleuve pendant les jours couverts, l'eau chatoyante, verte et bleue au large de Pointe-aux-Outardes, l'eau dormante des marais, toutes les esquisses que vous avez réalisées depuis le début de votre séjour dans la région en sont le témoin : l'eau est ici le fil d'Ariane qui relie tout.

Vous vous l'étiez promis, les vacances seraient l'occasion de concrétiser un vieux rêve. Sur la route 138 qui longe le fleuve, vous vous arrêtez de nombreuses fois devant des paysages côtiers démesurés qui vous invitent à les croquer à grands traits. À Tadoussac, alors que vous dessinez ces collines boisées, un badaud vous apprend que, justement, ce sont elles qui ont donné leur nom au village : Tatoushak, en montagnais, signifiant mamelon. Au centre d'interprétation et d'observation de Cap-de-Bon-Désir, où on vous explique la richesse de ce monde sous-marin où se côtoient des formes de vie allant de ces majestueuses baleines à ce microscopique plancton, vous voyez tout de suite les images foisonnantes que vous pourrez en tirer.

À Sault-au-Mouton, près du pont, la scène est parfaite : les fondations des moulins à scie construits au XIXe siècle, la rivière et les chutes ! À Forestville, sur la première avenue, la « Baie-Verte », un point de vue tel que vous le croyez créé pour vous : le fleuve et son barrage hydroélectrique, la longue passerelle suspendue, le rivage sablonneux et la petite Anglicane, l'ancienne « Trinity Church » transformée en musée que vous venez tout juste de visiter.

À Baie-Comeau, visite aux collègues ! À la maison Rochette, vous admirez les talents des artistes de la région. Un peu penaud, vous vous offrez tout de même ce petit restaurant tant vanté. Là, vous êtes tenté d'esquisser une nature morte tant la table est belle et colorée : le vert tendre du potage au concombre, le roux des perdrix enrobées de leur feuille de chou, l'oranger délicat du gâteau au fromage et à la citrouille, mais malheureusement, il serait bien difficile d'en rendre tous les arômes !

Sur la grève à Pointe-des-Monts, vous travaillez à mettre la dernière main à ce qui sera votre chef-d'œuvre, le phare de Pointe-des-Monts, l'un des

Partout sur la côte on découvre ces paysages fabuleux où la mer s'évade à perte de vue et les vagues viennent tantôt s'écraser contre les rochers abruptes, tantôt mourir sur les plages sablonneuses.

plus vieux en Amérique, maintenant monument historique. Tout à l'heure, à l'ancienne maison du gardien devenue restaurant, votre dur labeur sera récompensé en goûtant à la fameuse salade de couteaux de mer, ces mollusques que l'on récolte à marée basse en les attirant avec du gros sel. Prendrez-vous ensuite les chaussons de truite fumée au fromage de chèvre ou le ragoût de pétoncles aux pommes ? Déjà, votre concentration n'est plus la même : le chef-d'œuvre ne sera pas terminé avant demain ! ■

LISETTE M. THERRIEN

Lorsque le concombre est servi cru, on le fait le plus souvent dégorger, ce qui a l'avantage de le rendre plus digeste et de lui faire perdre éventuellement son amertume. L'auriez-vous cru?

Potage au concombre

Quantité : 6 portions	Dégorgement : 30 min	Préparation : 15 min	Cuisson : 40 min	Degré de difficulté : faible

1 **gros concombre, pelé, épépiné et haché finement**

◼

30 **ml (2 c. à soupe) de gros sel**

◼

45 **ml (3 c. à soupe) de beurre**

◼

1 **petit oignon, haché finement**

◼

100 **g (3⅓ oz) d'épinards, parés**

◼

1 **feuille de laurier**

◼

1 **l (4 tasses) de bouillon ou d'eau**

◼

180 **ml (¾ tasse) de crème**

◼

Sel et poivre

Déposer le concombre dans un plat et le saupoudrer de gros sel. Laisser dégorger 30 minutes. Rincer le concombre et bien l'essorer.

Faire fondre le beurre dans une casserole.

Ajouter le concombre, l'oignon, les épinards et la feuille de laurier.

Faire suer 5 minutes, puis arroser de bouillon ou d'eau. Amener à ébullition et réduire aussitôt la chaleur.

Laisser mijoter 30 minutes, à feu doux. Passer au mélangeur jusqu'à consistance homogène.

Remettre le potage dans la casserole et porter à ébullition. Retirer du feu et incorporer la crème. Saler et poivrer. Vérifier l'assaisonnement et servir.

CÔTE-NORD • MANICOUAGAN/CANIAPISCO

À marée basse, les couteaux de mer pourfendent le sable et s'y terrent. Pour tirer ces mollusques de leur fourreau improvisé, il suffit pourtant de les appâter avec un peu de gros sel.

ANDRÉ MOREAU

Salade de couteaux de mer de la Côte-Nord

Quantité : 4 à 6 portions	Préparation : 30 min	Cuisson : 25 min	Degré de difficulté : moyen

15 ml (1 c. à soupe) de beurre

3 échalotes françaises, hachées finement

1 ml (¼ c. à thé) de poivre

250 ml (1 tasse) de vin blanc

2 kg (4 lb) de couteaux de mer de la Côte-Nord

1 oignon rouge, haché finement

3 gousses d'ail, hachées finement

1 poivron rouge, haché finement

½ piment jalapeño, haché finement

3 branches de thym frais, hachées

10 brins de ciboulette, hachés

250 ml (1 tasse) d'huile d'olive

75 ml (⅓ tasse) de vinaigre de pomme

Sel et poivre

Feuilles de laitue frisée, au goût

Herbes aromatiques, au choix, pour décorer

Laisser tremper les couteaux de mer 10 minutes, dans un bol placé sous le robinet d'eau froide.

Faire chauffer le beurre dans une casserole.

Ajouter les échalotes, le poivre et le vin blanc.

Amener à ébullition et réduire aussitôt la chaleur. Laisser mijoter 10 minutes.

Laver les couteaux de mer à l'eau très froide et les déposer dans la casserole.

Couvrir et cuire de 8 à 10 minutes.

Retirer les couteaux de mer de la casserole et laisser réduire le jus de cuisson de moitié.

Retirer la chair des coquillages et la trancher finement.

Dans un bol, mélanger l'oignon, l'ail, le poivron et le piment jalapeño.

Ajouter environ 60 ml (¼ tasse) du jus de cuisson réduit, le thym, la ciboulette, l'huile d'olive et le vinaigre de pomme. Saler et poivrer.

Ajouter les tranches de couteaux de mer et bien mélanger.

Tapisser les assiettes de feuilles de laitue. Y répartir la salade de couteaux de mer. Décorer d'herbes aromatiques.

JOSÉE LABELLE

Le fumage, procédé de conservation autrefois indispensable, a cédé le pas aux techniques modernes de mise en conserve et de congélation. Succombant cependant à son charme désuet, on ne saurait se priver de la saveur authentique qu'il confère aux aliments.

Chaussons de truite fumée au fromage de chèvre

Quantité : 2 portions	Préparation : 20 min	Cuisson : 15 min	Degré de difficulté : faible

60 g (2 oz) de truite fumée coupée en petits carrés

60 g (2 oz) de fromage de chèvre, coupé en petits morceaux

2 ml (½ c. à thé) d'estragon frais haché

200 g (6⅔ oz) de pâte à croissants crue (du commerce)

30 ml (2 c. à soupe) de beurre fondu

Préchauffer le four à 180 °C (350 °F).

Dans un bol, mélanger la truite fumée, le fromage et l'estragon. Réserver cette farce.

Diviser ce mélange en quatre parts égales.

Sur une surface farinée, abaisser la pâte en un carré de 15 cm (6 po) de côté, puis la couper en quatre carrés de mêmes dimensions.

Humecter légèrement les pourtours de chaque carré.

Répartir la farce sur les carrés de pâte, puis replier ceux-ci pour former des chaussons. Bien sceller.

Badigeonner de beurre fondu.

Cuire 15 minutes. Servir deux chaussons par portion.

ANDRÉ MOREAU

Le pétoncle est un coquillage de forme analogue à celle de sa cousine française, la coquille St-Jacques, quoique plus petit.

Ragoût de pétoncles aux pommes

Quantité : 2 portions	Préparation : 30 min	Cuisson : 20 min	Degré de difficulté : moyen

15 ml (1 c. à soupe) de beurre doux

1 oignon moyen, coupé en dés

1 pomme jaune, coupée en dés

6 champignons , coupés en 4

5 ml (1 c. à thé) de cari

Sel et poivre

45 ml (3 c. à soupe) de vin apéritif St-Benoît

125 ml (½ tasse) de crème 35 %

Farine, au besoin

Sel et poivre

250 g (½ lb) de pétoncles

15 ml (1 c. à soupe) d'huile végétale

15 ml (1 c. à soupe) de beurre doux

Jus de ½ citron

*F*aire chauffer le beurre dans un poêlon. Y faire suer l'oignon 3 minutes. Ajouter les dés de pomme et les champignons. Laisser cuire à feu doux 5 minutes.

*S*aupoudrer de cari.

*S*aler et poivrer.

*A*jouter le vin et la crème. Laisser mijoter environ 15 minutes jusqu'à épaississement. Réserver au chaud.

*M*élanger la farine, le sel et le poivre.

*E*nrober les pétoncles de ce mélange.

*F*aire chauffer l'huile et le beurre dans un poêlon. Faire revenir les pétoncles 1 minute environ de chaque côté. (Ne pas surcuire). Arroser les pétoncles de jus de citron et retirer la casserole du feu.

*D*resser la sauce sur une assiette et y disposer harmonieusement les pétoncles.

ANNE BOUTIN

Perdrix aux légumes

Quantité : 8 portions	Préparation : 30 min	Cuisson : 1 h 40 min	Degré de difficulté : moyen

45 ml (3 c. à soupe) de beurre

4 perdrix

500 g (1 lb) de côtelettes de porc

500 g (1 lb) de saucisses de porc

1 gros chou, blanchi

1 navet, en cubes

1 carotte, en tronçons

2 oignons, en quartiers

Sel et poivre

180 ml (¾ tasse) d'eau, environ

Faire chauffer le beurre dans un poêlon. Y faire dorer les perdrix, les côtelettes et les saucisses séparément, jusqu'à ce que les viandes soient dorées de toute part.

Détacher de grandes feuilles de chou et y envelopper les perdrix. Attacher avec une ficelle.

Placer les perdrix, les côtelettes, les saucisses, le navet, la carotte et les oignons dans une casserole à fond épais.

Saler et poivrer.

Couvrir d'eau à mi-hauteur. Amener à ébullition et réduire aussitôt la chaleur. Laisser mijoter 1 heure, à feu doux.

Couper le reste du chou en lanières. Ajouter aux viandes et poursuivre la cuisson 30 minutes, en ajoutant de l'eau, au besoin.

JEANNETTE LEBŒUF

La tourlouche au sirop d'érable

Quantité : 8 portions	Préparation : 20 min	Cuisson : 35 min	Degré de difficulté : moyen

250 ml (1 tasse) de sirop d'érable
■

15 ml (1 c. à soupe) de beurre
■

45 ml (3 c. à soupe) de sucre
d'érable râpé
■

1 œuf
■

250 ml (1 tasse) de farine de blé
entier
■

10 ml (2 c. à thé) de poudre
à pâte
■

1 ml (¼ c. à thé) de sel
■

2 ml (½ c. à thé) de muscade
■

125 ml (½ tasse) de lait
■

5 ml (1 c. à thé) de vanille
■

Noix hachées, au goût
■

**Crème fouettée,
en accompagnement**

Préchauffer le four à 200 °C (400 °F).

Dans une casserole, faire bouillir le sirop d'érable 5 minutes.

Retirer du feu et verser dans un moule à gâteau beurré de 20 cm (8 po) de côté.

Dans un bol, battre le beurre, le sucre d'érable et l'œuf jusqu'à l'obtention d'un mélange crémeux.

Dans un autre bol, tamiser la farine de blé entier, la poudre à pâte, le sel et la muscade.

Ajouter à la préparation précédente, ainsi que le lait et la vanille, en alternance.

Verser sur le sirop.

Couvrir d'une feuille de papier d'aluminium et cuire au four 25 minutes.

Démouler et saupoudrer de noix hachées.

Servir tiède, avec de la crème fouettée ou tel quel.

Ce beau gâteau tendre et moelleux se laisse déguster sans façon, que ce soit soir d'Halloween ou non. Servi encore tout chaud, il fera un malheur !

LISETTE M. THERRIEN

Gâteau au fromage et à la citrouille

Quantité : 12 portions	Préparation : 20 min	Cuisson : 1 h	Degré de difficulté : moyen

500 ml (2 tasses) de farine tout usage

375 ml (1 ½ tasse) de farine de blé entier

10 ml (2 c. à thé) de bicarbonate de soude

2 ml (½ c. à thé) de poudre à pâte

5 ml (1 c. à thé) de cannelle

1 ml (¼ c. à thé) de clou de girofle moulu

5 ml (1 c. à thé) de sel

125 ml (½ tasse) de beurre

250 ml (1 tasse) de sucre

250 ml (1 tasse) de cassonade

250 g (½ lb) de fromage à la crème, ramolli

4 œufs

1 boîte de 398 ml (14 oz) de purée de citrouille

250 ml (1 tasse) de noix de Grenoble hachées

Préchauffer le four à 180 °C (350 °F).

Mélanger la farine tout usage, la farine de blé entier, le bicarbonate de soude, la poudre à pâte, la can-nelle, le clou de girofle et le sel. Réserver.

Dans un bol, défaire le beurre en crème avec le sucre, la cassonade et le fromage à la crème.

Incorporer les œufs, un à la fois, en battant entre chaque addition.

Ajouter la purée de citrouille et mélanger.

Ajouter le mélange de farine réservé et mélanger jusqu'à consistance lisse.

Incorporer les noix.

Verser la préparation dans un moule de 30 cm (12 po) de diamètre beurré et fariné.

Cuire 1 heure, jusqu'à ce qu'un cure-dents en ressorte sec.

La Haute-Côte-Nord

Le groupe des cinq, comme vous vous êtes surnommés dès votre première année universitaire, ne s'était pas revu au complet depuis au moins quinze ans, depuis que Louis, diplômé de géologue tout frais en poche, avait quitté la grande ville pour Gagnon, loin là-bas au nord. Depuis, des « doublures » comme on dit chez vous, ont augmenté le groupe, dont Marc-Antoine, Suzie et une certaine Marie originaire de Schefferville, que personne ne connait encore.

Cette année, vous avez organisé un séjour chez Louis qui habite maintenant Schefferville. Les visiteurs se retrouvent donc d'abord à Fermont, certains venant par la route de Baie-Comeau et d'autres par le train de Sept-Îles. Ces premières retrouvailles sont joyeuses. Le long du « Mur » de Fermont, ce bâtiment coupe-vent long d'un kilomètre et abritant de nombreux logements et services communautaires, les commentaires ébahis vont bon train. Dans cette ville jeune, tout démontre l'ingéniosité de ceux qui en ont fait un modèle d'architecture moderne et d'adaptation au climat nordique.

Dans le train vers Schefferville, le joyeux groupe attire la curiosité et la sympathie. Deux vieux messieurs mettent à profit le long trajet pour raconter la fébrilité et l'espoir du boum de départ de ce qu'on a appelé le triangle minier, entre Gagnon, Fermont et Schefferville, dans les années 1950. Ils expliquent aussi comment le tourisme du grand Nord s'est développé à partir de chez eux, avec les grandes pourvoiries réputées pour la chasse au caribou et la pêche, mais aussi avec ces nouveaux voyages d'aventure, de descentes de rivières et d'excursions attirant Québécois, Européens et Américains.

On reconnait les îles et les îlots formant l'Archipel-de-Mingan à leurs formations rocheuses aux silhouettes étranges sculptées longuement par les vagues et les courants marins.

L'arrivée à Schefferville, où Louis et Marie vous attendent, est ponctuée de grandes tapes dans le dos et de quelques larmes essuyées furtivement. La grande glacière intrigante, apportée de Sept-Îles par Paul, le cuisinier, révèle bientôt ses trésors de crabe, de pétoncles et même de loup-marin, créant un nouvel épisode d'exclamations et de cris joyeux.

Marie ne voulant pas être en reste, a paré le coup, secrètement. Le lendemain de la fameuse journée de pêche qui débuta aux aurores et qui alimentera de nombreuses légendes de butins fabuleux, Marie vous sert un repas inoubliable, tiré du grand livre de recettes de sa mère : le saumon au lait, le carré de caribou, sauce au miel et au gingembre et la fameuse mousse à la crème de menthe. Ce soir là, vous décidez que la prochaine réunion aura lieu dans deux ans, pour les fêtes de Noël.∎

JEANNETTE LEBŒUF

Différente de la chaudrée européenne qui se prépare habituellement avec de petites raies, des soles et des anguilles, cette chaudrée de pétoncles aux légumes variés est typique de la Côte-Nord.

Chaudrée de pétoncles aux légumes

Quantité : 4 portions	Préparation : 25 min	Cuisson : 40 min	Degré de difficulté : moyen

30 ml (2 c. à soupe) de beurre

250 ml (1 tasse) de carottes
en cubes

125 ml (½ tasse) de céleri
en cubes

225 ml (⅔ tasse) d'oignons hachés

1,25 l (5 tasses) d'eau

15 ml (1 c. à soupe) de concentré
de bouillon de poulet

750 ml (3 tasses) de pommes
de terre en cubes

1 feuille de laurier

1 ml (¼ c. à thé) de thym haché

Sel et poivre

500 g (1 lb) de pétoncles en cubes

Dés de tomates, au goût

Basilic frais, au goût

Gruyère râpé, au goût

Faire fondre le beurre dans une casserole. Y faire revenir les carottes, le céleri et les oignons, sans laisser prendre couleur.

Ajouter l'eau, le concentré de bouillon, les pommes de terre, le laurier et le thym.

Saler et poivrer. Amener à ébullition et réduire aussitôt la chaleur. Laisser mijoter 20 minutes.

Préchauffer le four à 200 °C (400 °F).

Ajouter les pétoncles. Poursuivre la cuisson 3 minutes.

Verser dans quatre bols individuels.

Garnir de dés de tomates. Saupoudrer de basilic et de gruyère.

Cuire au four 10 minutes.

JOSÉE LABELLE

Une touche d'exotisme dans votre assiette ! Superbement présentée, cette préparation toute simple et légère de crabe, d'agrumes et de fromage cottage fera bel effet, tant au niveau du coup d'œil que des papilles gustatives.

Coquilles de crabe des neiges glacées aux agrumes

Quantité : 4 portions	Préparation : 20 min	Cuisson : —	Degré de difficulté : faible

4 coquilles (carapaces) de crabe vides et propres

4 feuilles de laitue

200 g (6⅔ oz) de fromage cottage

200 g (6⅔ oz) de chair de crabe, effilochée

1 pamplemousse rose, en sections

1 orange, en quartiers

Couvrir le fond de chaque coquille d'une feuille de laitue.

Déposer une cuillerée de fromage cottage sur chaque feuille.

Couvrir le fromage de chair de crabe.

Garnir de sections de pamplemousse et de quartiers d'orange.

Pour les gourmets curieux et un peu téméraires ! Ce n'est pas tous les jours, en effet, qu'on peut goûter à ce plat inusité dont les connaisseurs disent beaucoup de bien...

LAURIER THERRIEN « LA TANIÈRE »

Escalopes de loup-marin, sauce au poivre

| Quantité : 6 portions | Préparation : 15 min | Marinage : 12 h | Cuisson : 30 min | Degré de difficulté : moyen |

125 ml (½ tasse) d'huile

15 ml (1 c. à soupe) de poivre noir, broyé

15 ml (1 c. à soupe) de fines herbes de Provence en pâte

6 escalopes de loup-marin d'environ 2,5 cm (1 po) d'épaisseur

30 ml (2 c. à soupe) d'huile

30 ml (2 c. à soupe) de beurre

30 ml (2 c. à soupe) d'échalotes françaises hachées

125 ml (½ tasse) de vin rouge

500 ml (2 tasses) de sauce demi-glace (du commerce)

15 ml (1 c. à soupe) de poivre noir

1 pincée de sel

30 ml (2 c. à soupe) de brandy

60 ml (¼ tasse) de crème 35 %

Dans un bol, mélanger l'huile, le poivre et les fines herbes de Provence. Y déposer les escalopes de loup-marin.

Laisser mariner 12 heures, au réfrigérateur, en retournant les escalopes de temps en temps.

Égoutter les escalopes.

Faire chauffer l'huile dans un poêlon. Y faire sauter les escalopes à feu moyen, 2 minutes de chaque côté, jusqu'à ce qu'elles soient tendres, mais encore rosées.

Faire fondre le beurre dans une casserole. Y faire suer les échalotes.

Ajouter le vin rouge. Faire réduire de moitié.

Ajouter la sauce demi-glace et porter à ébullition.

Incorporer le poivre, le sel et le brandy.

Laisser mijoter à feu doux jusqu'à épaississement.

Ajouter la crème, en remuant.

Napper les escalopes de loup-marin de sauce. Servir aussitôt.

Le majestueux caribou de nos forêts nord québécoises n'a rien à envier en prestance et en saveur à son cousin l'orignal. Apprêté en côtelettes légèrement saignantes, il n'a aucune raison, non plus, de jalouser le bœuf.

LAURIER THERRIEN « LA TANIÈRE »

Carré de caribou, sauce au miel et au gingembre

Quantité : 6 portions	Préparation : 20 min	Cuisson : 45 min	Degré de difficulté : moyen

60 ml (¼ tasse) d'huile

1 carré de caribou d'environ 1,5 kg (3 lb)

Sel et poivre

30 ml (2 c. à soupe) de beurre

30 ml (2 c. à soupe) d'échalotes françaises hachées

125 ml (½ tasse) de vin rouge

1 l (4 tasses) de sauce demi-glace (du commerce)

30 ml (2 c. à soupe) de gingembre frais haché

60 ml (¼ tasse) de miel

100 ml (⅓ tasse + 5 c. à thé) de crème 35 %

Préchauffer le four à 150 °C (300 °F).

Faire chauffer l'huile à feu vif dans un grand poêlon et y dorer le caribou environ 2 minutes de chaque côté. Saler et poivrer.

Déposer le caribou dans un plat allant au four et cuire 30 minutes, selon le degré de cuisson désiré.

Découper le carré de caribou en côtelettes. Réserver au chaud.

Faire fondre le beurre dans un poêlon et y faire revenir les échalotes de 2 à 3 minutes.

Ajouter le vin rouge et laisser réduire de moitié, à feu vif. Ajouter la sauce demi-glace et amener à ébullition.

Pendant ce temps, dans une casserole d'eau bouillante, blanchir le gingembre environ 1 minute. Égoutter. Ajouter le gingembre à la sauce.

Réduire la chaleur et ajouter le miel. Saler et poivrer. Incorporer la crème et réchauffer.

Napper les côtelettes de caribou de sauce. Servir aussitôt.

Saumon au lait

Quantité : 8 portions | **Préparation : 10 min** | **Cuisson : 40 min** | **Degré de difficulté : moyen**

1 saumon de 1,5 kg (3 lb)

■

1 l (4 tasses) de lait

■

Sel et poivre

■

4 kg (8 lb) de petites pommes de terre (grelots)

■

8 tranches de pain grillées

Préchauffer le four à 190 °C (375 °F).

Déposer le saumon dans une cocotte.

Arroser de lait.

Saler et poivrer.

Déposer les pommes de terres dans la cocotte.

Couvrir et cuire au four 40 minutes. Égoutter.

Présenter le saumon entier dans un plat de service.

Servir chaque portion sur une tranche de pain grillée.

Accompagner des petites pommes de terre cuite.

VALÉRIE LAROCHE

Recette traditionnelle

Lorsqu'arrive le temps du dessert ou de la collation, rien ne vaut ces imbattables biscuits au beurre d'arachide que l'on trempe volontiers dans un bon grand verre de lait froid...

Biscuits au beurre d'arachide

Quantité : 50 biscuits	Préparation : 20 min	Refroidissement : 2 h	Cuisson : 12 min	Degré de difficulté : moyen

250 ml (1 tasse) de beurre d'arachide

■

250 ml (1 tasse) de margarine

■

250 ml (1 tasse) de sucre

■

250 ml (1 tasse) de cassonade bien tassée

■

2 œufs

■

5 ml (1 c. à thé) de vanille

■

625 ml (2 ½ tasses) de farine

■

5 ml (1 c. à thé) de poudre à pâte

■

5 ml (1 c. à thé) de bicarbonate de soude

■

2 ml (½ c. à thé) de sel

■

Bonbons au chocolat enrobés, au goût

■

Gelée de pomme, au goût

■

Noix de coco râpée, au goût

Dans un bol, défaire le beurre d'arachide en crème avec la margarine, le sucre et la cassonade.

Incorporer les œufs et la vanille.

Tamiser la farine avec la poudre à pâte, le bicarbonate de soude et le sel.

Incorporer à la préparation précédente. Mélanger jusqu'à l'obtention d'une pâte homogène.

Diviser la pâte en deux portions. Sur une surface farinée, les abaisser chacune en un rectangle de 0,5 cm (¼ po) d'épaisseur. Rouler chaque abaisse en un cylindre.

Envelopper dans une pellicule de plastique.

Réfrigérer 2 heures.

Préchauffer le four à 180 °C (350 °F).

Trancher les cylindres en biscuits de 0,5 cm (¼ po) d'épaisseur.

Déposer sur une plaque à biscuits non graissée.

Garnir la moitié des biscuits de bonbons au chocolat enrobés.

Cuire tous les biscuits au four 12 minutes.

Sortir du four et badigeonner aussitôt les biscuits non garnis de gelée de pomme. Saupoudrer de noix de coco.

La guimauve était à l'origine une plante médicinale au goût douceâtre. Par analogie d'aspect, elle a donné son nom à des confiseries plus ou moins élastiques qui ne contiennent pas du tout de... guimauve !

DENISE GIASSON

Mousse à la crème de menthe

Quantité : 6 portions	Préparation : 20 min	Refroidissement : 8 h	Cuisson : 15 min	Degré de difficulté : faible

16 grosses guimauves

150 ml (⅔ tasse) de crème de menthe verte

500 ml (2 tasses) de crème 35 %

250 g (½ lb) de brisures de chocolat

60 ml (¼ tasse) de crème 35 %

30 ml (2 c. à soupe) de cognac

*D*époser les guimauves et la crème de menthe dans la partie supérieure d'un bain-marie. Faire chauffer, en remuant, jusqu'à ce que les guimauves soient fondues et que la préparation ait l'apparence d'un sirop. Laisser tiédir à la température ambiante.

*D*ans un bol, fouetter la crème jusqu'à ce qu'elle forme des pics.

*I*ncorporer au sirop en pliant délicatement à l'aide d'une spatule de caoutchouc.

*R*épartir la mousse dans six coupes à dessert et réfrigérer 8 heures, jusqu'à ce qu'elle soit prise.

*D*ans une petite casserole, faire fondre les brisures de chocolat à feu doux. Incorporer la crème et le cognac.

*V*erser la sauce chaude sur la mousse, juste avant de servir.

SAGUENAY–LAC-ST-JEAN

S'évader doucement au « pays des bleuets »...

*Inspiré par la rivière qui éventre le territoire du lac au fleuve, par les marées
qui abreuvent les fjords et par les interminables hivers,
le grand peintre naïf Arthur Villeneuve a su faire partager au monde entier
sa grande passion pour la région.*

Dans cette région où se trouve le lac St-Jean, d'abord débusqué par les explorateurs en quête de fourrure, un poste de traite fut établi dès 1676, à l'embouchure de la Méta-béchouane, à l'emplacement actuel de la ville de Desbiens.

La plupart des Gagnon, Gagné, Tremblay, Savard, Bouchard et autres familles aux noms courants dans la région ne sont toutefois pas enra-cinés au lac depuis aussi longtemps. Ils descendent plutôt des pionniers qui maîtrisèrent le grand incendie de 1870, lequel a déboisé une grande partie des forêts environnantes. C'est ce déboisement qui a permis à la vocation agricole du Lac-St-Jean de s'affirmer. Depuis, l'on y cultive la gourgane, on y pêche la ouananiche et on y cueille les bleuets — quand on ne les cultive pas... Sur la rive nord du lac, on en cueille une si grande quantité que les habitants de la région ont reçu le sobriquet de « bleuets » ! De toutes ces familles, pratiquement aucune n'est venue peupler les alentours du lac avant le milieu du XIXe siècle, époque de la construction des grandes industries de pâtes et papiers qui laissèrent derrière elles les premiers villages.

Le Haut Saguenay, en aval du lac St-Jean, est, quant à lui, fortement industrialisé. Tout au long de ses berges, on retrouve en effet les alu-mineries de l'Alcan, des centrales hydroélectriques et des papetières. Par contre, le Bas Saguenay, avec ses vastes étendues inhabitées, est encore à l'état sauvage.

De cette diversité d'habitats est née une riche cuisine régionale, façonnée dans l'isolement des localités, par des gens reconnus par tous les Québécois comme étant colorés, imaginatifs, dynamiques, voire même un tantinet extravagants !

Parmi les mets devenus typiques de la région, le plus caractéristique est la tourtière. À l'origine, elle était préparée avec de la tourte, cet oiseau qui fut déjà extraordinairement abondant à une certaine époque et qui a tant été chassé qu'il est maintenant complètement disparu. La tourtière se prépare donc aujourd'hui selon la recette originale, mais avec la chair d'autres oiseaux. Les plats, surtout la soupe, apprêtés avec la gourgane, sont également au nombre des incontournables spécialités régionales. Enfin, l'été, aucun visiteur ne peut repartir sans avoir goûté aux bleuets frais, avec ou sans crème, la tarte au bleuet, le vin de bleuet, un apéritif aux bleuets et quoi encore...

La façon traditionnelle d'apprêter le gibier, autant le lièvre que la perdrix, l'orignal ou le chevreuil, vient des Montagnais. Certains affirment d'ailleurs que l'art de préparer la cipaille du Lac-St-Jean viendrait d'eux. D'autres estiment plutôt que l'expression — et peut-être même la recette — ne serait qu'une déformation du « sea pie » anglais.

Que ce soit pour observer la course des baleines, les splendeurs du Fjord ou le merveilleux lac St-Jean, c'est l'enchantement assuré que vous réservent les nombreuses croisières offertes dans la région.

Soucieux de préserver leur identité régionale, les habitants du Saguenay–Lac-St-Jean ont su, entre autres, conserver leurs coutumes culinaires traditionnelles. Mais comme ils sont également reconnus pour leur bonne humeur, de même que pour leur sens de l'hospitalité et de l'innovation, ils ont également développé, à partir de leurs productions locales, une nouvelle cuisine régionale dont la surprise vous attend au détour d'un prochain séjour.■

Le pittoresque village de l'Anse-St-Jean est une perle d'architecture avec ses maisons traditionnelles, ses fours à pain et surtout, pour son pont couvert qu'on peut voir aussi sur les billets de 1000 $ canadien.

Le Fjord-du-Saguenay

*De votre premier voyage ensemble, dans le fjord le plus méridional du monde,
persistera longtemps cette agréable sensation du partage d'une passion pour la découverte.*

Vous voudrez vous rappeler une foule de détails, à commencer par le fait que la traversée, de Baie-Ste-Catherine à Tadoussac, ne dure que quelques minutes, juste le temps de sentir que le Fjord-du-Saguenay est là, derrière. Vous passez la journée à espionner les baleines qui remontent souffler à la surface dans une valse millénaire entre l'eau et le ciel. Sur le bateau, vous rencontrez, à votre grand étonnement, des skieurs qui, en plein été, dévalent les pentes de sable de la région.

Alors que vous remontez à pied en direction du magnifique hôtel Tadoussac, vous vous arrêtez près de la vieille chapelle de bois, érigée en 1747, où des amis vous ont donné rendez-vous avant de vous amener dîner sur leur petit voilier, amarré à proximité. Ils vous ont préparé une variation locale de la fameuse soupe au chou et au fromage, dont vous avez tant entendu parler.

Plus tard dans la journée, au fil de votre chemin vers St-Fulgence, s'égrènent les quelques villages de la rive nord du Fjord-du-Saguenay. Le littoral de la rivière vous offre alors ses plus beaux tableaux : à lui seul, le fjord, vu du nord, vaut le déplacement. Derrière vous, l'horizon vert et découpé des montages tranche avec le bleu marin de la ri-

Territoire aux configurations uniques et mystérieuses, le Fjord-du-Saguenay, entouré de montagnes imposantes, est une oasis de calme aux beautés étonnantes.

vière. Vous vous plaisez tous deux à imaginer le ravissement de vos amis remontant ce chenal spectaculaire, creusé entre deux immenses falaises rocheuses plongeant de cap en cap dans les mêmes eaux sombres dans lesquelles vous naviguez.

En début de soirée, vous avez à nouveau rendez-vous avec eux sur le quai de Ste-Rose-du-Nord. Cette fois, ils vous amènent chez des parents habitant ce petit village abrité dans une anse, entre deux escarpements rocheux. Les odeurs de la cuisine vous rappellent ces premières soirées passées ensemble dans vos familles respectives. Vous vous êtes déjà laissé servir les tomates grillées et les côtelettes de porc aux baies quand la maisonnée se met à insister pour vous faire déguster le mets aux œufs et aux

pommes de terre, cette spécialité culinaire régionale qui vous surprend d'abord mais qui restera finalement parmi vos meilleurs souvenirs de voyage. Pour terminer ce joyeux festin, on vous offre des boulettes aux dattes, un autre plat typique de la région préparé à votre intention.

Le lendemain, après avoir laissé vos amis à leur parenté, vous arrivez à St-Fulgence à la brunante, à temps pour admirer le soleil s'éteindre à l'horizon de l'Anse aux foins. À ce moment précis, vous savez que vous allez découvrir encore bien des choses ensemble.■

A. GAGNON

L'ancêtre des choux apparut en Europe, il y a 4000 ans. Et il fut prolifique puisqu'il donna naissance à toute une ribambelle de descendants : choux de Bruxelles, chou-fleur, brocoli, etc.

Soupe au chou et au fromage

Quantité : 6 portions	Préparation : 20 min	Cuisson : 1 h	Degré de difficulté : faible

1 l (4 tasses) d'eau
■

1 chou, paré
■

2 carottes, en dés
■

½ navet, en dés
■

1 gousse d'ail, hachée
■

1 tranche de lard, hachée finement
■

Sel et poivre
■

12 tranches de pain
■

375 ml (1 ½ tasse) de cheddar râpé
■

Huile d'olive, au goût

Verser l'eau dans une casserole. Ajouter le chou, les carottes, le navet, l'ail et le lard.

Saler et poivrer.

Amener à ébullition et cuire 30 minutes.

Préchauffer le four à 180 °C (350 °F).

Égoutter les légumes, en ayant soin de récupérer le bouillon. Réserver.

Hacher grossièrement le chou.

Déposer une tranche de pain dans six ramequins ou caquelons individuels.

Saupoudrer de la moitié du fromage, puis de la moitié des légumes.

Répéter ces opérations.

Arroser d'huile d'olive.

Ajouter la quantité souhaitée du bouillon réservé selon la consistance désirée.

Poursuivre la cuisson au four, 30 minutes.

Apprêtées de cette façon, les tomates grillées peuvent également servir de mets d'accompagnement à un steak, à des côtelettes d'agneau ou de porc, etc.

Tomates grillées

Quantité : 8 portions	Préparation : 15 min	Cuisson : 10 min	Degré de difficulté : faible

4 grosses tomates fermes

5 ml (1 c. à thé) de sel

1 ml (¼ c. à thé) de poivre

15 ml (1 c. à soupe) de sucre

60 ml (¼ tasse) d'oignon haché

30 ml (2 c. à soupe) de persil haché

30 ml (2 c. à soupe) de beurre

Préchauffer le gril du four.

Couper les tomates en deux, à l'horizontale.

Dans un petit bol, mélanger le sel, le poivre, le sucre, l'oignon et le persil.

Saupoudrer les demi-tomates de ce mélange. Garnir de noisettes de beurre.

Déposer les tomates sur une plaque, puis placer celle-ci dans le four, à 15 cm (6 po) du gril.

Cuire 10 minutes.

Le mignon de veau ne semble-t-il pas dormir du sommeil du juste, ainsi allongé sur son lit d'épinards et de poires ?

« INSTITUT DE TOURISME ET D'HÔTELLERIE DU QUÉBEC »

Mignon de veau aux épinards et à la poire

Quantité : 1 portion	Préparation : 10 min	Cuisson : 20 min	Degré de difficulté : moyen

30 ml (2 c. à soupe) de beurre
■

1 mignon de veau de 150 g (5 oz)
■

1 poire, pelée
■

200 g (6⅔ oz) d'épinards
■

Sel et poivre du moulin
■

30 ml (2 c. à soupe) de beurre
■

Sel et poivre

*F*aire fondre le beurre dans une casserole. Y saisir le mignon de veau jusqu'à ce qu'il soit doré des deux côtés.

*C*ouvrir et cuire 15 minutes, à feu doux, en retournant le mignon de veau à mi-cuisson.

*C*ouper la poire en quartiers et en retirer les pépins. Ajouter au veau. Couvrir et poursuivre la cuisson 4 minutes.

*A*jouter les épinards. Cuire 2 minutes, sans couvrir.

*S*aler et poivrer.

*R*etirer le veau de la casserole. Réserver au chaud.

*É*goutter les épinards et les quartiers de poire, en ayant soin de récupérer le bouillon de cuisson. Réserver au chaud.

*D*isposer les épinards et les quartiers de poire dans un plat de service. Y déposer le veau.

*I*ncorporer les noisettes de beurre au bouillon réservé, en remuant avec une cuillère.

*M*élanger jusqu'à consistance lisse. Saler et poivrer.

*A*rroser la viande de cette sauce.

C. ST-GEORGES

De belles côtelettes de porc baignant dans une combinaison bigarrée de fraises, de bleuets et de framboises ! Il y a de quoi en redemander.

Côtelettes de porc aux baies

Quantité : 6 portions	Préparation : 15 min	Cuisson : 55 min	Degré de difficulté : moyen

5 ml (1 c. à thé) de sel

1 ml (¼ c. à thé) de poivre

1 ml (¼ c. à thé) de paprika

2 ml (½ c. à thé) de sucre

6 côtelettes de porc

30 ml (2 c. à soupe) d'huile

125 ml (½ tasse) de jus d'orange

125 ml (½ tasse) d'eau

30 ml (2 c. à soupe) de jus de citron

250 ml (1 tasse) de fraises, équeutées

250 ml (1 tasse) de bleuets

250 ml (1 tasse) de framboises

*D*ans un bol, mélanger le sel, le poivre, le paprika et le sucre.

*S*aupoudrer les deux côtés des côtelettes de ce mélange.

*F*aire chauffer l'huile dans un poêlon épais.

Y faire brunir les côtelettes à feu moyen, deux minutes environ de chaque côté.

*A*jouter le jus d'orange, l'eau et le jus de citron. Couvrir et laisser mijoter 40 minutes, ou jusqu'à ce que les côtelettes soient tendres.

*D*époser les fraises, les bleuets et les framboises sur les côtelettes.

*C*ouvrir et poursuivre la cuisson 10 minutes.

Recette traditionnelle

Qu'ils soient frits, au miroir, pochés, mollets, ou encore, incorporés à un pâté de pommes de terre, les œufs demeurent un aliment équilibré, nourrissant et de digestion facile.

Mets aux œufs et aux pommes de terre

Quantité : 6 portions	Préparation : 20 min	Cuisson : 30 min	Degré de difficulté : moyen

60 ml (¼ tasse) de beurre

30 ml (2 c. à soupe) de farine

500 ml (2 tasses) de lait

Sel et poivre

810 ml (3 ¼ tasses) de purée de pommes de terre

52 ml (3 ½ c. à soupe) de beurre fondu

100 ml (⅓ tasse + 5 c. à thé) de lait

22 ml (1 ½ c. à soupe) de persil haché

2 ml (½ c. à thé) de sel

1 ml (¼ c. à thé) de poivre

6 œufs durs, en tranches

Faire fondre le beurre dans une casserole.

Saupoudrer de farine et mélanger 30 secondes. Tout en brassant, incorporer le lait graduellement.

Poursuivre la cuisson en remuant constamment, jusqu'à épaississement. Saler et poivrer. Retirer du feu.

Préchauffer le four à 180 °C (350 °F).

Dans un grand bol, mélanger la purée de pommes de terre, le beurre, le lait, le persil, le sel et le poivre.

Verser la moitié de la préparation dans un moule d'une contenance de 2 l (8 tasses), beurré. Égaliser la surface à la spatule.

Déposer les tranches d'œufs durs sur la purée.

Couvrir de la sauce béchamel, puis du reste de la purée.

Cuire 30 minutes.

Recette traditionnelle

Les cuisinières québécoises ont intégrés la datte dans une variété de friandises, comme en fait foi ces boulettes croustillantes qui feront la joie des petits comme des grands.

Boulettes aux dattes

Quantité : 60 boulettes	Préparation : 25 min	Cuisson : 10 min	Refroidissement : 15 min	Degré de difficulté : faible

2 œufs

125 ml (½ tasse) de cassonade

375 ml (1 ½ tasse) de dattes hachées

180 ml (¾ tasse) de beurre

5 ml (1 c. à thé) de vanille

1 ml (¼ c. à thé) de sel

625 ml (2 ½ tasses) de céréales de riz (type Rice Krispies)

250 ml (1 tasse) de noix de Grenoble hachées

Dans un bol, battre les œufs et la cassonade.

Incorporer les dattes et bien mélanger.

Faire fondre le beurre dans un poêlon. Ajouter la préparation de dattes et cuire à feu doux 10 minutes, en remuant constamment. Retirer du feu.

Incorporer la vanille et le sel.

Dans un bol, mélanger les céréales et les noix de Grenoble. Incorporer la préparation aux dattes en remuant.

Laisser tiédir.

Avec les mains beurrées, façonner la réparation en 60 boulettes.

Réfrigérer 15 minutes.

J. FORTIN

La banane révèle pleinement tout son arôme lorsqu'elle est cuite. Pas surprenant qu'on la retrouve flambée, sautée, grillée et même renversée dans une foule de desserts.

Gâteau renversé aux bananes

Quantité : 8 portions	Préparation : 30 min	Cuisson : 30 min	Degré de difficulté : moyen

125 ml (½ tasse) de beurre fondu

250 ml (1 tasse) de cassonade

3 bananes, en tranches

125 ml (½ tasse) de noix de Grenoble hachées

Raisins secs, au goût

125 ml (½ tasse) de beurre

310 ml (1 ¼ tasse) de sucre

2 œufs, battus

250 ml (1 tasse) de bananes en purée

125 ml (½ tasse) de lait

5 ml (1 c. à thé) de vanille

375 ml (1 ½ tasse) de farine

3 ml (¾ c. à thé) de bicarbonate de soude

2 ml (½ c. à thé) de poudre à pâte

2 ml (½ c. à thé) de sel

2 ml (½ c. à thé) de bicarbonate de soude

Dans un bol, mélanger le beurre et la cassonade, jusqu'à consistance granuleuse.

Presser au fond d'un moule beurré et fariné de 23 cm (9 po) de diamètre.

Couvrir de tranches de bananes et de noix.

Garnir de raisins secs, au goût. Réserver.

Préchauffer le four à 190 °C (375 °F).

Défaire le beurre en crème dans un bol. Incorporer le sucre, les œufs et les bananes en purée.

Mélanger le lait et le bicarbonate de soude.

Au-dessus d'un autre bol, tamiser la farine, le bicarbonate de soude, la poudre à pâte et le sel.

Incorporer à la préparation précédente, ainsi que le lait sur, en alternance.

Ajouter la vanille et mélanger.

Verser dans le moule, sur la garniture.

Cuire au four 30 minutes.

Retirer du four et laisser tiédir.

Pour démouler, renverser dans un plat de service.

La Baie-du-Ha! Ha!

Que le temps soit à la querelle ne gâche jamais rien dans ce beau coin de pays.
Le secret de toute cette région se murmure à l'oreille.
De La Baie, berceau historique du Saguenay–Lac-St-Jean,
à Petit-Saguenay, tout est dit, tout est fait.

Vous en arrivez au terme de ce voyage où vous ne faites plus qu'un avec la nature. Depuis huit jours, vous pouvez bien le dire, vous êtes heureux. En effet, lorsqu'au bord du Saguenay, l'eau coule sans détour et lorsque les hommes et les femmes parlent de leur pays et vous servent leur cuisine, que pouvez-vous espérer de mieux ?

Vous passez plus d'une journée dans La Baie-du-Ha! Ha!, cette baie d'eau salée qu'on appelle là-bas : la mer. Le sable y est blanc et l'eau y passe du mauve au marine... Un soir, vous allez au théâtre du Palais municipal voir La Fabuleuse Histoire d'un Royaume qui met en scène plus de 200 comédiens et 1500 costumes de toutes les époques. Vous en ressortez complètement éblouis...

Un autre soir, vous mangez chez une dame Tremblay où, pour tout dire, tout est sublime. Elle vous sert ce qu'elle sait le mieux faire, ce qui n'est pas peu dire : soupe à l'orge, poires au cheddar, pinces de crabe au beurre de citron et de laitue, grenadins de veau aux carottes, le tout couronné d'un pâté des bleuets noyés dont vous garderez longtemps le souvenir. Cette délicieuse pause gastronomique vous prédispose à votre visite du lendemain à cette magnifique anse du Fjord-du-

Saguenay, qui tire ses origines d'une légende locale qui raconte que les premiers explorateurs se seraient engagés dans cette baie en la prenant pour la rivière et lui auraient attribué le nom de « haha », un terme du XVIe siècle signifiant cul-de-sac.

À Petit-Saguenay, sur le chemin du retour, vous éprouvez un véritable coup de cœur lorsque vous découvrez la nature environnante. Comme vous allez raconter votre voyage à tous vos parents et amis et que les paroles seraient vaines pour décrire pareils lieux, vous ne pouvez résister à la tentation de tout prendre en

Moment privilégié pour la pêche, le coucher du soleil allume le ciel de tous ses feux pour envelopper la Baie d'une aura reposante, presque mystérieuse.

photos ! Si l'œil peut bien voir, le cœur s'émouvoir et la mémoire se souvenir, il vous fallait bien, pour ne rien oublier, un appui autre que vos mots... Cependant, vous garderez longtemps en tête une de ces images de rêve : il y avait, dans ce coquet petit village, une jolie chapelle à l'intérieur de laquelle vous vous étiez donné rendez-vous. La porte de l'église étant ouverte, vous pouviez voir au dehors les longues quenouilles que les oiseaux mouches taquinaient...■

Soupe à l'orge

Recette traditionnelle

Ces petites perles rondes, en plus de servir à la préparation des soupes, potages et bouillis, demeurent essentiellement la matière première de la fabrication de la bière...

Quantité : 8 portions	Préparation : 20 min	Cuisson : 1 h	Degré de difficulté : faible

15 ml (1 c. à soupe) de beurre

125 ml (½ tasse) d'oignons, hachés finement

1,5 l (6 tasses) d'eau

180 ml (¾ tasse) d'orge

250 ml (1 tasse) de céleri en dés

3 grosses tomates, pelées, épépinées et coupées en dés

15 ml (1 c. à soupe) d'herbes salées

Sel et poivre

Persil haché, au goût

Faire chauffer le beurre dans une casserole. Y faire suer l'oignon 5 minutes environ, sans laisser prendre couleur.

Ajouter l'eau, l'orge, le céleri, les tomates et les herbes salées.

Saler et poivrer.

Amener à ébullition et réduire aussitôt la chaleur. Laisser mijoter 50 minutes, en ajoutant de l'eau, au besoin.

Garnir de persil.

Une légère salade printanière assaison-née d'une vinaigrette à l'huile d'olive accompagnerait ces boulettes au cheddar d'une façon fort opportune.

Poires au cheddar

Quantité : 42 poires	Préparation : 50 min	Cuisson : 20 min	Degré de difficulté : élevé

250 g (½ lb) de beurre

600 ml (2 ⅓ tasses + 5 c. à thé) de farine

20 ml (4 c. à thé) de sel

5 ml (1 c. à thé) de piment de Cayenne

6 œufs

300 ml (1 tasse + 10 c. à thé) de lait bouillant

1,5 kg (3 lb) de cheddar fort, râpé finement

325 ml (1 ½ tasse) de farine

12 ml (2 ½ c. à thé) de sel

3 œufs

650 ml (2 ⅔ tasses) de lait

12 ml (2 ½ c. à thé) de sel

500 ml (2 tasses) de chapelure

12 ml (2 ½ c. à thé) de paprika

Huile, pour friture

*F*aire fondre le beurre dans une casserole. Ajouter la farine, le sel et le piment de Cayenne. Poursuivre la cuisson 1 minute, en remuant au fouet, jusqu'à obtention d'une pâte.

*M*ettre cette pâte dans un bol et ajouter les œufs un à un, tout en battant avec une spatule.

*T*out en battant, incorporer graduel-lement le lait bouillant. Ajouter le fromage râpé et bien mélanger.

*L*aisser refroidir complètement, jus-qu'à fermeté. Façonner la préparation en boulettes de 30 ml (2 c. à soupe).

*T*amiser la farine avec le sel. Ré-server.

*B*attre les œufs dans un bol. Ajouter le lait et le sel et mélanger jusqu'à consistance homogène. Dans un autre bol, mélanger la chapelure et le paprika.

*F*açonner les boulettes en poires, tout en les passant dans la farine. Les tremper dans les œufs, puis les rouler dans la chapelure.

*C*uire 5 minutes en grande friture, quelques-unes à la fois.

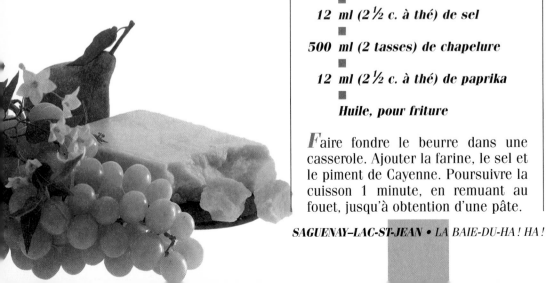

SAGUENAY–LAC-ST-JEAN • LA BAIE-DU-HA ! HA !

Pour chaperonner ces délicats médaillons de veau, les servir avec des pommes fondantes et des haricots verts cuits croquants et sautés au beurre. Assaisonner au goût.

Grenadins de veau aux carottes

Quantité : 6 portions	Préparation : 20 min	Cuisson : 20 min	Degré de difficulté : moyen

Sel et poivre du moulin

1,2 kg (2 lb 12 oz) de filet mignon de veau, paré et dénervé

Farine, au besoin

30 ml (2 c. à soupe) de beurre

750 ml (3 tasses) de carottes tranchées finement

30 ml (2 c. à soupe) d'échalotes françaises hachées

180 ml (¾ tasse) de caribou

180 ml (¾ tasse) de sauce demi-glace (du commerce)

60 ml (¼ tasse) de persil haché

180 ml (¾ tasse) de beurre

Préchauffer le four à 150 °C (300 °F).

Saler et poivrer le filet mignon, puis le fariner.

Faire chauffer le beurre dans une casserole allant au four, puis y saisir le filet mignon, jusqu'à ce qu'il soit doré de toute part. Enlever l'excès de gras de la casserole.

Ajouter les carottes et les échalotes. Couvrir et cuire 5 minutes environ, à feu doux.

Déglacer au caribou. Mouiller avec la sauce demi-glace.

Cuire au four 15 minutes environ, jusqu'à ce que les carottes soient tendres.

Retirer la casserole du four et saupoudrer le filet de persil haché. Retirer la viande de la casserole. Réserver au chaud.

Ajouter le beurre à la sauce, petit à petit, tout en battant au fouet. Saler et poivrer.

Trancher le filet mignon et servir.

C. ST-GEORGES

Le porc en biscuit

Qualifié de « véritable repas sur pattes », le porc peut en effet être apprêté de mille façons. Mais servi sous une croûte de biscuits dorée dépassait jusqu'ici l'imagination.

Quantité : 6 portions	Préparation : 20 min	Cuisson : 50 min	Refroidissement : 2 h	Degré de difficulté : moyen

500 ml (2 tasses) de farine

10 ml (2 c. à thé) de poudre à pâte

10 ml (2 c. à thé) de sel

15 ml (1 c. à soupe) de graisse végétale

20 ml (4 c. à thé) de persil, haché

125 ml (½ tasse) de lait

60 ml (¼ tasse) de beurre

500 g (1 lb) de porc, en cubes

2 oignons, hachés

1 gousse d'ail, hachée

2 pommes de terre, coupées en cubes

250 ml (1 tasse) de bouillon

2 ml (½ c. à thé) de sarriette

1 ml (¼ c. à thé) de clou de girofle moulu

30 ml (2 c. à soupe) de ketchup maison

Sel et poivre

Dans un bol, mélanger la farine, la poudre à pâte et le sel. À l'aide d'un coupe-pâte ou de deux couteaux, couper la graisse dans la farine jusqu'à consistance granuleuse. Incorporer le persil.

Tout en mélangeant, verser, en un mince filet, suffisamment de lait pour que la pâte forme une boule. Envelopper dans une pellicule de plastique et réfrigérer 2 heures.

Sur une surface farinée, abaisser la pâte en une abaisse de mêmes dimensions que le plat de cuisson choisi.

Préchauffer le four à 180 °C (350 °F).

Faire chauffer le beurre dans une casserole. Y faire revenir les cubes de porc jusqu'à ce qu'ils soient dorés de toute part. Ajouter les oignons et l'ail. Poursuivre la cuisson 3 minutes.

Ajouter les pommes de terre, le bouillon, la sarriette, le clou de girofle et le ketchup. Saler et poivrer. Amener à ébullition et réduire aussitôt la chaleur. Laisser mijoter 30 minutes.

Transvaser le tout dans une casserole allant au four.

Recouvrir de pâte.

Cuire au four 20 minutes environ, jusqu'à ce que la pâte soit bien dorée.

Pour apprécier toute la délicatesse du crabe, il suffit parfois de peu de chose... Cuisson au four, sans façon, beurre citronné pour arroser le tout et le tour est joué !

Pinces de crabe au beurre de citron et de laitue

Quantité : 6 portions	Préparation : 20 min	Cuisson : 15 min	Degré de difficulté : faible

30 ml (2 c. à soupe) de beurre

12 pinces de crabe

45 ml (3 c. à soupe) de jus de citron

180 ml (¾ tasse) de beurre doux, bien froid

45 ml (3 c. à soupe) de laitue émincée

Sel et poivre

Préchauffer le four à 150 °C (300 °F).

Enduire de beurre un plat allant au four.

Y disposer les pinces de crabe.

Cuire au four 15 minutes.

Pendant ce temps, amener le jus de citron à ébullition dans une casserole. Tout en fouettant, ajouter graduellement le beurre.

Laisser fondre complètement le beurre, puis ajouter la laitue émincée.

Saler et poivrer.

Dresser les pinces sur un plat de service. Servir la sauce en saucière. Accompagner, si désiré, de persil frit.

A. GAGNON

Recette traditionnelle

La noyade n'a rien de dramatique quand les bleuets sont en cause, et surtout pas dans les flots bleus d'un sirop citronné.

Le pâté des bleuets noyés

Quantité : 8 portions	Préparation : 30 min	Cuisson : 40 min	Degré de difficulté : moyen

125 ml (½ tasse) de graisse végétale

125 ml (½ tasse) de sucre

1 œuf, battu

500 ml (2 tasses) de farine

12 ml (2 ½ c. à thé) de poudre à pâte

1 ml (¼ c. à thé) de sel

1 ml (¼ c. à thé) de clou de girofle moulu

125 ml (½ tasse) de lait

500 ml (2 tasses) de bleuets

30 ml (2 c. à soupe) de jus de citron

125 ml (½ tasse) de farine

125 ml (½ tasse) de sucre

2 ml (½ c. à thé) de cannelle

60 ml (¼ tasse) de beurre

Préchauffer le four à 180 °C (350 °F).

Dans un bol, défaire la graisse végétale en crème, avec le sucre. Ajouter l'œuf battu.

Battre le tout jusqu'à consistance de crème légère.

Tamiser la farine avec la poudre à pâte, le sel et le clou de girofle.

Ajouter à la préparation précédente, ainsi que le lait, en alternance. Étendre cette pâte dans un plat beurré de 20 cm x 20 cm (8 po x 8 po).

Dans un bol, mélanger les bleuets et le jus de citron. Verser sur la pâte.

Dans un autre bol, mélanger la farine, le sucre, la cannelle et le beurre jusqu'à consistance granuleuse. En parsemer les bleuets.

Cuire de 35 à 40 minutes.

De nos jours, on peut se les procurer un peu partout, mais rien ne peut battre un bon muffin-maison, tout chaud sorti du four...

Muffins à la crème

Quantité : 6 portions	Préparation : 15 min	Cuisson : 25 min	Degré de difficulté : faible

250 ml (1 tasse) de farine

10 ml (2 c. à thé) de poudre à pâte

30 ml (2 c. à soupe) de sucre

1 ml (¼ c. à thé) de sel

30 ml (2 c. à soupe) de beurre, ramolli

1 œuf, battu

125 ml (½ tasse) de crème 35 %

Préchauffer le four à 180 °C (350 °F).

Dans un bol, tamiser la farine avec la poudre à pâte, le sucre et le sel.

Ajouter le beurre et le mélanger à la farine avec les doigts.

Dans un autre bol, battre l'œuf et la crème. Ajouter d'un seul coup à la préparation. Mélanger.

Verser par cuillerées dans des moules à muffins graissés.

Cuire au four 25 minutes.

Le Haut Saguenay

*« Cette journée-bouffe que je t'ai promise à la suite de ce pari fou, c'est aujourd'hui,
à Chicoutimi, qu'on se la fera ! » C'est ainsi que commence ce voyage impromptu,
qui vous permettra de découvrir d'une part toute la beauté d'un coin de pays
que vous ne connaissez que très peu, mais surtout, tout le plaisir
d'une « randonnée gastronomique » incroyable.*

Chicoutimi prend au sérieux son rôle de métropole du Saguenay, avec sa cathédrale, son séminaire, son université, sa rue Racine, avec ses terrasses, ses cafés et ses boutiques. Comme vous ne savez pas par où commencer, vous y allez pour le tour de ville. Au marché, vous trouvez des cerises de France et des cerises de terre. L'air marin se mêle agréablement à l'odeur des fruits, qui regorgent de soleil. Une balade dans le vieux port entame bien la journée. Vous assistez à l'embarquement des passagers qui entreprennent une croisière sur le Saguenay, à bord du Gala, tout en vous promettant, un de ces jours, de vous embarquer à votre tour.

Mais un pari étant un pari, l'heure est maintenant à la découverte des plaisirs du palais. Une petite terrasse choisie au hasard du petit bonheur vous sert de la vraie crème de persil et, tout naturellement, de la bonne tourtière du Saguenay. Au dessert, vous avez le plaisir de savourer de délicieux pains d'épices au lait sur. Tant de délices à l'heure du dîner présagent déjà d'un souper fabuleux.

L'aimable serveur de la terrasse vous engage à ne pas manquer l'arrière-pays. Chose dite, chose faite. Vous choisissez Laterrière, pour le

concert de musique de chambre qu'on y donne dans le cadre du rendez-vous musical annuel de cet endroit bucolique, que l'on dit être la ville à la campagne. Vous y allez aussi pour son exposition d'œuvres de peintres locaux, dont les sujets se mêlent harmonieusement aux paysages des alentours, où les champs de fleurs sourient gentiment aux berges du lac Kénogami.

Changement de rythme : vous arrivez à Jonquière, la ville la plus animée du coin, avec ses terrasses et ses discothèques. Mais ce qui vous intéresse vraiment pour l'instant, c'est un charmant petit restaurant, recommandé par un ami originaire

Partagée sur les deux rives du Saguenay et tout juste à la porte du Fjord, Chicoutimi est une ville pleine de vitalité qui vous réserve d'agréable surprises.

de la région. Le menu vous indique tout de suite que l'ami saguenéen est de bon conseil. En entrée, la terrine de saumon aux épinards, arrosée d'une bonne bouteille, vous met en appétit pour le braisé de bison du grand-duc ! Surprise agréable, on vous sert des brownies à la mode du pays et vous êtes tout à fait conquis.

Cette journée mémorable vous a convaincu : quoi de mieux pour sceller un pari, que des découvertes culinaires ?■

Pour conserver du persil haché en parfait état, le rincer dans un torchon, sous l'eau froide du robinet, puis tordre le torchon afin de l'essorer. Conserver au réfrigérateur, dans un récipient.

NICOLE LEBŒUF

Crème de persil

Quantité : 4 portions	Préparation : 30 min	Cuisson : 25 min	Degré de difficulté : faible

750 ml (3 tasses) de consommé de bœuf (du commerce)

250 ml (1 tasse) de persil haché finement (feuilles et tiges)

15 ml (1 c. à soupe) de beurre

15 ml (1 c. à soupe) de farine

500 ml (2 tasses) de lait

Sel et poivre

Cheddar râpé, au goût, en accompagnement

*V*erser le consommé dans une casserole.

*A*jouter le persil. Amener à ébullition et réduire la chaleur. Laisser mijoter 20 minutes.

*P*endant ce temps, faire fondre le beurre dans une autre casserole.

*I*ncorporer la farine et cuire 1 minute, à feu doux.

*T*out en brassant, ajouter le lait et poursuivre la cuisson en remuant constamment, jusqu'à épaississement.

*I*ncorporer le bouillon de persil.

*S*aler et poivrer.

*A*ccompagner de fromage râpé.

SAGUENAY–LAC-ST-JEAN • LE HAUT SAGUENAY

ANDRÉ MOREAU

On peut servir cette terrine avec un coulis de tomate au basilic, ou encore, avec un peu de crème 35 % additionnée de jus de citron vert et de quelques herbes aromatiques.

Terrine de saumon aux épinards

Quantité : 10 portions	Préparation : 30 min	Cuisson : 2 min	Refroidissement : 4 h	Degré de difficulté : élevé

60 ml (¼ tasse) d'eau froide

2 sachets de gélatine

60 ml (¼ tasse) d'eau

300 g (10 oz) d'épinards

2 jaunes d'œufs

30 ml (2 c. à soupe) de vin blanc

Sel et poivre

200 ml (¾ tasse + 4 c. à thé) de crème 35 %

300 g (10 oz) de saumon, très légèrement cuit et défait à la fourchette

Verser l'eau froide dans un bol. Saupoudrer de gélatine et laisser gonfler 5 minutes. Réserver.

Amener l'eau à ébullition dans une casserole. Ajouter les épinards et cuire 2 minutes. Réduire les épinards en purée, au mélangeur, avec leur eau de cuisson.

Incorporer la gélatine à cette purée chaude et mélanger jusqu'à ce qu'elle soit dissoute. Réserver.

Dans un bol en acier inoxydable, fouetter les jaunes d'œufs jusqu'à ce qu'ils soient blancs et mousseux.

Hors du feu, placer le bol sur une casserole d'eau bouillante.

Incorporer le vin aux jaunes d'œufs, en battant au fouet. Saler et poivrer.

Continuer de fouetter environ 10 minutes, jusqu'à épaississement.

Dans un autre bol, fouetter la crème jusqu'à ce qu'elle forme des pics.

Incorporer la préparation aux épinards en pliant délicatement à l'aide d'une spatule de caoutchouc.

Incorporer ensuite la préparation de jaunes d'œufs, en procédant de la même façon.

Ajouter le saumon et mélanger. Verser dans un moule rectangulaire d'une contenance de 1 l (4 tasses). Réfrigérer 4 heures.

Communément appelées « dumplings » par les Américains, ces délicieuses boulettes cuites dans le bouillon accompagnent superbement ce mets aux saveurs campagnardes.

Filets de porc à la montagnaise

Quantité : 6 portions	Préparation : 25 min	Cuisson : 25 min	Degré de difficulté : moyen

125 ml (½ tasse) de farine

2 ml (½ c. à thé) de poudre à pâte

1 ml (¼ c. à thé) de sel

30 ml (2 c. à soupe) de graisse végétale

100 ml (⅓ tasse + 5 c. à thé) de lait

45 ml (3 c. à soupe) de farine

5 ml (1 c. à thé) de sel

1 ml (¼ c. à thé) de poivre

6 filets de porc, tranchés en médaillons

30 ml (2 c. à soupe) de beurre

30 ml (2 c. à soupe) d'huile

2 oignons, en tranches fines

6 pommes de terre, en tranches fines

Sel et poivre

Eau, au besoin

Persil haché, au goût

Dans un bol, mélanger la farine, la poudre à pâte et le sel.

À l'aide d'un coupe-pâte ou de deux couteaux, couper la graisse dans la farine jusqu'à consistance granuleuse.

Tout en mélangeant, verser le lait, en un mince filet. Continuer de remuer jusqu'à l'obtention d'une pâte homogène. Réserver.

Dans un bol, mélanger la farine, le sel et le poivre. Fariner les médaillons de porc de cette préparation.

Faire chauffer le beurre et l'huile dans un grand poêlon. Y faire sauter les médaillons jusqu'à ce qu'ils soient dorés des deux côtés.

Ajouter les oignons et les pommes de terre.

Saler et poivrer.

Verser de l'eau dans la casserole afin de couvrir les médaillons. Amener à ébullition.

À la cuillère, déposer des boulettes de pâte dans le bouillon. Maintenir l'ébullition 20 minutes.

Saupoudrer de persil.

Recette traditionnelle

L'une des meilleures et des plus fortifiantes. À déconseiller à ceux qui ont des appétits d'oiseaux : aucune volaille n'entre dans la composition de cette préparation fort dense, qui vous tiendra les deux pieds bien sur terre pendant de longues heures...

Tourtière du Saguenay

Quantité : 12 portions	Macération : 12 h	Préparation : 1 h	Cuisson : 8 h	Degré de difficulté : moyen

1 kg (2 lb) de porc, en cubes

1 kg (2 lb) de bœuf, en cubes

1 kg (2 lb) de veau, en cubes

2 gros oignons, hachés

5 ml (1 c. à thé) d'un mélange de cannelle, de muscade, de poivre et de clous de girofle

Sel et poivre

Une carcasse de poulet

1 oignon, haché

750 ml (3 tasses) de farine

15 ml (1 c. à soupe) de poudre à pâte

2 ml (½ c. à thé) de sel

125 ml (½ tasse) de graisse végétale

125 ml (½ tasse) de lait

3 kg (6 lb) de pommes de terre, en cubes

Dans un grand bol, mélanger le porc, le bœuf, le veau, les oignons et les épices. Saler et poivrer. Couvrir et laisser macérer 12 heures, au réfrigérateur.

Dans une casserole, mettre la carcasse de poulet et l'oignon. Saler et poivrer. Couvrir d'eau froide. Amener à ébullition et réduire la chaleur. Laisser mijoter à feu moyen, 2 heures.

Passer au chinois (tamis fin). Réserver au réfrigérateur.

Préchauffer le four à 200 °C (400 °F).

Dans un bol, mélanger la farine, la poudre à pâte et le sel.

Couper la graisse dans la farine jusqu'à consistance granuleuse.

Tout en mélangeant, verser, en un mince filet, suffisamment de lait pour que la pâte forme une boule. Partager la pâte en deux.

Sur une surface farinée, abaisser la pâte en deux abaisses de 1 cm (⅜ po) d'épaisseur.

Foncer d'une abaisse de pâte le fond et les parois d'une grande cocotte.

Mélanger la préparation de viandes et les pommes de terre. Déposer dans l'abaisse.

Verser suffisamment de bouillon de poulet dans la cocotte pour en couvrir la préparation.

Couvrir la cocotte de la seconde abaisse, en veillant à ne pas mouiller celle-ci. Pratiquer deux incisions sur le dessus. Cuire au four 45 minutes.

Réduire la chaleur du four à 180 °C (350 °F).

Couvrir la tourtière de papier d'aluminium et poursuivre la cuisson 5 heures.

Plusieurs se demandent quelle est la différence entre le bison et le buffalo. Ce dernier n'étant pas seulement la traduction anglaise du premier. En fait, le buffalo résulte du croisement du bison et de la vache. Sa viande, paraît-il, obtient un succès bœuf dans certaines régions...

ANDRÉ MOREAU

Braisé de bison du grand-duc

Quantité : 8 portions	Préparation : 30 min	Cuisson : 1 h 40 min	Degré de difficulté : moyen

45 ml (3 c. à soupe) d'huile d'olive

800 g (1 lb 10 oz) de cubes de bison

60 ml (¼ tasse) de rhum brun

1 oignon d'Espagne, émincé

3 gousses d'ail, hachées

1 piment jalapeño, épépiné

1 poivron vert, en lanières

1 poivron rouge, en lanières

1 poivron jaune, en lanières

1 poivron noir, en lanières

5 ml (1 c. à thé) de paprika

2 tomates, pelées, épépinées et hachées

250 ml (1 tasse) de bouillon de poulet (du commerce)

180 ml (¾ tasse) de riz à grains longs

250 ml (1 tasse) de bouillon de poulet (du commerce)

Sel et poivre

45 ml (3 c. à soupe) de persil haché

Faire chauffer l'huile dans un grand poêlon.

Y faire sauter les cubes de bison jusqu'à ce qu'ils soient dorés de toute part.

Arroser de rhum. Flamber.

Retirer la viande du poêlon. Réserver au chaud.

Dans le même poêlon, mettre l'oignon, l'ail, le piment et les poivrons.

Couvrir et cuire à feu doux 10 minutes.

Saupoudrer les légumes de paprika.

Ajouter le bison, les tomates et le bouillon. Amener à ébullition et réduire la chaleur. Couvrir et laisser mijoter 1 heure.

Incorporer le riz et le bouillon. Saler et poivrer. Couvrir et poursuivre la cuisson 20 minutes, à feu très doux.

Saupoudrer de persil.

VALÉRIE LAROCHE

Recette traditionnelle

On peut agrémenter cette variante du pain d'épices classique en la présentant avec de la crème fouettée, de la sauce aux fruits frais ou de la sauce mousseuse.

Pain d'épices au lait sur

Quantité : 10 portions	Préparation : 20 min	Cuisson : 1 h	Degré de difficulté : faible

60 ml (¼ tasse) de beurre

125 ml (½ tasse) de cassonade

125 ml (½ tasse) de mélasse

1 œuf, battu

125 ml (½ tasse) de lait

2 ml (½ c. à thé) de bicarbonate de soude

500 ml (2 tasses) de farine

2 ml (½ c. à thé) de sel

3 ml (¾ c. à thé) de bicarbonate de soude

7 ml (1 ½ c. à thé) de gingembre

5 ml (1 c. à thé) de cannelle

Préchauffer le four à 170 °C (325 °F).

Dans un bol, défaire le beurre en crème.

Tout en battant, incorporer la cassonade petit à petit. Continuer de battre jusqu'à ce que le mélange soit lisse et léger.

Dans un autre bol, mélanger la mélasse et l'œuf battu. Incorporer à la préparation précédente.

Dans un autre bol, mélanger le lait et le bicarbonate de soude. Réserver ce lait sur.

Tamiser la farine, le sel, le bicarbonate de soude, le gingembre et la cannelle.

Incorporer à la préparation, ainsi que le lait sur, en alternance.

Verser dans un moule à pain beurré. Cuire le pain d'épices 1 heure, ou jusqu'à ce qu'un cure-dents en ressorte sec.

Ces petits carrés au chocolat, faciles à préparer, peuvent se conserver au congélateur. Glissés dans un havresac, ils constituent alors une collation énergisante au cours de randonnées improvisées.

Brownies

Quantité : 9 carrés	Préparation : 20 min	Cuisson : 30 min	Degré de difficulté : faible

310 ml (1 ¼ tasse) de farine

2 ml (½ c. à thé) de poudre à pâte

1 ml (¼ c. à thé) de sel

45 ml (3 c. à soupe) de beurre

110 ml (¼ tasse + 10 c. à thé) de sucre

2 carrés de 30 g (1 oz) de chocolat sucré, fondus

2 œufs, battus

110 ml (¼ tasse + 10 c. à thé) de sucre

125 ml (½ tasse) de noix de Grenoble hachées

5 ml (1 c. à thé) de vanille

Préchauffer le four à 180 °C (350 °F).

Tamiser la farine au-dessus d'un bol.

Tamiser de nouveau avec la poudre à pâte et le sel.

Défaire le beurre en crème dans un autre bol. Tout en battant, incorporer petit à petit le sucre et le chocolat.

Ajouter les œufs et le sucre. Continuer de battre jusqu'à l'obtention d'une consistance lisse.

Incorporer petit à petit la farine, les noix et la vanille.

Verser dans un moule beurré de 20 cm (8 po) de côté.

Cuire le gâteau 30 minutes ou jusqu'à ce qu'un cure-dents en ressorte sec.

Laisser refroidir et couper en neuf carrés.

Le tour du Lac-St-Jean

Pour faire une vraie visite du lac, il faut absolument se laisser aller et profiter de la vie. D'Hébertville à St-Gédéon, tout est fait pour le bonheur. Le climat se réchauffe sensiblement à cause de la grande étendue d'eau, et il vous arrive sur la peau un vrai frisson de vacances. Vous avez fermé la radio et même oublié les mauvaises nouvelles.

La route et le grand air vous rappellent avec insistance que le dernier repas est bien loin. Fort heureusement, on vous attend chez Louise et Jean-Paul pour déguster cette crème de tomates tant vantée, ainsi que de la tarte aux bleuets — de la tarte avec de vrais bleuets, de ceux dont il n'en faut que trois pour faire une tarte ! Et comme dans les histoires qui s'accomplissent bien, tout arrive : hôtes chaleureux, table superbe, soupe délicieuse, tarte exquise sans oublier, au beau mitant du repas, les gourganes vinaigrette qui vous rappellent que chaque année on trouve quelque chose à inventer avec cette légumineuse excellente pour la santé.

En reprenant la route, vous vous mettez à chanter dans la voiture et comme au temps de votre petite enfance, les histoires de la traversée du lac à la nage vous reviennent en vagues.

Grâce à une halte à Métabetchouan, pour une petite saucette, vous redécouvrez l'immensité du lac sur une de ses plus belles plages... Le soleil a chauffé le sable, l'eau est à point, rien ne manque à votre bonheur. Tout cela vous donne l'énergie nécessaire pour reprendre la route vers Desbiens et enfin aller voir le Trou de la Fée, cette superbe grotte

creusée dans le granit qui attire les géologues du monde entier.

Pour le souper, vous voilà déjà rendu au lac Bouchette, où vous pourrez partager de merveilleux repas de vacances. Vous prenez les cuisses de lapin aux bleuets sauvages et faites un sourire en demandant à votre partenaire de prendre le bison en daube au poivre vert, question d'y goûter. Un tout petit morceau de gâteau Élisabeth, servi avec de la crème du pays et vous voilà définitivement en route pour le septième ciel.

Le café servi, vous décidez de reporter le reste du tour. C'est donc

Majestueuse et indifférente au passage du temps, la chute de Val-Jalbert continue son tumulte près du moulin désaffecté qui témoigne d'une époque industrielle révolue.

en disant « à demain » au village historique de Val-Jalbert, au village montagnais de Pointe-Bleue, au cheddar de fabrication artisanale de St-Prime, au zoo de St-Félicien — duquel on dit qu'il est le seul où les visiteurs sont en cage et les animaux en liberté — à l'observation des étoiles au centre d'interprétation de Dolbeau, et à Mistassini, la capitale mondiale du bleuet, que vous retrouvez, avec un plaisir indicible, la douce intimité de votre chambre. ■

Crème de tomates

Quantité : 6 portions	Préparation : 30 min	Cuisson : 20 min	Degré de difficulté : faible

650 ml (2⅔ tasses) de jus de tomate

1 oignon, haché

1 feuille de laurier

1 clou de girofle

5 ml (1 c. à thé) de sucre

5 ml (1 c. à thé) de sel

45 ml (3 c. à soupe) de beurre

45 ml (3 c. à soupe) de farine

650 ml (2⅔ tasses) de lait, chaud

Verser le jus de tomate dans une casserole. Ajouter l'oignon, la feuille de laurier, le clou de girofle, le sucre et le sel.

Amener à ébullition et réduire la chaleur. Laisser mijoter 15 minutes, à feu moyen.

Pendant ce temps, faire fondre le beurre dans une autre casserole.

Incorporer la farine en remuant et cuire 1 minute à feu doux.

Tout en brassant, ajouter graduellement le lait et poursuivre la cuisson en remuant constamment, jusqu'à épaississement.

Incorporer la préparation précédente, en brassant. Réchauffer sans faire bouillir.

La réputation de la soupe aux gourganes, plat typique du Saguenay–Lac-St-Jean, n'est plus à faire. Une vinaigrette relevée de sauce au piment fort confère ici à cette grosse fève verte du caractère et de la personnalité à l'image des habitants de cette pittoresque région du Québec...

CHARLOTTE PARADIS

Gourganes vinaigrette

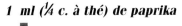

Quantité : 2 portions	Préparation : 25 min	Cuisson : —	Degré de difficulté : faible

Le jus de 1 citron
■

1 ml (¼ c. à thé) de paprika
■

1 ml (¼ c. à thé) de poivre
■

2 ml (½ c. à thé) de sel
■

125 ml (½ tasse) d'huile
■

10 ml (2 c. à thé) de sauce au piment fort (type Tabasco)
■

250 ml (1 tasse) de gourganes, cuites et refroidies

Dans un bol, mélanger le jus de citron, le paprika, le poivre, le sel, l'huile et la sauce au piment fort.

Retirer la peau des gourganes.

Ajouter celles-ci à la vinaigrette et mélanger délicatement.

Même si on associe généralement le bleuet à une myriade de desserts sublimes, il s'intègre aussi merveilleusement à une variété de mets principaux, dont ce plat de lapin raffiné. La gelée et le vinaigre de bleuets sont des produits artisanaux qu'on retrouve généralement dans les marchés spécialisés.

Cuisses de lapin aux bleuets sauvages

Quantité : 4 portions	Préparation : 20 min	Marinage : 24 h	Cuisson : 55 min	Degré de difficulté : moyen

200 ml (¾ tasse + 4 c. à thé) de vin rouge

60 ml (¼ tasse) d'huile

10 ml (2 c. à thé) de vinaigre de bleuets

1 brin de romarin

2 gousses d'ail, légèrement broyées

2 ml (½ c. à thé) de poivre noir

1 ml (¼ c. à thé) de muscade

4 cuisses de lapin

15 ml (1 c. à soupe) de beurre

60 ml (¼ tasse) de sauce demi-glace (du commerce)

60 ml (¼ tasse) de gelée de bleuet

60 ml (¼ tasse) de beurre doux

125 ml (½ tasse) de bleuets sauvages

Sel et poivre

Dans un bol, préparer une marinade en mélangeant le vin rouge, l'huile, le vinaigre, le romarin, l'ail, le poivre et la muscade.

Déposer les cuisses de lapin dans un plat peu profond. Arroser de marinade. Laisser mariner 24 heures, au réfrigérateur, en retournant les cuisses de temps en temps.

Retirer les cuisses de la marinade.

Passer celle-ci au chinois (tamis fin). Réserver. Bien égoutter les cuisses et les assécher.

Faire fondre le beurre dans un poêlon.

Y faire revenir les cuisses à feu moyen-vif, jusqu'à ce qu'elles soient dorées de toute part. Ajouter la marinade réservée.

Réduire la chaleur et laisser mijoter 45 minutes, à feu doux.

Retirer les cuisses du poêlon. Réserver au chaud.

Faire réduire la marinade de moitié.

Incorporer la sauce demi-glace et la gelée de bleuet.

Ajouter le beurre petit à petit, en remuant avec une cuillère.

Mélanger jusqu'à consistance lisse. Ajouter les bleuets. Saler et poivrer.

Servir en saucière, avec le lapin.

ANDRÉ MOREAU

Le bison, bovidé sauvage longtemps menacé par la chasse non réglementée, vit maintenant en troupeaux reconstitués dans des réserves. Quelques sujets sont également élevés pour la boucherie. Leur viande juteuse, au goût marqué, constitue alors un mets de choix, surtout apprêtée en daube.

Bison en daube au poivre vert

Quantité : 8 portions	Préparation : 30 min	Marinage : 40 h	Cuisson : 5 h	Degré de difficulté : moyen

5 échalotes françaises, hachées

1 l (4 tasses) de vin rouge

60 ml (¼ tasse) d'huile

1 bouquet garni
(thym, persil, laurier)

5 ml (1 c. à thé) de grains
de poivre noir

1,5 kg (3 lb) de bison prélevé dans
la pointe d'épaule, en cubes

360 g (12 oz) de lard salé
mi-maigre, en cubes

100 g (3⅓ oz) de saindoux

500 g (1 lb) de couenne de porc,
tranchée, au besoin,
pour tapisser la cocotte

3 gousses d'ail, hachées

60 ml (¼ tasse) de persil haché

15 ml (1 c. à soupe) de poivre
vert

Sel et poivre

Dans un grand bol, mélanger les échalotes, le vin rouge, l'huile, le bouquet garni et les grains de poivre.

Ajouter les cubes de bison et le lard.

Laisser mariner 40 heures, au réfrigérateur.

Préchauffer le four à 190 °C (375 °F).

Égoutter les cubes de bison et de lard, en ayant soin de récupérer la marinade. Passer celle-ci au chinois (tamis fin). Réserver.

Faire chauffer le saindoux dans un poêlon. Y faire sauter le bison jusqu'à ce qu'il soit doré de toute part.

Tapisser de couenne le fond et les côtés d'une cocotte. Y déposer le bison, le lard et la marinade réservés, l'ail, le persil et poivre vert. Saler et poivrer.

Fermer la cocotte hermétiquement.

Cuire 1 heure. Réduire la chaleur du four à 110 °C (225 °F) et poursuivre la cuisson 4 heures.

Voilà des noisettes d'agneau qui se sentent tout à fait à l'aise, chaudement emmitouflées dans leur chemise d'épinards et de pâte feuilletée !

Noisettes d'agneau en chemise

Quantité : 6 portions	Préparation : 1 h	Cuisson : 1 h	Degré de difficulté : élevé

75 ml (⅓ tasse) de carottes, en dés

75 ml (⅓ tasse) de céleri, en dés

75 ml (⅓ tasse) de fenouil, en dés

75 ml (⅓ tasse) d'oignon haché

12 côtelettes d'agneau

30 ml (2 c. à soupe) de farine

125 ml (½ tasse) de caribou

500 ml (2 tasses) d'eau

Sel et poivre

750 g (1 ½ lb) de pâte feuilletée (du commerce)

60 ml (¼ tasse) de beurre

6 grandes feuilles d'épinards

1 œuf, battu

Dans un bol, mélanger les carottes, le céleri, le fenouil et l'oignon. Réserver.

Préchauffer le four à 230 °C (450 °F).

Parer et désosser les côtelettes d'agneau pour obtenir des noisettes. Réserver les os et les parures. Réserver les noisettes au réfrigérateur.

Déposer les os et les parures dans une lèchefrite de 5 cm (2 po) de profondeur. Dorer au four 20 minutes.

Ajouter les dés de légumes réservés. Poursuivre la cuisson 15 minutes.

Enlever l'excès de graisse de la lèchefrite et saupoudrer de farine. Remettre au four 3 minutes. Retirer du four.

Déposer la lèchefrite sur un feu vif. Déglacer avec le caribou en grattant bien le fond.

Ajouter l'eau. Amener à ébullition et réduire la chaleur. Faire mijoter jusqu'à ce que le liquide réduise de moitié.

Passer la sauce au chinois (tamis très fin). Saler et poivrer. Réserver au chaud.

Sur une surface farinée, abaisser la pâte feuilletée en un rectangle de 0,3 cm (⅛ po) d'épaisseur. Y tailler 6 carrés d'environ 15 cm (6 po) de côté. Réserver.

Préchauffer le four à 180 °C (350 °F).

Faire chauffer le beurre dans un poêlon.

Y saisir les noisettes 1 minute environ, de chaque côté (la chair doit rester saignante).

Saler et poivrer.

Porter une petite casserole d'eau à ébullition. Y plonger rapidement les feuilles d'épinards. Rincer immédiatement à l'eau froide.

Envelopper chaque noisette d'agneau dans une feuille d'épinards. En déposer une au centre de chaque carré de pâte. En envelopper chaque noisette et bien en sceller les pourtours.

Badigeonner la pâte d'œuf battu. Déposer sur une plaque.

Cuire au four 15 minutes.

Napper le fond de chaque assiette de sauce. Y déposer deux noisettes.

Les dattes se conservent à la température ambiante dans une boîte hermétiquement fermée, pour éviter le dessèchement. Mais elles ne se gardent pas indéfiniment pour autant. Bien se rappeler la date de la mise en boîte !

Gâteau Élisabeth

Quantité : 8 portions	Préparation : 40 min	Cuisson : 50 min	Degré de difficulté : moyen

250 ml (1 tasse) de dattes hachées

250 ml (1 tasse) d'eau bouillante

430 ml (1¾ tasse) de farine

5 ml (1 c. à thé) de bicarbonate de soude

5 ml (1 c. à thé) de poudre à pâte

60 ml (¼ tasse) de beurre

1 œuf

250 ml (1 tasse) de sucre

5 ml (1 c. à thé) de vanille

180 ml (¾ tasse) de noix de Grenoble hachées

250 ml (1 tasse) de cassonade

75 ml (⅓ tasse) de crème 35 %

75 ml (⅓ tasse) de beurre

250 ml (1 tasse) de noix de coco râpé

Préchauffer le four à 180 °C (350 °F).

Déposer les dattes dans un bol et les couvrir d'eau bouillante. Laisser reposer 15 minutes.

Pendant ce temps, au-dessus d'un bol, tamiser la farine avec le bicarbonate de soude et la poudre à pâte. Réserver.

Défaire le beurre en crème dans un autre bol. Incorporer l'œuf, le sucre, la vanille, le mélange de farine ainsi que les noix.

Ajouter la préparation de dattes et mélanger jusqu'à consistance homogène.

Verser la préparation dans un moule à gâteau de 23 cm (9 po) de diamètre, beurré et fariné.

Cuire le gâteau de 40 à 45 minutes, jusqu'à ce qu'un cure-dents en ressorte sec. Retirer du four et en préchauffer le gril.

Dans une petite casserole, mélanger la cassonade, la crème, le beurre et la noix de coco.

Porter à ébullition, en remuant constamment.

Laisser bouillir 5 minutes.

Verser sur le gâteau chaud. Cuire 5 minutes sous le gril.

Tarte aux bleuets

Un petit truc pour éviter que la croûte ne surcuise : en couvrir les rebords d'une étroite bande de papier d'aluminium dès qu'ils vous paraissent suffisamment dorés.

Recette traditionnelle

Quantité : 6 portions	Préparation : 20 min	Cuisson : 35 min	Degré de difficulté : moyen

Pâte brisée pour 2 abaisses (du commerce)

- 500 ml (2 tasses) de bleuets frais
- 150 ml (⅔ tasse) de sucre
- 30 ml (2 c. à soupe) de beurre
- 30 ml (2 c. à soupe) de farine
- 1 jaune d'œuf, battu

Préchauffer le four à 220 °C (425 °F).

Abaisser la moitié de la pâte sur une surface farinée. En foncer un plat à tarte.

Abaisser l'autre moitié, puis la tailler en lanières de 1 cm (⅜ po) de largeur.

Dans un bol, mélanger les bleuets et le sucre.

Étaler la préparation dans l'abaisse.

Garnir de noisettes de beurre et saupoudrer de farine.

Couvrir de croisillons de pâte.

Pincer le pourtour de l'abaisse pour bien en sceller les rebords.

Badigeonner les croisillons de jaune d'œuf.

Cuire 15 minutes.

Réduire la chaleur du four à 180 °C (350 °F) et poursuivre la cuisson 20 minutes, jusqu'à ce que les croisillons soit dorés.

CHARLEVOIX

Terre hospitalière aux beautés infinies...

Quand les montagnes des Laurentides plongent en enfilade dans les eaux du fleuve,
quand les rochers sont enlacés par les marées montantes
ou délaissés par les vagues devenues fuyantes des marées descendantes,
c'est que l'on se trouve dans Charlevoix.

Quand on réussit à détourner les yeux de ce spectacle envoûtant, une sensation d'hypnose nous gagne à nouveau devant les hauts sommets de l'arrière-pays, le cœur du bouclier canadien, le plus ancien sol de la planète.

Lentement, en sortant de la torpeur qu'imposent ces paysages grandioses, on remarque çà et là, à flanc de montagne, de pimpants petits villages à l'image de ces appliques consolidant un minutieux ouvrage de tapisserie. Ils se sont greffés progressivement, d'ouest en est, autour des baies et aux abords des rivières, là où les premiers colons pouvaient cultiver la terre : Petite-Rivière-St-François et Baie-St-Paul à la fin du XVIIe siècle puis, St-Joseph-de-la-Rive, l'Île-aux-Coudres, et ainsi de suite, selon un mouvement continu qui fit en sorte que dès le début du XIXe siècle, les terres arables étaient pratiquement toutes occupées.

L'hiver, nombre d'habitants gagnaient l'arrière-pays et se faisaient bûcherons. Au printemps, les rivières du Gouffre et de la Malbaie, notamment, devenaient voies de transport des billots. Sur la côte, plusieurs se sont faits navigateurs, assurant le ravitaillement, le commerce et le transport du bois sur leurs légendaires voitures d'eau. Curieusement, malgré ses quelque 300 goélettes, la population ne profitait que très peu des ressources marines. En quelques endroits, toutefois, on pratiquait la pêche à l'éperlan et au capelan. Ces poissons de mer, de même que le saumon et la truite des rivières, sont demeurés dans les habitudes alimentaires régionales. Par ailleurs, bien que les bûcherons passaient une grande partie de l'hiver dans les bois,

ils se livraient rarement à la chasse et ne le faisaient guère que pour le menu gibier.

À l'origine, chaque famille assurait sa subsistance en élevant des volailles et des cochons, en gardant une vache et en cultivant quelques carrés de légumes. Très tôt cependant, apparurent les marchands ambulants — boulangers, laitiers, bouchers — qui offraient aussi, selon les saisons, des légumes et des fruits, ainsi que du petit gibier ou des poissons. L'arrivée du chemin de fer a brisé l'isolement de la population qui a dès lors adopté certaines des coutumes culinaires d'autres régions. Avec le temps, des menus d'inspiration française et bri-

tannique alternaient de plus en plus fréquemment avec des plats typiquement locaux.

Dès le milieu du XIXe siècle, Charlevoix, et plus particulièrement les environs de la Malbaie, devint un lieu de villégiature recherché. Certains citadins rénovèrent des habitations traditionnelles et d'autres, plus fortunés, construisirent d'élégantes résidences d'été rappelant le style de la Nouvelle-Angleterre. Des pensions de famille et des petits hôtels s'y installèrent également puis, au début du XXe siècle, on construisit le Manoir Richelieu, ce grand hôtel de 350 chambres : il fallait bien loger et nourrir ces gens qui venaient

Pratiquement enchâssé dans la montagne qu'il côtoie et entouré d'une nature grandiose, le village de Petite-Rivière-St-François inspira la romancière Gabrielle Roy qui y avait une résidence d'été.

tous les étés de Montréal, de Toronto et même de New York !

Cette tradition d'accueil se perpétue de nos jours dans Charlevoix où les amateurs de nature, de gîtes charmants et de gastronomie sont on ne peut mieux servis.■

Partout dans Charlevoix, la nature est d'une déconcertante beauté et nous donne envie de découvrir tous ces attraits, comme ce charmant havre qu'est Port-au-Persil.

175

La Malbaie

*Un chemin forestier étroit et sinueux, bordé d'ormes géants, conduit à l'écluse
où vous embarquez sur le bateau-mouche pour une promenade
sur la portion tranquille de la rivière, en plein cœur
du parc régional des Hautes-Gorges-de-la-rivière-Malbaie.*

Vous vous sentez enserré dans le long couloir des gorges encaissées de la rivière, dominées par des montagnes qui, même vues d'en bas, donnent une sensation de vertige. Pour ajouter à ce sentiment, vous apercevez, tout en haut d'un grand arbre défolié à l'écorce noircie, l'aigle pêcheur qui guette sa proie d'un regard perçant.

En scrutant le fond des eaux limpides, vous voyez les nombreux billots qui ont coulé par le fond avant d'atteindre leur destination, vestiges de l'époque pas si lointaine de la drave : c'est le pays qui, dans l'esprit de son auteur, a donné vie à Menaud maître-draveur ! En ce début d'après-midi ensoleillé, pas un son ne couvre le ronronnement discret du moteur, ni ne vient troubler vos pensées.

Sur le chemin du retour, vous êtes impatient de retrouver cette belle villa de villégiature que vous partagez entre amis pendant la saison d'été et qui est si caractéristique de La Malbaie, de Pointe-au-Pic et de Cap-à-l'Aigle. Dans cette résidence estivale, construite au début du siècle et orientée de façon à offrir un magnifique panorama, vous attend un repas composé de produits régionaux parfois apprêtés à l'ancienne et parfois, au goût du jour. Déjà, vous avez l'eau à la bouche.

Les eaux calmes et paisibles des Hautes-Gorges-de-la-rivière-Malbaie se prêtent remarquablement bien à de tranquilles croisières qui nous révèlent les splendeurs de cette belle vallée.

Le potage et le dessert ont été préparés à l'avance, mais pour le plat principal, l'unique mycologue du groupe s'en va récolter des chanterelles — que l'on trouve assez facilement sur les lieux, en saison — pendant qu'en revenant de la croisière, les autres feront un arrêt à la ferme d'élevage de sanglier de St-Aimé-des-Lacs.

On vous a raconté que la gourgane, importée d'Europe au XVIIe siècle, fut rapidement cultivée dans toute la colonie, mais que dans la plupart des régions, elle fut remplacée, après la Conquête, par la pomme de terre. Elle se maintint cependant dans certaines régions isolées, comme Charlevoix, dont elle est plus ou moins devenue le symbole culinaire local. Tout le groupe veut donc y goûter au moins une fois.

Vous avez déniché une recette de crème de gourganes qui précède avec bonheur les côtelettes de sanglier aux chanterelles. Ce repas, très animé jusqu'alors, se termine en silence, sur la véranda. Tout en se régalant d'un croustillant aux pommes, un dessert du terroir, chacun contemple ces rares points de lumière scintillante de loin en loin, telles des lucioles égarées dans la noirceur opaque de la côte. ■

DOMINIQUE TRUCHON

La gourgane, cette grosse fève potelée que l'on retrouve presqu'exclusivement dans les régions de Charlevoix et du Saguenay–Lac-St-Jean, est souvent associée au menu des travailleurs énergiques et costauds. Présentée en crème aromatisée, elle fera les délices de tous les palais... même des plus délicats.

Crème de gourganes

Quantité : 6 portions	Préparation : 20 min	Cuisson : 1 h	Degré de difficulté : moyen

30 ml (2 c. à soupe) d'huile

1 oignon d'Espagne, haché

2 branches de céleri, en dés

375 ml (1 ½ tasse) de gourganes

3 pommes de terre, en dés

1 l (4 tasses) de bouillon de poulet

1 feuille de laurier

30 ml (2 c. à soupe) d'estragon frais haché

Sel et poivre

1 l (4 tasses) de lait

750 ml (3 tasses) de crème 35 %

60 ml (¼ tasse) de poitrine de porc salé coupée en bâtonnets et blanchie

15 ml (1 c. à soupe) de ciboulette hachée

Faire chauffer l'huile dans une casserole. Y faire revenir l'oignon, le céleri, les gourganes et les pommes de terre à feu moyen.

Ajouter le bouillon de poulet, le laurier et l'estragon. Saler et poivrer. Amener à ébullition.

Réduire la chaleur et laisser mijoter 40 minutes.

Passer au mélangeur jusqu'à consistance homogène. Au-dessus de la casserole, passer la soupe dans une passoire tapissée d'étamine (coton à fromage).

Ajouter le lait et la crème, puis réchauffer. Rectifier l'assaisonnement.

Verser dans des bols à soupe chauds. Garnir de porc salé et de ciboulette.

ROLLANDE PERRON

Cet amalgame original d'amandes, de raisins secs, de cornichons sucrés et, bien sûr, de poulet, est à déguster sous peine d'amende... ne pas le consommer constitue en effet une infraction au code gastronomique de Charlevoix.

Salade de poulet aux amandes

| Quantité : 6 portions | Préparation : 45 min | Cuisson : — | Réfrigération : 2 h | Degré de difficulté : moyen |

750 ml (3 tasses) de cubes de poulet cuit

150 ml (⅔ tasse) de cornichons sucrés hachés

125 ml (½ tasse) d'amandes coupées en quatre, grillées

75 ml (⅓ tasse) de raisins secs

75 ml (⅓ tasse) de mayonnaise

2 ml (½ c. à thé) de sel

7 ml (1 ½ c. à thé) de vinaigre

6 feuilles de laitue ou autre verdure

6 petits bouquets de persil

Dans un bol, mélanger le poulet, les cornichons, les amandes et les raisins.

Ajouter la mayonnaise, le sel et le vinaigre. Bien mélanger. Réfrigérer 2 heures.

Servir sur des feuilles de laitue. Garnir de bouquets de persil.

Recette traditionnelle

La préparation de ce petit poisson de la famille des salmonidés, parce qu'elle nécessite un entrecroisement de tranches de bacon, demande un peu de doigté... Mais l'éperlan n'aura besoin d'aucune adresse particulière pour nager jusqu'à votre fourchette...

Éperlans de Charlevoix

Quantité : 6 portions	Préparation : 20 min	Cuisson : 15 min	Degré de difficulté : élevé

1,5 kg (3 lb) d'éperlans

250 g (½ lb) de bacon, en tranches

Sel

30 ml (2 c. à soupe) de beurre fondu

15 ml (1 c. à soupe) de paprika

8 tranches de citron

15 ml (1 c. à soupe) de persil frais haché

Préchauffer le four à 200 °C (400 °F).

Déposer les éperlans en rangées, dans un plat beurré allant au four, en entrelaçant celles-ci de tranches de bacon, comme pour former un treillis.

Saler et badigeonner de beurre fondu. Saupoudrer de paprika.

Cuire 15 minutes, jusqu'à ce que les éperlans soient dorés.

Garnir chaque portion de deux tranches de citron et de persil.

CHARLEVOIX • LA MALBAIE

Par définition, une demi-glace est une réduction de sauce espagnole additionnée de madère, utilisée pour corser une sauce brune ou comme additif aromatique dans diverses préparations. En plus des préparations en sachet ou en conserve du commerce, il en existe plusieurs variantes que l'on peut faire soi-même.

Mignons de veau en robe de laitue

Quantité : 6 portions	Préparation : 30 min	Cuisson : 10 min	Degré de difficulté : élevé

Sel et poivre

6 *noisettes de veau de 240 g (8 oz), prélevées dans la longe*

45 *ml (3 c. à soupe) de beurre*

12 *feuilles de laitue*

12 *crevettes grises, cuites et décortiquées*

2 *œufs*

125 *ml (½ tasse) de crème 35 %*

20 *ml (4 c. à thé) de beurre*

12 *crevettes grises, ouvertes en deux*

125 *ml (½ tasse) de sauce demi-glace (du commerce)*

Beurre, au goût

125 *ml (½ tasse) de coulis de homard ou de bisque de homard (du commerce)*

Saler et poivrer les noisettes de veau.

Faire fondre le beurre dans un poêlon.

Y déposer les noisettes de veau. Couvrir et cuire la viande 5 minutes, en la retournant à mi-cuisson, jusqu'à ce qu'elle soit dorée.

Blanchir les feuilles de laitue 10 secondes, dans une casserole d'eau bouillante.

Passer les crevettes au mélangeur, avec les œufs et la crème. Saler et poivrer.

Disposer la préparation aux crevettes sur les noisettes de veau, envelopper chaque portion dans une feuille de laitue. Cuire à la vapeur 3 minutes.

Pendant ce temps, faire fondre le beurre dans un poêlon. Y faire revenir les crevettes jusqu'à ce qu'elles soient rosées.

Faire chauffer la sauce demi-glace. Lui incorporer du beurre, au goût, en mélangeant au fouet.

Verser dans chaque assiette, une égale quantité de sauce demi-glace montée au beurre et de coulis de homard.

Disposer les crevettes autour, puis placer la viande au centre. Servir immédiatement.

Côtelettes de sanglier aux chanterelles

Parole d'Obélix, qui s'y connaissait, la plupart des recettes de porc conviennent au sanglier, exception faite du rôti (sauf pour le marcassin, jeune sanglier de six mois ou moins). Au Québec, l'élevage du sanglier est de plus en plus répandu et sa popularité s'accroît. Ils ne sont pas fous, ces Québécois !!!

« LA FERME D'ÉLEVAGE DE SANGLIERS DE ST-AIMÉ-DES-LACS »

Quantité : 8 portions	Préparation : 45 min	Cuisson : 20 min	Degré de difficulté : moyen

Sel et poivre

8 côtelettes de sanglier de 3 cm (1 ½ po) d'épaisseur

60 ml (¼ tasse) d'huile

8 croûtons

30 ml (2 c. à soupe) de beurre

250 g (½ lb) de chanterelles, tranchées finement ou de tout autre champignon

125 ml (½ tasse) de madère ou autre vin

250 ml (1 tasse) de crème 35 %

15 ml (1 c. à soupe) de beurre

*S*aler et poivrer les côtelettes de sanglier.

*F*aire chauffer l'huile dans un poêlon. Y faire revenir les côtelettes 10 minutes environ, en les retournant à mi-cuisson, jusqu'à ce qu'elles soient dorées, mais encore rosées à l'intérieur.

*D*époser les côtelettes sur les croûtons. Réserver au chaud.

*D*égraisser le poêlon. Faire fondre le beurre dans celui-ci et y faire revenir les chanterelles jusqu'à ce qu'elles aient rendu leur eau.

*A*jouter le madère et amener à ébullition. Verser la crème et laisser réduire du tiers. Tout en mélangeant, ajouter le beurre. Saler et poivrer.

*N*apper les côtelettes de sanglier de la sauce aux chanterelles.

Pour gratiner rapidement certains mets salés ou sucrés, outre le gril du four, on peut utiliser la « salamandre », un appareil de cuisson à l'électricité ou au gaz, dont le nom évoque l'animal légendaire qui résistait au feu et qui vivait dans les entrailles de la terre... près de la Malbaie ?

Gratin de fraises

Quantité : 4 portions	Préparation : 10 min	Cuisson : 3 min	Degré de difficulté : moyen

1 l (4 tasses) de fraises

3 limes, pelées et coupées en quartiers

   Le jus de 1 citron

10 ml (2 c. à thé) de chartreuse verte (liqueur)

180 ml (¾ tasse) de crème 35 %

180 ml (¾ tasse) de pacanes coupées en deux

60 ml (¼ tasse) de sucre glace

*P*réchauffer le four à 200 °C (400 °F).

*L*aver, équeuter et couper les fraises en deux.

*D*ans un bol, mélanger les fraises, les limes, le jus de citron et la chartreuse.

*D*ans un autre bol, fouetter la crème jusqu'à formation de pics mous.

*R*épartir la préparation de fruits dans des ramequins. Garnir de pacanes.

*C*ouvrir de crème fouettée et saupoudrer de sucre glace.

*C*uire 3 minutes. Servir aussitôt.

Recette traditionnelle

Pour empêcher les pommes de noircir, il suffit de les faire tremper dans de l'eau citronnée dès qu'elles sont tranchées. Ce dessert n'en sera que plus appétissant et les gloutons n'en feront qu'une bouchée.

Croustillant aux pommes

Quantité : 6 portions	Préparation : 20 min	Cuisson : 40 min	Degré de difficulté : faible

5 pommes

125 ml (½ tasse) de sucre

10 ml (2 c. à thé) de jus de citron

30 ml (2 c. à soupe) d'eau

60 ml (¼ tasse) de beurre

75 ml (⅓ tasse) de cassonade tassée

75 ml (⅓ tasse) de farine tout usage

180 ml (¾ tasse) de flocons d'avoine

Préchauffer le four à 190 °C (375 °F).

Peler et couper les pommes en tranches fines.

Dans un plat beurré allant au four, mélanger les pommes, le sucre, le jus de citron et l'eau.

Dans un bol, défaire le beurre en crème avec la cassonade, la farine tout usage et la farine d'avoine.

Étendre uniformément la pâte sur les pommes.

Cuire 40 minutes ou jusqu'à ce que la préparation soit dorée.

Servir avec de la crème glacée ou de la crème fouettée.

Baie-St-Paul

*Légèrement étourdi, le souffle un peu court et les vêtements
rendus humides par la sueur, vous voilà sur le belvédère de la montagne
du Lac des Cygnes, le plus élevé du parc des Grands-Jardins.
Vous croyez rêver !*

Pendant l'ascension, vous êtes l'explorateur qui traverse une végétation de montagne constituée de bouleaux, de peupliers et de pins. Poursuivant sa route en pleine taïga, sur un tapis de lichen où poussent des épinettes noires, la végétation débouche enfin dans un environnement de toundra plutôt désertique malgré ses arbustes rabougris. Arrivé au point culminant de la montagne, vous devenez le faucon qui, du haut des airs, embrasse tout à la fois : le bouclier, les lacs, les rivières, les villages et même le fleuve.

En descendant, une rencontre avec des dames d'âge mûr, venues en pèlerinage en ce haut lieu, vous improvise historien. Elles vous racontent les étés de leur enfance, passés en cet endroit, avec leurs parents qui furent les derniers garde-feu de la région. Elles vous confient aussi quelques souvenirs d'autres saisons, alors qu'elles vivaient sur la côte. Par exemple, un repas en famille autour d'un pâté à l'éperlan des insulaires, ou les réceptions des fêtes couronnées de mokas de Noël, des plats qui sont toujours à l'honneur sur les tables de Charlevoix et qu'elles préparent encore à l'occasion.

Le lendemain, lors d'une promenade dans la charmante petite ville de

La beauté de la région permet aux amateurs de golf de pratiquer leur sport favori dans un décor fabuleux voire même paradisiaque lorsqu'arrive l'automne.

Baie-St-Paul, vous avez davantage de prise sur la réalité. Le circuit des galeries d'art vous conduit sur la rue St-Joseph, où plusieurs habitations typiquement québécoises, avec leurs toits mansardés, attirent votre attention. Vous faites un détour à l'escargotière où vous prendrez plaisir à découvrir l'histoire de ce parc où l'on élève les escargots.

En fin de journée, sur une terrasse de la rue Ste-Anne, en mangeant un onctueux potage de cresson sauvage, vous vous demandez si vous devriez acquérir ce tableau d'un jeune peintre de la région, exposé dans la dernière galerie que vous avez visitée. En attaquant les noisettes d'agneau aux fines herbes et croustillants de tomates, libellées

ainsi sur le menu, vous vous rappelez encore cette grande toile présentant un paysage d'hiver, dominé par un sol blanc de neige et un ciel d'un bleu glacial, où toute la chaleur provenait des quelques taches de couleur à travers lesquelles se profilaient des maisons aux cheminées fumantes, des gens au pas pressé et des routes déneigées.

C'est en entamant votre tarte aux pommes et au caramel que vous décidez d'installer le tableau au-dessus de votre cheminée, où il se mariera parfaitement au bleu sombre du mur.■

RÉGIS HERVÉ

Il existe de nombreuses variétés de cresson, une plante herbacée vivace qui pousse dans les endroits baignés d'eau. Peu importe la variété, on doit toujours le trier, le laver et l'égoutter soigneusement.

Potage de cresson

Quantité : 8 portions	Préparation : 20 min	Cuisson : 30 min	Degré de difficulté : moyen

30 ml (2 c. à soupe) de beurre

1 oignon, tranché finement

4 pommes de terre, en morceaux

500 ml (2 tasses) de bouillon de poulet

Sel et poivre

500 g (1 lb) de cresson

1 l (4 tasses) de lait

30 ml (2 c. à soupe) d'herbes fraîches hachées

60 ml (¼ tasse) de beurre (facultatif)

250 ml (1 tasse) de crème 15 % ou 35 % (facultatif)

*F*aire fondre le beurre dans une casserole. Y faire revenir l'oignon et les pommes de terre de 3 à 5 minutes.

*A*jouter le bouillon de poulet. Saler et poivrer. Amener à ébullition.

*R*éduire la chaleur et laisser mijoter 15 minutes en ayant soin d'ajouter le cresson à mi-cuisson.

*P*asser au mélangeur jusqu'à consistance homogène.

*A*jouter le lait et réchauffer. Rectifier l'assaisonnement.

*A*jouter les fines herbes et, si désiré, le beurre.

*F*ouetter la crème jusqu'à formation de pics fermes.

*V*erser le potage dans des assiettes creuses.

*G*arnir chaque portion d'une cuillerée de crème fouettée, si désiré.

Voilà l'occasion toute trouvée d'accorder nos « têtes de violon » sur fond de sonate de chou-fleur...

Salade de crosses de fougères et de chou-fleur

Quantité : 4 portions	Préparation : 10 min	Cuisson : 15 min	Refroidissement : 2 h	Degré de difficulté : faible

1 l (4 tasses) d'eau

500 ml (2 tasses) de crosses de fougères fraîches

500 ml (2 tasses) de chou-fleur en fleurons, blanchi

150 ml (⅔ tasse) d'huile végétale

60 ml (¼ tasse) de jus de lime

10 ml (2 c. à thé) de graines de moutarde

3 baies de genièvre

125 ml (½ tasse) de yogourt nature

Amener l'eau à ébullition dans une casserole et y cuire les crosses de fougères 15 minutes environ, jusqu'à tendreté.

Bien égoutter et laisser refroidir.

Dans une casserole d'eau bouillante salée, blanchir le chou-fleur 4 minutes.

Dans un grand bol, mélanger les crosses de fougères, le chou-fleur, l'huile, le jus de lime, les graines de moutarde, les baies de genièvre et le yogourt.

Réfrigérer au moins 2 heures avant de servir.

CHARLEVOIX • BAIE-ST-PAUL

Une variété de légumes d'accompagnement peuvent agrémenter ce mets délicat. Nous suggérons ici des pommes de terre, des betteraves et une julienne de légumes. Peu importe le choix, c'est un régal assuré.

DOMINIQUE TRUCHON « AUBERGE LES PEUPLIERS »

Noisettes d'agneau aux fines herbes et croustillants de tomates

Quantité : 4 portions	Préparation : 40 min	Cuisson : 40 min	Degré de difficulté : élevé

250 ml (1 tasse) de vin rouge

750 ml (3 tasses) de fond d'agneau ou de sauce demi-glace (du commerce)

5 ml (1 c. à thé) de romarin frais haché

5 ml (1 c. à thé) de thym frais haché

5 ml (1 c. à thé) de basilic frais haché

Sel et poivre

60 ml (¼ tasse) de beurre doux

60 ml (¼ tasse) d'huile d'olive

2 échalotes vertes, hachées

2 tomates, épépinées et hachées grossièrement

Sel et poivre

Sucre, au goût

12 triangles de pâte filo de 6 cm (2⅜ po) de côté

Huile

12 noisettes d'agneau

Dans un poêlon, faire réduire le vin de moitié. Ajouter le fond d'agneau, le romarin, le thym et le basilic. Saler et poivrer. Laisser réduire de moitié, à feu doux.

Au-dessus du poêlon, passer la sauce dans une passoire tapissée d'étamine (coton à fromage).

Rectifier l'assaisonnement. Ajouter le beurre et cuire jusqu'à épaississement. Réserver au chaud.

Mélanger l'huile d'olive, les échalotes et les tomates. Saler et poivrer. Sucrer, au goût.

Déposer 15 ml (1 c. à soupe) de la préparation de tomates sur quatre triangles de pâte filo. Couvrir d'un autre triangle de pâte.

Garnir de 15 ml (1 c. à soupe) de la préparation de tomates et terminer par un autre triangle de pâte. Réserver les quatre croustillants obtenus.

Chauffer l'huile dans un poêlon. Y faire revenir les noisettes d'agneau 5 minutes environ, en ayant soin de les retourner à mi-cuisson jusqu'à ce que la viande soit dorée mais encore rosée à l'intérieur.

Napper chaque assiette d'un peu de sauce au vin rouge, et y déposer trois noisettes d'agneau et un croustillant de tomates.

Servir avec des pommes de terre, des betteraves et des pois mange-tout.

ROSE-ANNETTE DESGAGNÉS

Recette traditionnelle

Cachés sous une croûte légère et simplement relevé d'échalotes, de sel et de poivre, l'éperlan et la crème se marient parfaitement dans ce délice de la mer.

Pâté à l'éperlan des insulaires

| Quantité : 8 portions | Préparation : 30 min | Refroidissement : 1 h | Cuisson : 1 h | Degré de difficulté : moyen |

750 ml (3 tasses) de farine

5 ml (1 c. à thé) de poudre à pâte

5 ml (1 c. à thé) de sel

310 ml (1 ¼ tasse) de graisse végétale

125 ml (½ tasse) d'eau

40 éperlans, parés et coupés en morceaux

4 échalotes vertes, hachées

250 ml (1 tasse) de crème 15 %

Sel et poivre

Dans un bol, mélanger la farine, la poudre à pâte et le sel.

À l'aide d'un coupe-pâte ou de deux couteaux, couper la graisse dans la farine jusqu'à consistance granuleuse.

Tout en mélangeant, verser, en un mince filet, suffisament d'eau froide pour que la pâte forme une boule. Diviser la pâte en deux parties égales.

Abaisser la pâte sur une surface farinée. Foncer un plat beurré de 23 cm (9 po) de côté de l'une des abaisses. Réserver l'autre.

Déposer dans l'abaisse les éperlans et les échalotes. Arroser de crème. Saler et poivrer.

Couvrir de la seconde abaisse et bien sceller. Pratiquer sur le pâté quelques incisions.

Réfrigérer 1 heure.

Préchauffer le four à 190 °C (375 °F).

Cuire le pâté 1 heure environ, jusqu'à ce que la croûte soit dorée.

Le pleurote est un champignon à chair ferme, croquante et savoureuse. À en pleurer de plaisir lorsqu'il est apprêté de la façon suggérée dans la présente recette...

Sauté de ris de veau aux pleurotes

Quantité : 4 portions	Dégorgement : 2 h	Préparation: 30 min	Cuisson : 20 min	Degré de difficulté : élevé

750 g (1 ½ lb) de ris de veau

750 g (1 ½ lb) de pleurotes, équeutés

30 ml (2 c. à soupe) d'huile

30 ml (2 c. à soupe) de beurre

Sel et poivre

100 ml (⅓ tasse + 5 c. à thé) de vin blanc

150 ml (⅔ tasse) de fond de veau ou de sauce demi-glace (du commerce)

30 ml (2 c. à soupe) de persil frais haché

Déposer les ris de veau dans un bol et les laisser dégorger 30 minutes, sous l'eau froide courante.

Blanchir les ris de veau 10 minutes, dans une casserole d'eau bouillante salée.

Égoutter les ris, les refroidir et les dénerver.

Couper les ris de veau et les pleurotes en morceaux.

Faire chauffer l'huile et le beurre dans un poêlon et y sauter les ris de veau.

Saler et poivrer, puis laisser cuire quelques minutes, à feu doux.

Dégraisser le poêlon. Ajouter les pleurotes aux ris de veau et les sauter quelques minutes.

Mouiller avec le vin blanc et le fond de veau. Laisser réduire presque à sec.

Ajouter le persil.

Verser dans une grande assiette. Servir immédiatement.

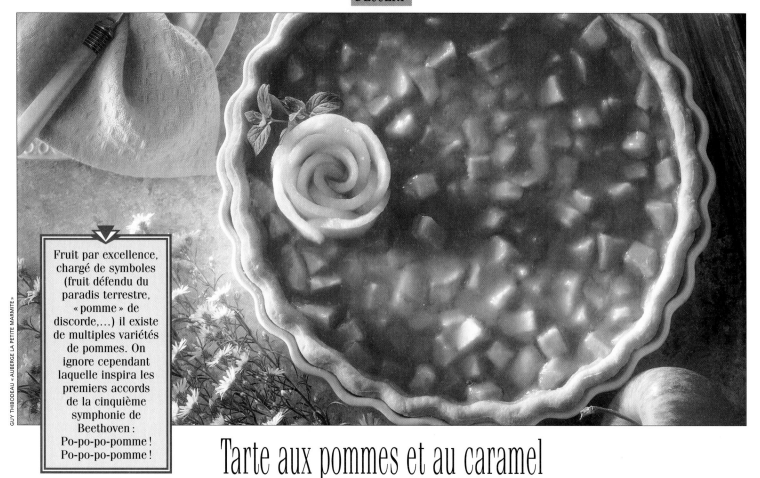

Fruit par excellence, chargé de symboles (fruit défendu du paradis terrestre, « pomme » de discorde,…) il existe de multiples variétés de pommes. On ignore cependant laquelle inspira les premiers accords de la cinquième symphonie de Beethoven : Po-po-po-pomme ! Po-po-po-pomme !

Tarte aux pommes et au caramel

Quantité : 6 à 8 portions	Préparation : 10 min	Cuisson : 50 min	Degré de difficulté : moyen

500 ml (2 tasses) de farine

10 ml (2 c. à thé) de poudre à pâte

5 ml (1 c. à thé) de sel

150 ml (⅔ tasse) de graisse végétale

75 ml (⅓ tasse) d'eau froide

45 ml (3 c. à soupe) de beurre

60 ml (¼ tasse) de farine

1 ml (¼ c. à thé) de sel

250 ml (1 tasse) d'eau

250 ml (1 tasse) de cassonade

1,5 l (6 tasses) de pommes pelées et coupées en cubes

5 ml (1 c. à thé) de vanille

60 ml (¼ tasse) de gelée d'abricot fondue

Préchauffer le four à 200 °C (400 °F).

Dans un bol, mélanger la farine, la poudre à pâte et le sel.

À l'aide d'un coupe-pâte ou de deux couteaux, couper la graisse dans la farine jusqu'à consistance granuleuse. Tout en mélangeant, verser, en un mince filet, suffisamment d'eau froide pour que la pâte forme une boule. Partager la pâte en deux boules.

Abaisser une boule de pâte sur une surface farinée et en foncer un plat à tarte de 23 cm (9 po) de diamètre. Réserver l'autre boule de pâte pour un usage ultérieur.

Faire fondre le beurre dans une casserole. Ajouter la farine et le sel, puis faire bouillir 1 minute, en brassant.

Retirer du feu. Tout en battant, ajouter l'eau et la cassonade. Tout en remuant, poursuivre la cuisson à feu moyen, jusqu'à l'obtention d'une crème lisse et épaisse.

Ajouter les pommes.

Cuire à feu doux 10 minutes, en remuant constamment.

Retirer du feu. Ajouter la vanille et laisser tiédir.

Verser la garniture aux pommes dans l'abaisse. Festonner les rebords de la pâte. Cuire 30 minutes et laisser refroidir.

Badigeonner le dessus de la tarte de gelée d'abricot fondue.

Recette traditionnelle

Ces petits gâteaux individuels aromatisés au café, d'où leur nom, sont tout à fait dans la note pendant les fêtes, période de l'année où l'on peut se permettre avec prudence d'arrondir son tour de taille...

Mokas de Noël

Quantité : 15 carrés | Préparation : 45 min | Cuisson : 30 min | Degré de difficulté : élevé

3 blancs d'œufs

125 ml (½ tasse) de beurre

250 ml (1 tasse) de sucre

3 jaunes d'œufs

500 ml (2 tasses) de farine à pâtisserie

10 ml (2 c. à thé) de poudre à pâte

1 pincée de sel

125 ml (½ tasse) de lait

5 ml (1 c. à thé) d'essence de vanille

125 ml (½ tasse) de beurre

60 ml (¼ tasse) de graisse végétale

1 œuf, battu

15 ml (1 c. à soupe) de sirop de maïs

500 g (1 lb) de sucre glace

Vanille, au goût

45 ml (3 c. à soupe) de lait

2 ml (½ c. à thé) d'essence de café

500 ml (2 tasses) de noix de coco, grillée

Préchauffer le four à 180 °C (350 °F).

Dans un bol, monter les blancs d'œufs en neige.

Dans un autre bol, défaire le beurre en crème avec le sucre et les jaunes d'œufs. Incorporer les blancs d'œufs en pliant à l'aide d'une spatule.

Dans un troisième bol, mélanger la farine, la poudre à pâte et le sel. Incorporer à la préparation de beurre, avec le lait et la vanille, en alternance.

Verser la pâte dans un moule de 30 cm x 23 cm (12 po x 9 po), graissé et fariné.

Cuire le gâteau 30 minutes, jusqu'à ce qu'un cure-dents en ressorte propre. Laisser refroidir complètement.

Dans un bol, battre le beurre, la graisse végétale, l'œuf, le sirop de maïs, le sucre glace, la vanille, le lait et l'essence de café, jusqu'à consistance lisse et crémeuse.

Couper le gâteau en quinze carrés. Couvrir de toute part du glaçage moka. Parsemer de noix de coco grillée.

Île-aux-Coudres

Seulement vingt minutes de traversée pour vous retrouver sur cette île enveloppée du charme rural et de l'ambiance feutrée et tranquille jamais rompus depuis les débuts de sa colonisation. L'île-aux-Coudres, c'est une chevauchée entre ce microcosme d'un passé jalousement conservé et ce mode de vie où un confort douillet et contemporain prend toute la place qui lui revient...

Vous sentez cela partout dans cette île que vous avez choisi de parcourir à bicyclette pour vous imprégner totalement du magnétisme des lieux, tout en profitant de la brise saline.

En quittant St-Joseph-de-la-Rive en traversier, vous avez remarqué les quelques épaves de goélettes qui jonchent les battures du village. Aussi, êtes-vous surpris de constater qu'au chantier maritime de l'Île-aux-Coudres, on continue de travailler selon les techniques ancestrales. Peut-être ces lourdes barques servent-elles aux démonstrations annuelles de navigation en eaux glacées?

Cette question que vous vous posez est vite reléguée aux oubliettes. En effet, après avoir longé la pointe sud-ouest de l'île, là même où se pratiquait jadis la pêche aux marsouins, vous empruntez le chemin du Moulin et êtes pratiquement projeté cent cinquante ans en arrière. Incroyable! Réunis en un même endroit, un moulin à eau et un moulin à vent, tous deux fonctionnels et munis de leurs mécanismes originaux. Vous y voyez le meunier produire de la farine moulue à partir de véritables meules de pierre. Cette démonstration vous emballe à ce point que vous décidez d'acheter de la farine moulue sur place, avec laquelle vous vous promettez de confectionner la traditionnelle tarte au sucre de La Coudrière.

Bien qu'émerveillé par ce voyage dans le temps, vous sentez le besoin de goûter la cuisine contemporaine qui vous attend dans une auberge de La Baleine, reconnue pour l'hospitalité des ses hôtes qui, comme bien des insulaires, agrémentent les discussions d'anecdotes savoureuses.

Le soir, en vous présentant une entrée de chèvre chaud sur mâche et endives, ils vous demandent pourquoi vous n'avez pas encore visité des boutiques où le tissage artisanal est à l'honneur, une tradition pourtant venue tout droit du temps où les insulaires devaient assurer leur autosuffisance.

En vous apportant les ballottines de volaille — avec farce au pâté de foie gras, riz et légumes — ils vous parlent des tourbières qui traversent l'île et qui s'arrêtent, pour ainsi dire, dans leur arrière-cour. Puis, le service de la mousseline au miel et coulis de framboises devient le prétexte pour vous conseiller d'aller voir les installations de pêche à fascines, encore en usage du côté de la Pointe du Bout d'en Bas.■

Récemment restauré, le superbe moulin à vent de l'Île-aux-Coudres, datant de 1835, continue de moudre blé et sarrasin selon les méthodes ancestrales, au grand enchantement des visiteurs qui pourront s'y procurer de la bonne farine d'antan.

Le plus connu des vins espagnols, le xérès, appelé « sherry » en anglais, et sans doute « chéri »... en français, peut se conserver quelques années en bouteille. Mais il ne se bonifie pas; une fois la bouteille ouverte, il s'évente très vite...

Crème de champignons

Quantité : 8 portions	Préparation : 15 min	Cuisson : 30 min	Degré de difficulté : moyen

250 g (½ lb) de champignons frais

1 l (4 tasses) de bouillon de poulet

1 oignon, haché finement

60 ml (¼ tasse) de beurre

60 ml (¼ tasse) de farine

250 ml (1 tasse) de lait

250 ml (1 tasse) de crème 35 %

30 ml (2 c. à soupe) de vin xérès (sherry)

Sel et poivre

*L*aver les champignons et les hacher finement.

*M*ettre les champignons dans une grande casserole. Ajouter le bouillon de poulet et l'oignon. Amener à ébullition à feu vif.

*R*éduire à feu moyen, couvrir et laisser mijoter 15 minutes environ, jusqu'à ce que les champignons soient tendres.

*P*endant ce temps, faire fondre le beurre dans une casserole. Ajouter la farine et cuire 1 minute environ, tout en mélangeant. Ajouter le lait et poursuivre la cuisson 5 minutes, en remuant constamment, jusqu'à épaississement.

*I*ncorporer cette béchamel au bouillon, en remuant à l'aide d'un fouet. Ajouter la crème. Réchauffer.

*R*etirer du feu. Ajouter le xérès. Saler et poivrer. Servir aussitôt.

Appelée aussi oreille-de-lièvre, la mâche est une plante aux feuilles arrondies que l'on consomme surtout crue, en salade. Elle peut également se cuire comme des épinards. Dans les deux cas : bien « mâcher ».

RÉGIS HERVÉ

Salade de mâche et d'endives et croustillant de chèvre chaud

Quantité : 4 portions	Préparation : 10 min	Cuisson : 5 min	Degré de difficulté : faible

3 **endives, défaites en feuilles**

750 **ml (3 tasses) de feuilles de mâche**

100 **ml (⅓ tasse + 5 c. à thé) d'huile de noix (environ)**

4 **tranches de pain de blé entier**

4 **rondelles de fromage de chèvre de 10 cm x 1,25 cm (4 po x ½ po)**

4 **brins de thym frais**

Poivre du moulin

*P*réchauffer le four à 200 °C (400 °F).

*D*ans un bol, mélanger les feuilles d'endives et de mâche. Répartir dans quatre assiettes.

*A*rroser d'huile de noix.

*G*arnir les tranches de pain du fromage de chèvre. Ajouter un peu d'huile et un brin de thym.

*C*uire 5 minutes environ, jusqu'à ce que le fromage soit doré et coulant.

*D*époser un croûton bien chaud dans chaque assiette. Poivrer.

Les cuisses de volaille sont ici désossées à blanc, c'est-à-dire qu'on les a d'abord tranchées dans le sens de la longueur avant d'en retirer l'os, pour pouvoir les farcir plus facilement. Les ballotines peuvent aussi être servies froides.

Ballottines de volaille

Quantité : 4 portions	Préparation : 30 min	Cuisson : 35 min	Degré de difficulté : élevé

60 ml (¼ tasse) de beurre

60 ml (¼ tasse) d'huile végétale

1 oignon, haché finement

2 branches de céleri, en cubes

250 g (½ lb) de champignons frais, hachés

125 ml (½ tasse) de vin blanc

125 ml (½ tasse) de pâté de foie gras (du commerce)

375 ml (1 ½ tasse) de riz cuit

Sel et poivre

4 cuisses de poulet, désossées à blanc (voir note)

4 tranches de bacon

Huile, pour badigeonner

Préchauffer le four à 190 °C (375 °F).

Faire chauffer le beurre et l'huile dans un poêlon. Y faire revenir l'oignon, le céleri et les champignons 2 minutes. Ajouter le vin blanc et laisser réduire complètement.

Ajouter le pâté de foie gras et mélanger. Retirer du feu. Incorporer le riz. Saler et poivrer.

Placer les cuisses de volaille désossées entre deux feuilles de papier ciré, puis les aplatir à l'aide d'un maillet. Les retirer du papier.

Étendre la farce sur les cuisses de volaille, puis les rouler pour former des tournedos. Entortiller une tranche de bacon autour de chaque roulé. Maintenir à l'aide de cure-dents.

Déposer les roulés farcis dans une lèchefrite et les badigeonner d'huile.

Cuire au four 25 minutes. Si désiré, napper de sauce aux cinq poivres (du commerce).

Le thym est un aromate qui n'a rien de hautain. Au contraire, très populaire, il intervient dans le pot-au-feu, le cassoulet, le bœuf bourguignon, etc. Avis aux amateurs de « binnes » : le thym a aussi des propriétés antiflatulentes...

Sauté d'agneau au thym

Quantité : 4 portions	Préparation : 15 min	Cuisson : 1 h 45 min	Degré de difficulté : faible

30 ml (2 c. à soupe) de beurre

1 kg (2 lb) d'agneau dégraissé, en cubes

60 ml (¼ tasse) de farine

500 ml (2 tasses) de fond brun ou de sauce demi-glace (du commerce)

125 ml (½ tasse) de vin rouge (facultatif)

Sel et poivre

15 ml (1 c. à soupe) de thym frais

3 gousses d'ail, hachées

*F*aire fondre le beurre dans une casserole.

Y faire revenir l'agneau 5 minutes environ, quelques morceaux à la fois, jusqu'à ce qu'il soit doré de toute part. Réserver dans une assiette au fur et à mesure.

*A*jouter la farine au jus de cuisson et mélanger 30 secondes. Tout en remuant, ajouter le fond brun et, si désiré, le vin rouge.

*S*aler et poivrer. Assaisonner de thym. Amener à ébullition et réduire aussitôt la chaleur. Couvrir et laisser mijoter environ 1 heure 30 minutes, en ayant soin d'ajouter l'ail à la fin de la cuisson.

CHARLEVOIX • ÎLE-AUX-COUDRES

DENISE GIASSON

Omelette aux patates de Rosanna

Quantité : 4 portions	Préparation : 15 min	Cuisson : 25 min	Degré de difficulté : moyen

60 ml (¼ tasse) de beurre

4 pommes de terre, pelées et tranchées

2 oignons, pelés et tranchés

6 œufs

60 ml (¼ tasse) de lait

Sel et poivre

1 ml (¼ c. à thé) de sarriette

Faire fondre le beurre dans un grand poêlon. Y faire revenir les pommes de terre et les oignons à feu vif de 10 à 15 minutes, en remuant souvent, jusqu'à ce que les légumes soient tendres et dorés.

Dans un bol, battre les œufs avec le lait. Saler et poivrer. Assaisonner de sarriette.

Verser les œufs sur les pommes de terre.

Cuire à feu moyen jusqu'à ce que l'omelette soit ferme, mais encore baveuse.

Servir aussitôt.

CLAUDE SAGALA « AUBERGE LA COUDRIÈRE »

Tarte au sucre de La Coudrière

Quantité : 8 portions	Préparation : 30 min	Cuisson : 30 min	Degré de difficulté : moyen

500 ml (2 tasses) de farine

10 ml (2 c. à thé) de poudre à pâte

5 ml (1 c. à thé) de sel

150 ml (⅔ tasse) de graisse végétale

75 ml (⅓ tasse) d'eau froide

430 ml (1 ¾ tasse) de cassonade

60 ml (¼ tasse) de farine

60 ml (¼ tasse) de beurre fondu

3 œufs

1 boîte de 385 ml (13 oz) de lait évaporé

250 ml (1 tasse) de crème 35 %

Préchauffer le four à 170 °C (325 °F).

Dans un bol, mélanger la farine, la poudre à pâte et le sel.

À l'aide d'un coupe-pâte ou de deux couteaux, couper la graisse dans la farine jusqu'à consistance granuleuse. Tout en mélangeant, verser, en un mince filet, suffisamment d'eau froide pour que la pâte forme une boule. Diviser la pâte en deux.

Abaisser une portion de pâte sur une surface farinée et en foncer un plat à tarte de 23 cm (9 po) de diamètre. Réserver l'autre portion de pâte pour un usage ultérieur.

Dans un autre bol, mélanger la cassonade, la farine, le beurre fondu, les œufs, le lait évaporé et la crème, jusqu'à consistance lisse et crémeuse.

Verser la garniture au sucre dans l'abaisse. Canneler le rebord de la pâte.

Cuire 30 minutes, jusqu'à ce que la croûte soit dorée.

Un petit truc pour
bien réussir cette
mousseline : il faut
éviter d'incorporer
la crème fouettée
si le plat est chaud,
car la crème risque
de tomber.

RÉGIS HERVÉ

Mousseline au miel et coulis de framboises

Quantité : 6 portions	Préparation : 20 min	Cuisson : —	Refroidissement : 2 h	Degré de difficulté : moyen

60 ml (¼ tasse) d'eau froide

1 sachet de gélatine

4 jaunes d'œufs

180 ml (¾ tasse) de miel chaud

250 ml (1 tasse) de crème 35 %

250 ml (1 tasse) de framboises

30 ml (2 c. à soupe) de sucre

Jus de 1 citron

6 framboises

Feuilles de menthe fraîche, au goût

Verser l'eau dans un bol. Saupoudrer de gélatine et laisser gonfler 5 minutes.

Dans un autre bol, battre les jaunes d'œufs avec le miel chaud. Ajouter la gélatine et remuer jusqu'à ce qu'elle soit dissoute. Laisser refroidir.

Dans un autre bol, fouetter la crème jusqu'à formation de pics fermes. Incorporer la crème fouettée à

la préparation refroidie, en pliant à l'aide d'une spatule de caoutchouc.

Verser dans six ramequins beurrés. Réfrigérer 2 heures, jusqu'à ce que la mousseline soit prise.

Pendant ce temps, passer au mélangeur les framboises, le sucre et le jus de citron jusqu'à consistance lisse. Passer ce coulis au tamis et réfrigérer.

Démouler la mousseline dans des assiettes individuelles.

Garnir chaque portion d'une framboise et de feuilles de menthe. Décorer de coulis de framboises.

St-Siméon

Installé sur une pierre chauffée par le soleil, les pieds dans l'eau très fraîche de la cascade qui descend du promontoire où niche l'auberge de Port-au-Persil où vous logez, vous regardez les enfants du village qui s'ébattent dans l'eau. En cette veille de départ, de courtes séquences de ces inoubliables vacances dans les environs de St-Siméon vous reviennent à l'esprit, telle une rétrospective en accéléré.

De Baie-Ste-Catherine, vous gardez le souvenir de la Pointe-Noire, située au confluent de la rivière Saguenay et de l'estuaire du St-Laurent. Du haut de la tour d'observation de ce cap, surplombant un panorama superbe, vous avez eu la chance d'apercevoir des bélugas qui batifolaient au large.

Vous vous remémorez aussi la plage de St-Siméon où toute la journée, vous vous êtes offert, en alternance, des bains de mer et des bains de soleil. Le soir venu, vous vous êtes mêlé aux pêcheurs d'éperlans qui envahissaient le quai.

Le cœur de vos vacances, toutefois, s'est passé autour de l'auberge de Port-au-Persil. Combien de fois avez-vous marché, à marée basse, sur la plage de galets parsemée d'algues ? Combien de fois, à l'occasion de ces promenades, êtes-vous passé près de la petite chapelle presbytérienne érigée sur la berge au siècle dernier ? Combien d'heures avez-vous passées, en compagnie des Bouchard, sur la grande galerie, à regarder les bateaux glisser sur le fleuve et à vous demander simplement s'il ferait beau le lendemain ?

Combien de conversations avez-vous eues autour de la bonne table des Bouchard qui prenaient grand soin

À l'automne, les palissades de St-Siméon revêtent des couleurs flamboyantes et offrent un paysage enflammé à perte de vue.

de présenter le plus souvent possible des menus à base de produits locaux. Et vous voilà en train de revivre le souper de la veille...

Madame Bouchard n'était pas peu fière d'offrir son entrée de pain d'agneau : c'est que l'agneau provenant de Charlevoix était préparé selon une recette régionale traditionnelle. Pour le plat principal, elle s'est fait aussi un point d'honneur de servir des produits locaux, mais

apprêtés d'une façon inusitée. Bien des fois, elle a « demandé des nouvelles » de ses boulettes de veau et de porc à la Stroganoff.

Ce soir-là, en apportant ses tartelettes au cheddar fort et sa crème chiboust, elle était tout heureuse de raconter que le fromage venait de St-Fidèle, un village voisin dont la crémerie, qui s'est vu attribuer un prix national, est reconnue pour ses excellents fromages. Et vos papilles vous ont confirmé que, comme toujours, madame Bouchard savait de quoi elle parlait. ∎

GAÉTAN CHAMBERLAND

Selon les ingrédients complémentaires, le velouté de volaille, de veau ou de poisson sert de base à de nombreuses variantes culinaires : une sauce qui s'apprête à toutes les soupes, quoi !

Velouté royal aux petits légumes

Quantité : 4 portions	Préparation : 30 min	Cuisson : 45 min	Degré de difficulté : moyen

45 ml (3 c. à soupe) de beurre

1 branche de céleri, hachée finement

1 oignon, haché finement

45 ml (3 c. à soupe) de farine

500 ml (2 tasses) de fond blanc de poulet ou de bouillon de poulet

500 ml (2 tasses) de lait chaud

Sel, au goût

Sauce au piment fort (type Tabasco), au goût

60 ml (¼ tasse) de petits dés de carotte cuite

60 ml (¼ tasse) de petits dés de navet blanc ou de rutabaga cuits

60 ml (¼ tasse) de petits dés de céleri cuit

60 ml (¼ tasse) de petits dés de tomate blanchie 10 secondes dans une casserole d'eau bouillante

1 poitrine de poulet désossée, pochée (cuite à l'eau) et coupée en dés

Persil frais haché, au goût

Faire fondre le beurre dans une grande casserole. Y faire revenir le céleri et l'oignon, jusqu'à ce qu'ils soient tendres.

Ajouter la farine et mélanger 30 secondes. Ajouter le fond blanc de poulet en remuant. Amener à ébullition.

Réduire la chaleur et laisser mijoter 30 minutes.

Passer au robot culinaire jusqu'à consistance homogène. Transvaser dans la casserole. Ajouter le lait chaud et cuire à feu doux, sans laisser bouillir.

Saler. Ajouter quelques gouttes de sauce au piment fort, les dés de carotte, de navet, de céleri, de tomate et de poulet.

Garnir de persil et servir aussitôt.

Recette traditionnelle

Saviez-vous que la gélatine, cette substance incolore et inodore, provient des os et des cartilages des animaux ?

Pain d'agneau de Charlevoix

Quantité : 8 portions	Préparation : 25 min	Refroidissement : 12 h	Cuisson : —	Degré de difficulté : moyen

60 ml (¼ tasse) de bouillon de poulet froid

1 sachet de gélatine

500 ml (2 tasses) d'agneau cuit

250 ml (1 tasse) de bouillon de poulet ou d'agneau

2 ml (½ c. à thé) de sel

1 pincée de poivre

30 ml (2 c. à soupe) de moutarde forte

5 ml (1 c. à thé) de romarin ou de thym hachés

Verser le bouillon de poulet froid dans un bol. Saupoudrer de gélatine et laisser gonfler 5 minutes.

Passer l'agneau au hache-viande, ou encore, le hacher au robot. Réserver.

Faire chauffer le bouillon de poulet ou d'agneau dans une casserole.

Retirer du feu. Ajouter la gélatine et mélanger jusqu'à ce qu'elle soit dissoute.

Dans un bol, mélanger l'agneau haché, le bouillon de poulet, le sel, le poivre, la moutarde et le romarin, jusqu'à consistance homogène.

Tasser la préparation dans un moule à pain de 23 cm x 13 cm (9 po x 5 po).

Réfrigérer 12 heures.

Les Stroganoff formaient une riche famille russe dont l'un des membres, anobli par Pierre le Grand, employa un cuisinier français, lequel aurait donné le nom de son maître à cette recette.

Boulettes de veau et de porc à la Stroganoff

Quantité : 8 portions	Préparation : 40 min	Cuisson : 40 min	Degré de difficulté : moyen

2 tranches de pain, émiettées

30 ml (2 c. à soupe) de lait

30 ml (2 c. à soupe) de beurre

1 oignon, haché

500 g (1 lb) de veau haché

500 g (1 lb) de porc haché

1 œuf

60 ml (¼ tasse) d'échalotes hachées

15 ml (1 c. à soupe) de moutarde sèche

Sel et poivre

60 ml (¼ tasse) de farine

250 g (½ lb) de champignons frais, émincés

30 ml (2 c. à soupe) de pâte de tomate

375 ml (1 ½ tasse) de sauce demi-glace (du commerce)

2 branches de céleri, hachées

5 ml (1 c. à thé) de thym

1 bouquet de persil

Préchauffer le four à 180 °C (350 °F).

Faire tremper le pain dans le lait, 5 minutes.

Faire chauffer le beurre dans un poêlon et y faire suer l'oignon jusqu'à ce qu'il soit transparent. Laisser refroidir.

Dans un bol, mélanger le veau, le porc, l'œuf, les échalotes, la moutarde, le pain et les oignons refroidis. Saler et poivrer.

Façonner la préparation en une cinquantaine de boulettes. Fariner celles-ci, les déposer sur une plaque huilée et les colorer au four jusqu'à ce qu'elles soient dorées de toute part (ou encore, dans un poêlon). Disposer les boulettes dans un plat allant au four. Ajouter les champignons, la pâte de tomate, la sauce demi-glace, le céleri, le thym et le persil.

Couvrir et terminer la cuisson au four, 30 minutes.

GUY THIBODEAU «AUBERGE DES FALAISES»

Curieux mélange,
direz-vous, que ce plat
pour le moins inusité.
Voilà l'occasion de
partir à la découverte
de sensations gusta-
tives un peu insolites,
mais néanmoins
délicieuses.

Filets de morue aux bleuets

Quantité : 4 portions	Préparation : 40 min	Cuisson : 20 min	Degré de difficulté : faible

20 ml (4 c. à thé) de beurre

**4 filets de morue de
180 g (6 oz) chacun**

180 ml (¾ tasse) de vin blanc

500 ml (2 tasses) de crème 35 %

75 ml (⅓ tasse) de bleuets

Bleuets, pour décorer

*F*aire chauffer le beurre dans un poêlon et y faire cuire les filets de morue des deux côtés, jusqu'à ce qu'ils soient bien dorés et que la chair s'effeuille facilement à la four-chette. Réserver au chaud.

*D*églacer le poêlon avec le vin blanc, en remuant. Ajouter la crème et les bleuets.

*F*aire réduire la sauce en remuant souvent, jusqu'à épaississement.

*R*épartir la sauce dans quatre as-siettes. Déposer dans chacune un filet de morue. Garnir de bleuets. Accompagner de riz au curcuma.

CHARLEVOIX • *ST-SIMÉON*

Recette traditionnelle

Aliment polyvalent s'il en est un, l'œuf contient des protéines d'une excellente qualité et il constitue un très bon apport nutritif à condition, bien sûr, qu'on le consomme en quantité raisonnable.

Sauce aux œufs

Quantité : 8 portions	Préparation : 10 min	Cuisson : 30 min	Degré de difficulté : moyen

5 à 6 *tranches de lard salé, coupées en morceaux*

1 *oignon, haché grossièrement*

6 *œufs, battus*

1 *l (4 tasses) d'eau*

125 *ml (½ tasse) de farine*

Sauge, thym ou sarriette, au goût

Sel et poivre

8 *vol-au-vent*

Dans un poêlon, faire dorer le lard salé à feu moyen. Ajouter l'oignon et le faire revenir jusqu'à ce qu'il soit tendre.

Ajouter les œufs et les cuire, en brassant constamment, jusqu'à ce qu'ils soient brouillés. Ajouter la moitié de l'eau. Amener à ébullition.

Réduire la chaleur et laisser frémir environ 15 minutes.

Dans un bol, mélanger la farine et le reste de l'eau jusqu'à consistance lisse. Incorporer à la préparation aux œufs, en mélangeant au fouet.

Poursuivre la cuisson en remuant constamment, jusqu'à épaississement. Assaisonner de sauge, de thym ou de sarriette. Saler et poivrer.

Servir la sauce aux œufs sur les vol-au-vent. Accompagner de brocoli.

La crème chiboust tient son nom du pâtissier qui créa le saint-honoré en 1846. Saint-Honoré lui-même est considéré comme le patron des boulangers et des pâtissiers. Une petite prière à son intention ne peut donc pas nuire avant d'entreprendre une préparation pâtissière...

RÉGIS HERVÉ « AUBERGE DES FALAISES »

Tartelettes au cheddar fort de St-Fidèle et sa crème chiboust

Quantité : 15 tartelettes	Préparation : 1 h	Cuisson : 4 h	Degré de difficulté : élevé

250 ml (1 tasse) de graisse

250 ml (1 tasse) de cheddar fort râpé

15 ml (1 c. à soupe) de vinaigre

60 ml (¼ tasse) d'eau glacée

500 ml (2 tasses) de farine

Sucre, au goût

1,25 l (5 tasses) de lait

9 jaunes d'œufs

6 œufs

125 ml (½ tasse) de sucre

250 ml (1 tasse) de farine

45 ml (3 c. à soupe) de fécule de maïs

2 gousses de vanille ou
2 ml (½ c. à thé) d'essence de vanille

30 blancs d'œufs

375 ml (1 ½ tasse) de sucre

60 ml (¼ tasse) d'eau

30 ml (2 c. à soupe) de calvados

Tranches de pommes

Préchauffer le four à 180 °C (350 °F).

Dans un bol, défaire la graisse en crème. Ajouter le cheddar, le vinaigre et l'eau glacée. Bien mélanger. Incorporer graduellement la farine, tout en mélangeant. En rajouter un peu, au besoin, pour que la pâte forme une boule ferme.

Abaisser la pâte sur une surface farinée, en un rectangle de 0,6 cm (¼ po) d'épaisseur. Découper à l'emporte-pièce des biscuits de 5 cm (2 po) de diamètre. Déposer les biscuits sur une plaque à pâtisserie beurrée. Saupoudrer de sucre, au goût. Cuire 15 minutes ou jusqu'à ce qu'ils soient dorés.

Réchauffer le lait au bain-marie et réserver.

Dans un bol, battre les jaunes d'œufs, les œufs et le sucre jusqu'à ce que la préparation pâlisse et épaississe. Incorporer la farine et la fécule de maïs. Ajouter graduellement le lait chaud, en remuant constamment.

Transvaser dans la partie supérieure du bain-marie. Cuire environ 20 minutes, à feu doux, en brassant jusqu'à épaississement. Retirer du feu et ajouter la vanille. Laisser refroidir la crème pâtissière.

Dans une casserole, mélanger le sucre et l'eau. Cuire environ 30 minutes, à feu doux, jusqu'à ce que le thermomètre à bonbons indique 110°C (225 °F) ou jusqu'à ce que la préparation forme une boule dure dans l'eau froide.

Dans un bol, battre les blancs d'œufs jusqu'à ce qu'ils forment des pics mous. Tout en fouettant, verser le sirop chaud et le calvados en un mince filet sur les blancs d'œufs et les monter en neige jusqu'à ce qu'ils aient refroidi.

Incorporer la meringue à la crème pâtissière refroidie, en pliant à l'aide d'une spatule en caoutchouc.

Garnir les biscuits de la crème chiboust. Y disposer des tranches de pommes en éventail. Accompagner de crème anglaise et de coulis de framboises.

Aromate aux mille et un usages, les feuilles de basilic ont une saveur prononcée de citron et de jasmin. Elles perdent une partie de leur arôme en séchant, mais se conservent très bien dans l'huile d'olive.

Fraises au fromage blanc

Quantité : 4 portions	Préparation : 10 min	Macération : 15 min	Refroidissement : 1 h	Degré de difficulté : faible

250 ml (1 tasse) de fraises fraîches, équeutées

■

Le jus et le zeste de 2 oranges, coupé en fins bâtonnets

■

4 feuilles de basilic frais, hachées

■

125 g (¼ lb) de fromage blanc

■

45 ml (3 c. à soupe) de sucre

■

100 ml (⅓ tasse + 5 c. à thé) de calvados

■

30 ml (2 c. à soupe) de lait

Couper quatre fraises en deux et les réserver pour la décoration. Couper le reste des fraises en tranches fines.

Dans un bol, mélanger les fraises, le jus, le zeste d'orange et le basilic. Laisser macérer 15 minutes.

Dans un autre bol, mélanger le fromage, le sucre, le calvados et le lait, jusqu'à consistance homogène.

Répartir la préparation au fromage dans quatre coupes à dessert. Garnir de la préparation aux fraises et réfrigérer 1 heure.

Décorer les coupes des fraises réservées. Garnir chaque portion d'une feuille de basilic.

QUÉBEC

Ville aux mille trésors

Québec et sa région, c'est quatre cents ans d'histoire gravés dans les pierres, les routes, les sentiers et les champs. Et, bien avant l'arrivée des Européens, les Amérindiens y pratiquaient des activités de subsistance telles que la chasse, la pêche, la cueillette et même l'agriculture. À partir de 1608, les activités gravitaient autour du poste de traite des fourrures implanté à «Kebec» par Samuel de Champlain.

À cette vocation commerciale naissante se greffèrent progressivement des fonctions résidentielle, politique, militaire, portuaire, épiscopale, universitaire et administrative. À l'issue du conflit qui opposait la France et l'Angleterre, la capitale de la petite colonie française devint capitale du Dominion britannique puis, du Bas-Canada et finalement, de la province de Québec.

Essentiellement francophone à l'origine de la colonie, la population y est devenue majoritairement anglophone à la suite de la Conquête qui entraîna l'afflux d'immigrants britanniques et irlandais. Depuis le

déplacement des activités économiques, survenu dans la seconde moitié du XIXe siècle, la proportion de la population anglophone y a diminué peu à peu, ne représentant plus maintenant que 4 % des habitants de la capitale.

Les traditions culinaires de la région se sont bâties en fonction des denrées de base disponibles selon les époques, mais aussi selon les goûts des différentes communautés qui y ont habité. Ainsi dit-on qu'à l'origine, les conditions de vie dans la colonie faisaient que les habitants de la Basse-Ville mangeaient bien, mais simplement. Par contre, dans la Haute-Ville, où se trouvaient les institutions militaires, religieuses et administratives, la nourriture était abondante et variée et les plats déjà apprêtés avec raffinement. Les repas y étaient composés de gibier, de poisson, de légumes et de fruits.

Dès le début de la colonie, la ville de Québec s'est développée en symbiose avec la région environnante : d'une part, les résidants des alentours s'approvision-naient à la ville en biens de toutes sortes et d'autre part, ils offraient aux citadins, sur les places des marchés, des produits agricoles, de la chasse et de la pêche.

On y venait, par le chemin du Roy, de la région aujourd'hui nommée Portneuf, vendre la production annuelle de maïs, une culture pratiquée par les premiers colons français et avant eux, par les amérindiens. Les agriculteurs de la région le cultivent encore aujourd'hui, ce qui le place au rang des aliments de la cuisine régionale traditionnelle. À bord de leur barque, les producteurs de fraises de l'Île-d'Orléans venaient aussi, à cer-

taines époques, écouler une partie de leur production à la ville. Voilà un autre aliment intégré depuis toujours à la cuisine régionale parce que les producteurs de la région n'ont jamais cessé de le cultiver. Par contre, le saumon servi aujourd'hui à Québec provient moins souvent qu'autrefois de la rivière Jacques-Cartier. En effet, ce poisson, récemment réintroduit dans la région, en avait complètement disparu au XIXe siècle, en raison de l'exploitation intensive de la forêt.

Comme le Vieux-Québec a su conserver, à travers les siècles, son cachet et son charme européens, les habitants de la région ont su

Les célèbres et très belles chutes Montmorency d'une hauteur de 83 mètres comptent 30 mètres de plus que celles du Niagara.

cultiver leur goût de bien manger et de bien boire. Si les nombreux restaurants établis à Québec le démontrent, ils constituent aussi une invitation à partager les bons petits plats du coin...■

Le Vieux-Québec a su conserver, à travers les siècles, son cachet et son charme européens.

Île-d'Orléans

Il y a longtemps que se prépare cette soirée de retrouvailles autour d'une bonne table champêtre de l'Île-d'Orléans, où l'on vous offre aussi les services d'un gîte du passant. Vous avez choisi d'arriver la veille, de façon à pouvoir faire le tour de l'île en solitaire avant de retrouver votre joyeuse bande.

Vous tournez à gauche après le pont et, juste après avoir dépassé l'église de St-Pierre, vous apercevez cette magnifique maison bicentenaire où vous allez passer la nuit! À l'intérieur, la maison meublée à l'ancienne vous projette immédiatement dans un chaleureux voyage dans le temps.

La nuit est bonne, les rêves heureux et le déjeuner copieux. Vous prenez de bon matin le chemin de Ste-Pétronille d'où la vue de la ville de Québec est exceptionnelle. Vous vous souvenez que c'est à partir du quai de Ste-Pétronille que l'on chargeait jadis les produits de l'île destinés à être vendus sur les places des marchés publics de la capitale.

Plus tard, vous faites un arrêt au bout du quai de la seule marina de l'île et visitez le Parc maritime. Vous vous souvenez que le village de St-Laurent était autrefois un chantier maritime réputé où l'on comptait une vingtaine de « chalouperies ». Comme l'après-midi passe trop vite, vous décidez de revenir sur vos pas afin d'emprunter le chemin de ligne qui vous ramène directement à la maison ancestrale de St-Pierre.

Vos amis, déjà sur place, sont dispersés dans les champs où ils cueillent les fraises qui seront servies au dessert. Ce qui se passe par la suite

prend pour vous l'allure d'un petit film d'époque.

Revenus des champs, les amis se blottissent les uns contre les autres autour de l'immense table de pin et ils commencent à se raconter les derniers événements de leur vie, tout en se remémorant les anecdotes joyeux du temps de leur petit groupe. La conversation se prolonge pendant que leurs hôtes leur servent les cinq plats du repas, lesquels sont tous composés des produits de leur ferme.

L'Île-d'Orléans regorge de ces vieilles maisons anciennes qui donnent envie de découvrir les nombreuses facettes traditionnelles de la vie rurale...

Le soir, en fermant les yeux, vous vous repasserez souvent ce film pour vous-même. Il commencera avec la typique soupe au chou et au lait de la région suivie des asperges de l'Île, du faisan à la mandarine et se terminera sur un très gros plan de bonnes fraises au poivre bien mûres.■

DENISE GIASSON

Vous savez
planter des choux,
bien sûr...
comme dans la
chanson. Quelques
notes de lait, un
dièse d'oignon,
un bémol de sucre,
et voilà une soupe
musicale à la mode,
à la mode de
chez nous...

Soupe au chou et au lait

Quantité : 4 portions	Préparation : 15 min	Cuisson : 20 min	Degré de difficulté : faible

500 ml (2 tasses) d'eau froide

2 ml (½ c. à thé) de sel

2 ml (½ c. à thé) de sucre

250 ml (1 tasse) de chou haché finement

1 oignon, haché

500 ml (2 tasses) de lait

15 ml (1 c. à soupe) de beurre ramolli

15 ml (1 c. à soupe) de farine

Sel et poivre

Dans une casserole, amener l'eau à ébullition avec le sel et le sucre.

Ajouter le chou et l'oignon. Cuire jusqu'à ce que l'eau ait diminué de moitié.

Ajouter le lait et laisser mijoter 2 ou 3 minutes.

Mélanger le beurre et la farine dans un petit bol. Ajouter graduellement à la soupe, en remuant constamment.

Laisser bouillir 2 minutes et assaisonner de sel et de poivre.

César et Cléopâtre
appréciaient déjà ces
pousses comestibles
« griffées ». Le savoir-
vivre admet que l'on
mange les bourgeons
à la fourchette et les
tiges avec les doigts.
Ne pas oublier le
rince-doigts.

Asperges de l'Île

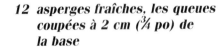

Quantité : 2 portions	Préparation : 20 min	Cuisson : 20 min	Degré de difficulté : faible

12 asperges fraîches, les queues
coupées à 2 cm (¾ po) de
la base

■

250 ml (1 tasse) de crème 35 %

■

Sel, poivre et coriandre,
au goût

Plonger les asperges dans une
casserole d'eau bouillante salée et
les cuire 5 minutes, de sorte qu'elles
demeurent croquantes. Rafraîchir à
l'eau froide aussitôt.

Verser la crème dans une casserole. Saler, poivrer et assaisonner de
coriandre. Laisser réduire du tiers à
feu moyen.

Mettre les asperges égouttées dans
la sauce.

Réchauffer les asperges sans les
cuire pour qu'elles conservent leur
croquant.

Napper les assiettes de sauce et y
déposer les asperges.

QUÉBEC • ÎLE-D'ORLÉANS

LUCETTE BRETON

Un plat à la fois haut en couleur et en saveur que ce gibier dont les rois de France, dès le Moyen-Âge, appréciaient la saveur délicate. L'arôme sucré et parfumé de la mandarine, marié au piquant et aux qualités soit disant aphrodisiaques du clou de girofle, ajoutent une touche d'exotisme à ce mariage réussi !

Faisan à la mandarine

Quantité : 4 portions	Préparation : 20 min	Cuisson : 45 min	Degré de difficulté : moyen

6 mandarines

1 clou de girofle

1 pincée de gros sel

15 ml (1 c. à soupe) de beurre

1 gros faisan

4 échalotes vertes, hachées

125 ml (½ tasse) de jus d'orange

30 ml (2 c. à soupe) de cognac

60 ml (¼ tasse) de crème 15 %

Sel et poivre

Prélever le zeste de deux mandarines et les râper. En réserver les quartiers pour la décoration.

Dans un petit bol, faire une pâte avec le zeste râpé, le clou de girofle, le sel et le tiers du beurre.

Badigeonner de pâte l'extérieur et l'intérieur du faisan.

Peler deux autres mandarines et les défaire en quartiers. Introduire les quartiers des mandarines à l'intérieur du faisan, puis brider ce dernier bien serré, à l'aide d'une aiguille à brider (une grosse aiguille à repriser fait tout aussi bien l'affaire). Dans une cocotte, faire fondre le reste du beurre et y saisir le faisan de toute part, pour une coloration uniforme.

Ajouter les échalotes et le jus d'orange. Couvrir et laisser mijoter 40 minutes.

Retirer le faisan de la cocotte et le réserver au chaud.

Ajouter à la sauce les quartiers des deux autres mandarines. Cuire quelques minutes.

Ajouter le cognac et la crème en brassant, jusqu'à ce que la sauce soit onctueuse. Saler et poivrer. Napper le faisan chaud de cette sauce et garnir des quartiers de mandarines réservés.

GASTON COUILLARD «LE GALOPIN»

À l'Île d'Orléans, les anciens racontent que les abeilles puisent leur nectar spécifiquement dans les fleurs des pommiers pour donner à ce plat exquis son parfum si délicieux…

Poitrines de volaille farcies à la pomme et au miel

Quantité : 4 portions	Préparation : 20 min	Cuisson : 15 min	Degré de difficulté : moyen

4 suprêmes de poulet (demi-poitrines, sans peau et désossées)

60 ml (¼ tasse) de compote de pommes

60 ml (¼ tasse) de farine

2 œufs

180 ml (¾ tasse) de lait

125 ml (½ tasse) de chapelure

30 ml (2 c. à soupe) de beurre

30 ml (2 c. à soupe) d'huile

150 ml (⅔ tasse) de vin blanc

1 échalote française, hachée

45 ml (3 c. à soupe) de miel

250 ml (1 tasse) de fond brun ou de sauce demi-glace (du commerce)

10 ml (2 c. à thé) de beurre ramolli

10 ml (2 c. à thé) de farine

Sel et poivre

Préchauffer le four à 200 °C (400 °F).

Trancher partiellement les suprêmes sur l'épaisseur, puis les ouvrir à plat. Y étaler la compote de pommes. Refermer les suprêmes et les fariner légèrement.

Battre les œufs et le lait dans un bol et y tremper les suprêmes. Les passer dans la chapelure, puis les dorer à feu moyen, dans le beurre et l'huile, 5 minutes de chaque côté.

Poursuivre la cuisson au four, 7 minutes.

Dans une casserole, faire réduire du tiers le vin blanc, avec l'échalote et le miel.

Incorporer le fond brun et laisser réduire du quart.

Mélanger le beurre et la farine pour obtenir un beurre manié. Lier la sauce avec le beurre manié, en remuant constamment.

Laisser mijoter jusqu'à consistance désirée. Saler et poivrer.

IRÈNE GIRARD

Le pain de viande : déjà un « classique » apprêté avec du bœuf ; pourquoi ne pas, cette fois, le préparer avec du veau en y ajoutant, bien sûr, un petit « quelque chose » ou deux d'inédit...

Pain de veau

Quantité : 8 portions	Préparation : 15 min	Cuisson 1 h 30 min	Degré de difficulté : faible

200 g (7 oz) de lard salé

1,5 kg (3 lb) de veau haché

2 œufs, battus

125 ml (½ tasse) de farine d'avoine

5 ml (1 c. à thé) de sel

1 oignon, haché

1 ml (¼ c. à thé) de sarriette

45 ml (3 c. à soupe) de crème 35 %

45 ml (3 c. à soupe) d'eau chaude

Débarrasser le lard de sa couenne, puis le hacher.

Préchauffer le four à 170 °C (325 °F).

Mélanger le lard salé et le veau.

Ajouter les œufs, la farine d'avoine, le sel, l'oignon, la sarriette, la crème et l'eau. Mélanger avec les mains.

Graisser un moule à pain et y presser le mélange.

Cuire 1 heure 30 minutes.

Curieux mélange, direz-vous. Il ne faut pas sauter trop vite aux conclusions car les flammes du cognac harmoniseront le tout. Un plat différent et délicieux qui ne vous décevra pas.

LISETTE M. THERRIEN

Fraises au poivre

Quantité : 4 portions	Préparation : 15 min	Cuisson : 5 min	Degré de difficulté : faible

60 ml (¼ tasse) de beurre

500 ml (2 tasses) de fraises, coupées en deux

Poivre noir concassé, au goût

5 ml (1 c. à thé) de fécule de maïs

60 ml (¼ tasse) d'eau

60 ml (¼ tasse) de cognac

*D*ans une casserole, faire fondre le beurre à feu moyen.

*A*jouter les fraises et cuire 3 minutes, en remuant. Poivrer.

*D*ans un petit bol, délayer la fécule de maïs dans l'eau. Incorporer aux fraises en brassant, jusqu'à l'obtention d'une sauce onctueuse.

*F*aire chauffer le cognac et le verser sur les fraises. Flamber.

*S*ervir immédiatement avec de la crème glacée à la vanille.

QUÉBEC • ÎLE-D'ORLÉANS

M. GAUTHIER

Petits gâteaux aux raisins

Quantité : 18 gâteaux	Préparation : 15 min	Cuisson : 25 min	Degré de difficulté : faible

125 ml (½ tasse) de beurre

■

250 ml (1 tasse) de sucre

■

2 œufs, battus

■

150 ml (⅔ tasse) de lait

■

375 ml (1 ½ tasse) de farine, tamisée

■

12 ml (2 ½ c. à thé) de poudre à pâte

■

15 ml (1 c. à soupe) de cannelle

■

150 ml (⅔ tasse) de raisins secs

Préchauffer le four à 170 °C (325 °F).

Dans un bol, défaire le beurre en crème. Ajouter le sucre, les œufs, le lait et la farine. Bien mélanger jusqu'à consistance homogène.

Incorporer la poudre à pâte et la cannelle. Mélanger.

Ajouter les raisins et verser dans de petits moules à muffins, beurrés et farinés.

Cuire 25 minutes.

Québec

La journée s'annonce chaude. Vos pieds, nus dans des sandales, sont mouillés par la rosée du matin que le soleil, pourtant fort pour cette heure matinale, n'a pas encore tout à fait dissipée. Grâce au vent doux qui vient du fleuve, l'air est encore assez agréable. Sur les plaines d'Abraham, vous êtes les deux seuls promeneurs à vous diriger lentement vers la citadelle, où vous souhaitez profiter de la première visite guidée de la journée.

Celle-ci se termine par le tour du musée installé dans l'ancienne poudrière et l'ancienne prison qui datent de 1750; le musée présente une collection des objets militaires utilisés depuis le XVIIe siècle jusqu'à nos jours. La fraîcheur ambiante, maintenue dans l'enceinte des murs de pierre, contraste avec la chaleur du dehors devenue écrasante maintenant que le soleil en est presque à son zénith dans un ciel sans nuage.

Vous décidez donc de ponctuer votre visite du Vieux-Québec d'incursions régulières dans les vieilles maisons de pierres construites sous le Régime français. Vous empruntez la promenade des Gouverneurs, ce chemin qui semble pratiquement suspendu entre l'arche du ciel et les eaux courantes, où vous admirez des panoramas qui seront gravés à tout jamais dans votre mémoire. Vous traversez ensuite la terrasse Dufferin de part en part et sautez dans le funiculaire conduisant à la Basse-Ville.

Là, après avoir apprécié le charme particulier des rues étroites et animées du quartier du Petit-Champlain, vous vous réfugiez dans la fraîche pénombre de la maison Chevalier, qui présente une exposition sur le mobilier traditionnel. Enfin, après un bref arrêt à la place Royale, vous

reprenez le chemin de la Haute-Ville que vous vous proposez de parcourir à pied. Toutefois, à peine avez-vous traversé quelques pâtés de maisons, que vos muscles endoloris et votre petit creux dans l'estomac vous orientent vers des découvertes culinaires plutôt que patrimoniales.

À l'heure de l'apéritif, vous toisez, de l'autre côté de la rue, un restaurant installé dans une maison de pierre où les volets d'été sont entrouverts en prévision du repas du soir. Une fois à l'intérieur, vous vous attablez sous la fenêtre pour profiter de la

Le Vieux-Québec joue de ses charmes avec les maisons antiques du Petit-Champlain majestueusement surmontées de la place Royale et du Château Frontenac.

brise naissante et là, vous entamez tous deux une soupe de homard glacée... À la brunante, dans la fraîcheur et le calme retrouvés, l'un de vous optera pour les poitrines de poulet Eugénie — au vin blanc — et le gâteau renversé aux pommes, deux spécialités de cuisine régionale. L'autre préférera des linguinis aux douceurs de la mer et aux olives noires et une crème caramel à l'orange... ■

Soupe de homard glacée

Le homard est le plus gros, le plus fin et le plus recherché des crustacés. Ce « marcheur » des eaux froides peut aussi nager à reculons... Donc, attention à vous et n'en perdez pas une pincette...

YVON DUVAL

Quantité : 4 portions	Préparation : 30 min	Cuisson : 30 min	Degré de difficulté : moyen

1 poivron rouge

2 tomates

1 homard vivant

15 ml (1 c. à soupe) d'huile d'olive

15 ml (1 c. à soupe) de vinaigre de vin rouge

Sel et poivre

125 ml (½ tasse) de court-bouillon ou de fumet de poisson (du commerce)

125 ml (½ tasse) de crème 35 %

1 pincée de safran

Herbes fraîches hachées, au goût

Préchauffer le four à 110 °C (225 °F).

Cuire le poivron au four 12 minutes. La peau se détachera de la chair, la retirer. Blanchir les tomates 10 secondes dans de l'eau bouillante, puis les peler et les épépiner. Réserver.

Amener de l'eau salée à forte ébullition. Y plonger le homard et le cuire 15 minutes.

Décortiquer la queue et les pinces. Trancher la chair des pinces et tailler la queue en médaillons. Réserver au réfrigérateur.

Couper les légumes réservés en morceaux et les passer au mélangeur pour obtenir une fine purée. Ajouter l'huile, le vinaigre, le sel, le poivre et le court-bouillon. Mélanger.

Incorporer la crème et le safran. Passer la soupe au chinois (tamis très fin) et réfrigérer.

Verser la soupe dans des assiettes creuses et garnir du homard. Parsemer d'herbes fraîches.

FRANÇOIS ROUSSEAU

La recette originale prévoyait l'utilisation de l'ail des bois mais, en raison des restrictions récentes sur la cueillette de ce produit, nous l'avons remplacé par l'ail commun. Il va de soi que l'ail des bois aurait conféré à cette préparation une saveur «sauvage» toute particulière.

Rillettes de lapereau et leur gribiche de fruits de saison

Quantité : 6 portions	Préparation : 1 h	Cuisson : 2 h 15 min	Degré de difficulté : moyen

1 **lapereau (jeune lapin), désossé et coupé en morceaux**

Sel et poivre

500 **g (1 lb) de saindoux**

1 **carotte, en tronçons**

1 **oignon jaune, coupé en 4**

4 **brins de thym frais**

60 **ml (¼ tasse) d'ail**

15 **ml (1 c. à soupe) de sel**

5 **ml (1 c. à thé) de poivre blanc**

1 **kg (2 lb) de fruits de saison, pelés et épépinés (si requis)**

125 **ml (½ tasse) de sucre d'érable râpé**

Assaisonner les morceaux de lapereau de sel et de poivre. Faire fondre 30 ml (2 c. à soupe) de saindoux dans une casserole, puis y faire revenir les morceaux de lapereau 15 minutes, jusqu'à ce qu'ils soient dorés de toute part.

Ajouter la carotte, l'oignon, le thym, l'ail, le sel, le poivre et le reste du saindoux.

Couvrir et cuire 2 heures, à feu doux.

Retirer les morceaux de lapereau de la casserole à l'aide d'une fourchette. Effilocher la viande et la déposer dans un moule profond de forme allongée. Recouvrir d'un peu du saindoux qui a servi à la cuisson.

Goûter et rectifier l'assaisonnement (ces rillettes doivent être salées).

Réfrigérer.

Déposer les fruits dans une casserole. Ajouter le sucre d'érable râpé et cuire à feu doux 20 minutes. Passer au robot jusqu'à consistance homogène. Servir avec les rillettes.

Les ris de veau s'apprêtent de multiples façons, que ce soit en garnitures pour timbales et vol-au-vent ou encore en ragoûts ; une fois dégorgés, blanchis et refroidis, on peut également les cuisiner en gratin, brochettes, feuilletés, beignets et quoi encore!

GASTON COUILLARD « LE GALOPIN »

Poêlée de ris de veau à l'érable et pomme fruit

Quantité : 2 portions	Dégorgement : 10 min	Préparation : 20 min	Cuisson : 40 min	Degré de difficulté : moyen

15 ml (1 c. à soupe) de beurre

½ carotte, en bâtonnets

45 ml (3 c. à soupe) d'échalotes françaises, hachées

250 ml (1 tasse) de poireaux hachés

310 ml (1 ¼ tasse) de vin blanc sec

750 ml (3 tasses) d'eau

375 g (¾ lb) de ris de veau

45 ml (3 c. à soupe) d'huile d'olive vierge

75 ml (⅓ tasse) de sirop d'érable

1 échalote française, hachée

75 ml (⅓ tasse) de vin blanc sec

1 pomme verte, en morceaux

250 ml (1 tasse) de sauce demi-glace (du commerce)

45 ml (3 c. à soupe) de beurre

Sel et poivre

*F*aire fondre le beurre dans une grande casserole. Y faire revenir la carotte, les échalotes et les poireaux, sans laisser prendre couleur.

*A*jouter le vin et l'eau. Amener à ébullition. Réduire la chaleur et laisser mijoter 20 minutes.

*P*asser le bouillon dans une passoire chemisée d'étamine (coton à fromage). Réserver le court-bouillon.

*F*aire dégorger les ris de veau 10 minutes sous l'eau froide courante.

*D*ébarrasser les ris du gras et de la membrane qui les recouvrent. Cuire 10 minutes dans le court-bouillon. Les laisser refroidir et les couper en tranches.

*F*aire chauffer 30 ml (2 c. à soupe) d'huile dans un poêlon. Y saisir les ris de veau des deux côtés. Ajouter 15 ml (1 c. à soupe) de sirop d'érable et dorer un peu. Réserver.

*F*aire revenir l'échalote dans le reste de l'huile. Déglacer avec le vin blanc. Ajouter le reste du sirop d'érable et la pomme. Laisser réduire des deux tiers sans trop laisser la sauce se caraméliser.

*A*jouter la demi-glace et laisser mijoter 20 minutes.

*P*asser la sauce au mélangeur, puis au chinois (tamis très fin). Verser dans la casserole et laisser mijoter 5 minutes.

*P*oursuivre la cuisson à feu doux. Ajouter peu à peu le beurre, en remuant constamment. Saler et poivrer.

*R*échauffer les ris de veau dans la sauce et servir.

Fruit de l'olivier, l'olive verte devient, en mûrissant, violette, rouge, puis noire. Outre le fait qu'on en extrait l'huile, on l'utilise également, dénoyautée ou farcie, comme condiment, ingrédient ou hors-d'œuvre.

« LE GALOPIN »

Linguinis aux douceurs de la mer et aux olives noires

Quantité : 2 portions	Préparation : 30 min	Macération : 12 h	Cuisson : 30 min	Degré de difficulté : faible

60 ml (¼ tasse) d'huile d'olive vierge

½ gousse d'ail

10 olives noires dénoyautées, en lamelles

5 ml (1 c. à thé) de basilic frais haché

125 g (¼ lb) de linguinis

16 moules (avec leur coquille), bien lavées

60 ml (¼ tasse) de vin blanc

1 échalote française, hachée

125 g (¼ lb) de crevettes, cuites et décortiquées

15 ml (1 c. à soupe) d'huile d'olive

Sel et poivre

Mélanger l'huile, l'ail, les olives noires et le basilic. Laisser reposer 12 heures à la température de la pièce.

Cuire les pâtes « al dente » dans une casserole d'eau bouillante salée. Rincer et égoutter.

Déposer les moules dans une petite casserole. Ajouter le vin et l'échalote. Couvrir et cuire les moules jusqu'à ce qu'elles s'ouvrent. Laisser mijoter 3 minutes de plus.

Retirer du feu et laisser refroidir à la température de la pièce. Débarrasser les moules de leur coquille.

Dans un poêlon, faire revenir les crevettes et les moules avec un peu de l'huile parfumée. Ajouter les pâtes bien égouttées ainsi que le reste de l'huile, et remuer. Saler et poivrer.

Recette traditionnelle

Le poireau était déjà cultivé par les Égyptiens et les Romains. Il accompagne aussi bien le bœuf que la poule au pot ou le poisson. Avis aux ténors en puissance : l'empereur Néron en mangeait pour s'éclaircir la voix. À ne pas consommer du haut d'un balcon surplombant une grande ville...

M. TREMBLAY

Poitrines de poulet Eugénie

Quantité : 4 portions	Préparation : 15 min	Cuisson : 30 min	Degré de difficulté : faible

45 ml (3 c. à soupe) de beurre
■

4 suprêmes de poulet (demi-poitrines, sans peau et désossées)
■

1 poireau, émincé
■

250 ml (1 tasse) de champignons émincés
■

250 ml (1 tasse) de vin blanc sec
■

375 ml (1 ½ tasse) de bouillon de poulet, chaud
■

Sel et poivre
■

30 ml (2 c. à soupe) de farine
■

15 ml (1 c. à soupe) de persil frais haché
■

5 ml (1 c. à thé) d'estragon frais haché

Graisser une sauteuse avec le tiers du beurre. Y déposer les poitrines. Ajouter le poireau, les champignons, le vin blanc et le bouillon. Saler et poivrer.

Couvrir et amener à ébullition. Cuire à feu moyen 25 minutes, en retournant les poitrines à mi-cuisson. Retirer les poitrines du bouillon. Les réserver dans une casserole.

Faire fondre le reste du beurre dans une autre casserole. Ajouter la farine et mélanger. Couvrir et cuire à feu doux 3 minutes.

Incorporer le jus de cuisson des poitrines. Ajouter le persil et l'estragon. Verser sur les poitrines de poulet et laisser mijoter 4 minutes.

La préparation du caramel est délicate. Selon l'emploi auquel il est destiné, on obtient le résultat souhaité en contrôlant la cuisson de façon à l'arrêter à un point précis. À proscrire : tout récipient émaillé ou étamé, sinon on risque le gâchis complet.

« LE GALOPIN »

Crème caramel à l'orange

Quantité : 4 portions	Préparation : 30 min	Cuisson : 1 h	Degré de difficulté : faible

2 oranges

75 ml (⅓ tasse) de sucre

75 ml (⅓ tasse) d'eau

CARAMEL

250 ml (1 tasse) de sucre

100 ml (⅓ tasse + 5 c. à thé) d'eau

CRÈME

150 ml (⅔ tasse) de sucre fin

2 œufs

350 ml (1 ⅓ tasse + 5 c. à thé) de lait

À l'aide d'un zesteur, prélever le zeste des oranges. En réserver quelques lanières pour décorer et râper le reste. Détacher les quartiers d'oranges et les peler, de façon à obtenir des suprêmes. Réserver.

Chauffer les zestes d'oranges râpés avec le sucre et l'eau. Laisser cuire 12 minutes, à feu très doux, pour bien confire les zestes. Laisser refroidir complètement.

CARAMEL

Faire chauffer le sucre et l'eau jusqu'à coloration dorée. Verser immédiatement dans quatre ramequins. Laisser durcir le caramel.

CRÈME

Préchauffer le four à 170 °C (325 °F).

Mélanger le sucre et les œufs. Incorporer le lait et les zestes confits. Verser la préparation dans les ramequins, sur le caramel durci. Déposer les ramequins dans un plat creux allant au four. Verser de l'eau dans le plat, jusqu'au deux tiers de la hauteur des ramequins.

Cuire la crème caramel 45 minutes, jusqu'à ce qu'elle soit bien prise (il ne faut pas sentir qu'il y a encore du liquide en dessous).

Servir avec les zestes et les suprêmes d'oranges réservés.

L. THERRIEN

Recette traditionnelle

On peut remplacer les bonbons rouges à la cannelle en ajoutant la moitié d'un bâton de cannelle au mélange de sucre et d'eau dont il est question dans la recette.

Gâteau renversé aux pommes

Quantité : 6 portions	Préparation : 40 min	Cuisson : 45 min	Degré de difficulté : élevé

180 ml (¾ tasse) de sucre

625 ml (2 ½ tasses) d'eau

30 ml (2 c. à soupe) de petits bonbons rouges à la cannelle

60 ml (¼ tasse) de jus de cerises au marasquin (du commerce)

60 ml (¼ tasse) de demi-cerises au marasquin

3 pommes, pelées, évidées et coupées en 8

30 ml (2 c. à soupe) de beurre fondu

60 ml (¼ tasse) de sucre

325 ml (1 ⅓ tasse) de farine

250 ml (1 tasse) de sucre

10 ml (2 c. à thé) de poudre à pâte

2 ml (½ c. à thé) de sel

2 ml (½ c. à thé) de cannelle

1 ml (¼ c. à thé) de muscade

1 ml (¼ c. à thé) de clou de girofle moulu

75 ml (⅓ tasse) de graisse végétale, ramollie

150 ml (⅔ tasse) de lait

2 ml (½ c. à thé) de vanille

1 œuf

30 ml (2 c. à soupe) de fécule de maïs

60 ml (¼ tasse) d'eau froide

Préchauffer le four à 180 °C (350 °F).

Mettre dans une casserole le sucre, l'eau et les bonbons. Amener à ébullition et cuire à feu doux 3 minutes.

Ajouter le jus de cerises, les cerises et les pommes. Faire mijoter, jusqu'à ce que les pommes soient tendres et roses.

Badigeonner de beurre fondu un moule à gâteau de 20 cm (8 po) de côté.

Retirer les pommes et les cerises du sirop et les déposer dans le moule. Réserver le sirop.

Saupoudrer les fruits de sucre et les arroser de 30 ml (2 c. à soupe) du sirop de cuisson.

Tamiser la farine avec le sucre, la poudre à pâte, le sel, la cannelle, la muscade et le clou de girofle. Ajouter la graisse, le lait et la vanille. Battre 2 minutes. Ajouter l'œuf et battre 1 minute de plus.

Étendre uniformément la pâte sur les fruits, à l'aide d'une cuillère. Cuire le gâteau 45 minutes ou jusqu'à ce qu'un cure-dents en ressorte sec.

Amener à ébullition le reste du sirop de cuisson. Délayer la fécule de maïs dans l'eau froide. Ajouter graduellement au sirop, en brassant constamment. Faire bouillir 1 minute et réserver au chaud.

Retourner le gâteau sur un plat de service et le laisser refroidir 3 minutes avant de le démouler. Servir avec le sirop chaud.

Portneuf

*Vous partez enfin pour vos premières vacances à la ferme, en famille.
De St-Augustin à Deschambault, la municipalité où vous vous rendez,
vous empruntez le chemin du Roy pour montrer aux enfants certains lieux
et sites historiques témoins de l'évolution du Québec.*

À St-Augustin, vous leur faites découvrir l'église, construite il y a environ trois cents ans et renfermant des œuvres de certains des artistes les plus reconnus du temps. À Neuville, ils admirent avec vous les façades de demeures anciennes de différentes périodes et de différents styles : des habitations de styles québécois, victorien, américain et français. À Deschambault, vous leur faite visiter le moulin et la forge, deux témoins de l'époque seigneuriale.

Vous vous dirigez ensuite vers la ferme en leur expliquant que la vocation agricole de cette région date du tout début de la colonie. Vous imaginez déjà la maison dont vous avez préalablement obtenu la description : un grand salon avec cheminée, une salle à dîner spacieuse attenante à la cuisine et, à l'étage, de jolies chambres confortables. La dame de la maison vous attend et, comme promis, elle vous a préparé un bon repas de fine cuisine, réservant ses plats traditionnels pour le souper qui suivra votre journée à la ferme.

Elle se surpasse afin d'assurer votre bien-être dès votre arrivée chez elle : chaussons de brie en verdurette, torsades d'agneau au vinaigre de miel et nuages de melons à la citronnelle composent le menu re-

La campagne de la région de Portneuf offre des paysages automnals qui appaisent les sens et nous font apprécier les plaisirs de la nature...

cherché du premier repas qu'elle vous offre. Elle vous conseille une seconde portion de dessert afin de commencer à emmagasiner l'énergie nécessaire pour la journée du lendemain à la ferme, pendant laquelle vous ramasserez les œufs, trairez les vaches et vous baladerez à cheval.

Avant le souper composé cette fois de plats du terroir, les bicyclettes, de même que les jeux de croquet et de pétanque, sont mis à la disposition

de votre famille. Le soir arrivé, vous appréciez grandement la crème de maïs, la tarte aux pommes de terre et au bœuf, de même que les bouchées à l'avoine. Il s'agit de spécialités régionales qui se transmettent de mère en fille depuis nombre de générations et qui ont l'avantage de satisfaire les appétits aiguisés par le travail au grand air. ∎

GASTON COUILLARD

En saison, pourquoi ne pas donner une touche régionale à ce potage onctueux en utilisant, au lieu de l'habituel maïs en conserve, le succulent blé d'Inde de Neuville ?

Crème de maïs

Quantité : 6 portions	Préparation : 15 min	Cuisson : 30 min	Degré de difficulté : faible

15 ml (1 c. à soupe) de beurre

1 boîte de 398 ml (14 oz) de maïs en grains, égoutté

1 oignon jaune, haché

1,5 l (6 tasses) d'eau

150 ml (⅔ tasse) de lait

125 ml (½ tasse) de crème 35 %

Sel et poivre

Faire fondre le beurre dans une casserole. Y faire revenir le maïs et l'oignon.

Ajouter l'eau et porter à ébullition.

Laisser mijoter 20 minutes ou jusqu'à ce que les grains de maïs soient très tendres.

Passer le tout au mélangeur.

Verser à nouveau dans la casserole. Incorporer le lait et la crème.

Saler et poivrer. Porter à ébullition et servir.

Variante : *On peut parfumer ce potage avec 30 ml (2 c. à soupe) de whisky que l'on ajoute au même moment que le lait et la crème.*

Si Charlemagne a eu «l'idée folle d'inventer l'école», il a, par contre, eu l'idée géniale de découvrir les fromages persillés, dont le brie. Il appréciait d'autant plus ce dernier qu'il lui était livré à titre de dîme. Ce qui prouve que, même à cette époque éloignée, il n'était pas interdit de joindre l'utile à l'agréable.

Chaussons de brie en verdurette

Quantité : 4 portions	Préparation : 40 min	Repos : 30 min	Cuisson : 15 min	Degré de difficulté : moyen

150 g (5½ oz) de pâte feuilletée (du commerce)

■

1 œuf, battu

■

100 g (3½ oz) de brie

■

125 ml (½ tasse) d'huile de noix

■

Le jus de ½ citron

■

20 ml (4 c. à thé) de vinaigre de framboise

■

Sel et poivre

■

30 ml (2 c. à soupe) de pignons

■

15 ml (1 c. à soupe) d'huile d'olive

■

Feuilles de laitue, au goût

Préchauffer le four à 200 °C (400 °F).

Abaisser la pâte feuilletée sur une surface farinée, en un rectangle de 0,25 cm (⅛ po) d'épaisseur.

À l'aide d'un emporte-pièce, découper huit cercles dans la pâte.

Badigeonner d'œuf battu le pourtour des feuilletés.

Couper le fromage en quatre et le déposer au centre de quatre cercles de pâte feuilletée.

Recouvrir le fromage des quatre autres cercles de pâte.

À l'aide d'une fourchette, sceller le tour des feuilletés.

Badigeonner de nouveau d'œuf battu.

Cuire au four 15 minutes. Laisser tiédir et réfrigérer 30 minutes.

Mélanger au fouet l'huile de noix, le jus de citron, le vinaigre, le sel et le poivre. Faire griller les pignons dans l'huile d'olive et les ajouter à la vinaigrette.

Dresser les chaussons sur des feuilles de laitue et arroser de la vinaigrette.

Pour fabriquer son vinaigre maison, il suffit de verser dans un vinaigrier du vin blanc ou rouge de bonne qualité, et de poser délicatement à la surface une petite quantité de « mère de vinaigre » (liquide gluant qui se dépose dans le fond des bouteilles de vinaigre maison). Il faut ensuite boucher le récipient avec une étamine (coton à fromage) et le laisser à la température ambiante pendant un mois et demi.

ROGER PELLETIER « L'AZALÉE »

Torsades d'agneau au vinaigre de miel

Quantité : 4 portions	Préparation : 20 min	Cuisson : 10 min	Degré de difficulté : moyen

4 longes d'agneau

15 ml (1 c. à soupe) de beurre

30 ml (2 c. à soupe) de vinaigre de miel

30 ml (2 c. à soupe) de vin blanc

5 ml (1 c. à thé) de miel de trèfle

180 ml (¾ tasse) de sauce demi-glace (du commerce) ou de fond de gibier

*P*réchauffer le four à 150 °C (300 °F).

*T*rancher partiellement chaque longe d'agneau en trois lanières, de haut en bas, jusqu'à 1 cm (½ po) de la base.

*T*resser les trois lanières obtenues et en fixer l'extrémité à l'aide d'un cure-dents.

*F*aire fondre le beurre dans un poêlon et y saisir la viande des deux côtés. Cuire environ 10 minutes, au four, de sorte que la viande demeure rosée. Réserver au chaud.

*D*églacer le poêlon avec le vinaigre de miel et le vin blanc.

*L*aisser réduire de moitié. Ajouter le miel et la demi-glace. Laisser mijoter quelques minutes.

*N*apper les torsades d'agneau de la sauce.

Recette traditionnelle

La conservation ménagère des pommes de terre nécessite un endroit sec et aéré, mais surtout obscur, pour empêcher l'apparition de la solanine. Cette substance les fait verdir et les rend amères et indigestes. L'utilisation du réfrigérateur aux fins de conservation est à déconseiller.

Tarte aux pommes de terre et au bœuf

Quantité : 4 portions	Préparation : 30 min	Cuisson : 1 h	Degré de difficulté : faible

500 g (1 lb) de bœuf haché

Sel et poivre

5 ml (1 c. à thé) de sarriette

30 ml (2 c. à soupe) de sauce tomate

1 œuf

500 ml (2 tasses) de fromage râpé

500 ml (2 tasses) de purée de pommes de terre

2 oignons, hachés

Paprika, au goût

Préchauffer le four à 180 °C (350 °F).

Mélanger le bœuf haché, le sel, le poivre, la sarriette, la sauce tomate et l'œuf. Presser le mélange dans le fond et sur les parois d'un plat à tarte pour en faire une croûte.

Mélanger le fromage, la purée de pommes de terre et les oignons. Étendre dans la croûte. Saupoudrer de paprika. Cuire au four 1 heure.

Le bison, grand bovidé qui traversait jadis les grandes plaines de l'Ouest, fait maintenant l'objet d'un élevage à plus ou moins grande échelle dans quelques régions du Québec. D'ailleurs, sa viande maigre suscite de plus en plus l'intérêt des consommateurs qui auront bientôt fait de l'ajouter au menu hebdomadaire.

ANDRÉ MOREAU

Bison braisé aux petits légumes

Quantité : 10 portions	Préparation : 30 min	Cuisson : 2 h 30 min	Degré de difficulté : moyen

45 ml (3 c. à soupe) d'huile d'olive

1,5 kg (3 lb) de viande de bison à braiser, en cubes

125 ml (½ tasse) de céleri en dés

125 ml (½ tasse) de carottes en dés

125 ml (½ tasse) d'oignons en dés

750 ml (3 tasses) de vin rouge

1 bouquet garni (thym, persil, laurier)

10 baies de genièvre

250 g (½ lb) de lard fumé, blanchi et coupé en dés

75 ml (⅓ tasse) de beurre

250 ml (1 tasse) d'oignons à mariner, pelés

250 ml (1 tasse) de céleri en dés

250 ml (1 tasse) de carottes en dés

250 ml (1 tasse) de petits navets blancs ou de rutabaga, taillés en morceaux

150 ml (⅔ tasse) de sucre d'érable râpé

500 ml (2 tasses) de bouillon de poulet

15 ml (1 c. à soupe) de beurre ramolli

15 ml (1 c. à soupe) de farine

Faire chauffer l'huile dans une casserole. Y saisir la viande de toute part. Ajouter le céleri, les carottes, les oignons, le vin rouge, le bouquet garni et les baies de genièvre.

Couvrir et cuire 1 heure, à feu doux. Ajouter le lard fumé et laisser mijoter 1 heure de plus.

Faire fondre le beurre dans une casserole. Ajouter les oignons, le céleri, les carottes, les navets, le sucre d'érable et le bouillon. Cuire jusqu'à ce que le liquide se soit évaporé et que les légumes soient lustrés.

Mélanger le beurre et la farine avec les doigts, de façon à former une pâte.

Lier la sauce du bison braisé avec ce beurre manié.

Servir avec les légumes.

Parmi les grands amateurs de melons, citons notamment Alexandre Dumas. Le grand romancier proposa même au conseil municipal de Cavaillon ses livres, publiés ou inédits, en échange d'une « rente viagère de douze melons par an ».

Nuages de melons à la citronnelle

Quantité : 8 portions	Préparation : 10 min	Cuisson : —	Degré de difficulté : faible

2 melons miel Honeydew

■

2 cantaloups

■

500 ml (2 tasses) de jus de fruits

■

60 ml (¼ tasse) de feuilles de citronnelle hachées

■

15 raisins rouges

■

15 raisins verts

■

750 ml (3 tasses) de glaçons concassés

Couper les melons en deux et les débarrasser de leurs graines et filaments.

Prélever la chair des fruits et la réduire en purée au mélangeur avec le jus de fruits.

Verser la préparation dans des bols froids et parsemer de citronnelle.

Décorer de raisins enfilés sur des petites brochettes et servir les bols sur des glaçons concassés.

QUÉBEC • PORTNEUF

Recette traditionnelle

Aussi modestes soient-elles, ces bouchées à l'avoine finiront de remplir votre petit creux en beauté. Qui plus est, elles contiennent des vitamines et des minéraux particulièrement fortifiants et énergétiques.

Bouchées à l'avoine

Quantité : 60 bouchées	Préparation : 20 min	Cuisson : —	Degré de difficulté : faible

500 ml (2 tasses) de sucre

90 ml (6 c. à soupe) de cacao

125 ml (½ tasse) de beurre

125 ml (½ tasse) de lait

2 ml (½ c. à thé) de vanille

250 ml (1 tasse) de noix de coco râpée

1,25 l (5 tasses) de flocons d'avoine

Mélanger le sucre, le cacao, le beurre et le lait dans une casserole. Amener à ébullition. Aromatiser de vanille.

Retirer du feu et incorporer la noix de coco et les flocons d'avoine. Bien mélanger.

Façonner en boulettes à l'aide d'une cuillère à soupe et déposer sur du papier ciré.

Conserver à la température de la pièce.

La Jacques-Cartier

Si vous avez choisi de vous arrêter dans la vallée de la Jacques-Cartier, c'est tout d'abord pour profiter du grand air. Vous anticipez fébrilement la descente en canot des eaux tumultueuses d'une portion de cette majestueuse rivière qui promet de procurer des sensations fortes. Accompagné de deux guides, vous et votre groupe d'amateurs vous vous lancez à l'assaut...

Au beau milieu du trajet, votre canot verse dans les rapides, entraînant ses huit passagers à l'eau. Qu'à cela ne tienne, vous descendez les rapides dans la flotte, et votre première préoccupation est de récupérer votre pagaie, car à ce sujet, les guides sont formels : on ne regagne pas le canot sans elle ! Une fois le précieux instrument récupéré, vous vous heurtez à un problème de taille : comment nager à contre-courant jusqu'au canot avec une pagaie dans une main ? Vous avez beau vous débattre, vous n'y arrivez pas ! Heureusement, le guide qui vous suit en kayak vous lance une corde et vous traîne jusqu'à la berge. Ouf !

Le soleil vous sèche rapidement, mais vous n'en êtes pas moins nerveux à l'approche des rapides suivants. Sans raison toutefois, puisque le groupe les traverse sans ambages. Lorsque vers le milieu de la journée, vous vous retrouvez à votre point d'arrivée et qu'une navette vous ramène à votre véhicule, vous n'avez qu'une idée en tête : vous rendre au meilleur des gîtes situés en bordure du lac Delage où vous avez réservé une chambre, y prendre une bonne douche chaude et descendre sur la terrasse pour vous offrir un repas exceptionnel tout en admirant le magnifique coucher de soleil miroitant sur le lac d'un calme plat...

La magnifique vallée de la Jacques-Cartier se prête à une multitude d'activités de plein air en plus d'offrir de superbes panoramas en toute saison.

Vous commencez avec un velouté de concombre au yogourt, suivi d'une entrée de coques de tomates jaunes aux crevettes nordiques : un pur délice !

Le choix du plat principal vous fait hésiter quelques minutes, attirés que vous êtes par le foie de veau à l'orange, les rouelles de lapin et de homard, et les filets de truite poêlés aux huîtres et à l'aneth. Vous optez pour ce dernier plat en vous disant que le poisson provient sans doute d'une des piscicultures de la région. Et vous n'éprouvez aucun regret au moment de la dégustation qui s'avère tout simplement sublime...

En mangeant le traditionnel gâteau aux figues de la région, vous êtes gagné par une si totale sensation de bien-être que vous vous promettez de revenir dès que possible prendre un autre succulent repas dans ce même décor enchanteur. Seulement, la prochaine fois, ce sera après une randonnée pédestre dans l'un des nombreux sentiers du parc de la Jacques-Cartier ! ■

Traiter quelqu'un de concombre n'est peut-être pas approprié pour qui sait que cette plante rampante est originaire de l'Himalaya, la plus haute chaîne de montagnes du monde, au pied de laquelle elle poussait à l'état sauvage.

Velouté de concombre au yogourt

Quantité : 4 portions	Préparation : 10 min	Cuisson : —	Degré de difficulté : faible

4 concombres

2 échalotes vertes, hachées

Le jus d'un citron

½ gousse d'ail, hachée

8 feuilles de menthe fraîche

250 ml (1 tasse) de lait écrémé

250 ml (1 tasse) de yogourt nature

Sel et poivre

12 brins de ciboulette, ciselés

Peler et épépiner les concombres. Couper grossièrement la chair et la passer au robot culinaire avec les échalotes, le jus de citron, l'ail, la menthe et le lait, jusqu'à consistance crémeuse.

Verser dans un bol et ajouter le yogourt. Saler et poivrer. Bien mélanger.

Couvrir et réfrigérer.

Au moment de servir, décorer de ciboulette ciselée.

ANDRÉ MOREAU

Nous avons la tomate carrée, voici maintenant la tomate jaune, une nouvelle variété de ce fruit-légume que l'on peut apprêter à toutes les sauces. À quand, maintenant, la « sauce à spaghettis jaune » ?

Coques de tomates jaunes aux crevettes nordiques

Quantité : 4 portions	Préparation : 20 min	Macération : 30 min	Cuisson : —	Degré de difficulté : faible

8 tomates jaunes

Sel

1 tomate rouge, en dés

1 oignon, haché

1 piment Jalapeño, haché

¼ poivron vert, en dés

¼ poivron jaune, en dés

5 ml (1 c. à thé) de sel

Le jus de ½ lime

375 g (¾ lb) de crevettes nordiques, hachées grossièrement

Feuilles de cerfeuil, pour la décoration

Couper les tomates jaunes en deux et les évider.

Saler légèrement l'intérieur des tomates et les laisser dégorger, côté chair, sur du papier absorbant.

Mélanger la tomate rouge, l'oignon, le piment, les dés de poivrons vert et jaune, le sel et le jus de lime. Laisser mariner 30 minutes.

Ajouter les crevettes au mélange de légumes. Farcir les tomates jaunes de cette préparation et les disposer sur un plat de service.

Décorer avec des feuilles de cerfeuil.

En écoutant « La truite » de Schubert, l'huître en tomba éperdument amoureuse, s'ouvrit et se départit de sa coquille. C'est ainsi que fut conçue cette perle de recette qui ne manquera pas d'envoûter tous les palais, amoureux ou non…

« LE GALOPIN »

Filets de truite poêlés aux huîtres et à l'aneth

Quantité : 4 portions	Préparation : 15 min	Cuisson : 25 min	Degré de difficulté : moyen

4 filets de truite

60 ml (¼ tasse) d'huile d'olive

1 l (4 tasses) de fumet de poisson (du commerce)

20 huîtres, débarrassées de leur coquille

250 ml (1 tasse) de vin blanc sec

1 échalote française, hachée

15 ml (1 c. à soupe) d'aneth frais haché

250 ml (1 tasse) de crème 35 %

125 ml (½ tasse) de beurre

Sel et poivre

Retirer les arêtes et la peau des filets de truite.

Dans une casserole, faire chauffer l'huile jusqu'à ce qu'elle soit fumante. Y saisir rapidement les filets de truite des deux côtés. Retirer du feu et réserver au chaud.

Amener 250 ml (1 tasse) de fumet de poisson à ébullition. Y faire pocher les huîtres deux minutes.

Égoutter et réserver.

Dans une casserole, faire réduire le vin blanc des deux tiers, avec l'échalote et l'aneth.

Ajouter le reste du fumet de poisson et laisser réduire de moitié. Incorporer la crème et laisser réduire du tiers. Ajouter le beurre petit à petit, en remuant au fouet constamment.

Ajouter les huîtres et réchauffer.

Saler et poivrer. Napper les filets de truite de la sauce bien chaude.

La rouelle est une épaisse tranche ronde, taillée dans le cuisseau du veau. C'est par analogie que nous avons appliqué cette technique de boucherie à nos rouelles de lapin et de homard. Résultat : un véritable péché mignon dans l'assiette.

« LE GALOPIN »

Rouelles de lapin et de homard à l'orange et aux noisettes

Quantité : 4 portions	Préparation : 45 min	Cuisson : 40 min	Degré de difficulté : élevé

1 **lapin**

1 **œuf**

125 **ml (½ tasse) de crème 35 %**

Sel et poivre

1 **carotte, hachée finement**

1 **échalote verte, hachée finement**

1 **homard moyen, décortiqué et coupé en dés**

2 **oranges**

1 **échalote française, hachée**

5 **ml (1 c. à thé) d'huile d'olive**

75 **ml (⅓ tasse) de vin blanc sec**

30 **ml (2 c. à soupe) de miel liquide**

250 **ml (1 tasse) de fond brun ou de sauce demi-glace (du commerce)**

12 **noisettes, hachées grossièrement**

60 **ml (¼ tasse) de beurre**

Sel et poivre

*P*réchauffer le four à 150 °C (300 °F).

*L*ever les râbles (partie inférieure du dos) du lapin, puis désosser les cuisses.

*P*rélever le quart de la chair de chaque râble et de chaque cuisseau, en ayant soin de ne pas déformer les morceaux de viande. Passer cette chair au robot culinaire avec l'œuf et la crème, jusqu'à l'obtention d'une mousse homogène. Saler et poivrer. Ajouter à cette mousse la carotte, l'échalote et le homard.

*D*époser le râble et les cuisses sur un papier d'aluminium beurré placé au-dessus d'un plat à moitié rempli d'eau. Cuire au four 20 minutes.

*D*époser la viande sur quatre carrés de papier ciré.

*É*tendre la mousse sur la viande et rouler les cuisses et les râbles en cylindres. Fermer les bouts hermétiquement à l'aide d'une ficelle. Cuire 20 minutes à la vapeur, dans une marguerite. Pendant ce temps, préparer la sauce.

*P*eler les oranges à vif au-dessus d'un bol, de façon à recueillir le jus qui s'en écoule. Détacher les suprêmes. Réserver.

*F*aire revenir l'échalote dans l'huile d'olive.

*D*églacer avec le vin blanc. Incorporer le jus des oranges et le miel. Faire réduire des deux tiers.

*A*jouter le fond brun et les noisettes. Laisser mijoter 20 minutes. Ajouter graduellement le beurre en brassant constamment. Saler et poivrer.

*D*évelopper les cylindres de lapin, les trancher en rouelles et les napper de sauce. Garnir des suprêmes d'oranges. Réserver.

Les abats rouges des animaux ne sont pas toujours des favoris de tous, mais on gagne à les essayer ! Le foie du veau, rose pâle, à la fois moelleux et ferme, est le plus savoureux. Agrémenté d'oranges, voire même de noisettes, il fera fondre tous les préjugés.

Foie de veau à l'orange

Quantité : 4 portions	Préparation : 10 min	Cuisson : 15 min	Degré de difficulté : faible

60 ml (¼ tasse) de farine
■

30 ml (2 c. à soupe) de chapelure
■

2 ml (½ c. à thé) de poivre
■

1 ml (¼ c. à thé) de marjolaine
■

125 g (¼ lb) de foie de veau tranché
■

30 ml (2 c. à soupe) de beurre
■

15 ml (1 c. à soupe) d'huile
■

60 ml (¼ tasse) de jus d'orange
■

5 ml (1 c. à thé) de fécule de maïs
■

60 ml (¼ tasse) de lait
■

5 ml (1 c. à thé) de zeste d'orange râpé
■

1 orange, pelée au couteau et tranchée
■

1 ml (¼ c. à thé) de sel
■

2 ml (½ c. à thé) de poivre
■

*M*élanger la farine, la chapelure, le poivre et la marjolaine. Y passer les tranches de foie des deux côtés.

*F*aire chauffer le beurre et l'huile dans un poêlon.

Y cuire les tranches de foie de 2 à 7 minutes, selon le degré de cuisson désiré. Réserver au chaud.

*D*églacer avec le jus d'orange en raclant bien le fond du poêlon afin de dissoudre les sucs caramélisés.

*P*asser ce liquide au tamis fin et faire chauffer à feu doux dans une casserole.

*A*jouter la fécule de maïs préalablement délayée dans le lait. Cuire la sauce jusqu'à épaississement, en remuant constamment.

*A*jouter le zeste et les tranches d'orange.

*S*aler et poivrer la sauce. Napper le foie de sauce bien chaude.

G. DUPLESSIS

Pourquoi ne pas garnir ces feuillantines d'une salade de fruits du pays : bleuets du Lac-St-Jean ou de l'Abitibi, fraises de l'Île d'Orléans, fraises des champs de l'Outaouais, pommes de la Montérégie, etc.

Feuillantines aux fruits

Quantité : 6 portions	Préparation : 20 min	Repos : 45 min	Cuisson : 5 min	Degré de difficulté : moyen

3 blancs d'œufs

90 ml (6 c. à soupe) de sucre

45 ml (3 c. à soupe) de farine

75 ml (⅓ tasse) de beurre fondu

250 ml (1 tasse) de crème 35 %

45 ml (3 c. à soupe) de sucre glace

30 ml (2 c. à soupe) de liqueur, au choix

Fruits, au choix

Sucre glace, pour saupoudrer

Fouetter les blancs d'œufs avec le sucre, jusqu'à consistance mousseuse. Incorporer la farine, petit à petit, et ajouter le beurre fondu.

Sur une plaque à biscuits beurrée et farinée, former, à l'aide d'un pinceau, 18 cercles de pâte de 8 cm (3 po) de diamètre et de 0,25 cm (⅛ po) d'épaisseur. Laisser reposer au réfrigérateur 45 minutes.

Préchauffer le four à 200 °C (400 °F) et cuire les feuillantines 5 minutes, ou jusqu'à coloration dorée.

Sortir du four et décoller immédiatement les feuillantines à l'aide d'une spatule. Fouetter la crème. Ajouter le sucre glace et la liqueur.

Mettre une feuillantine dans une assiette et déposer au centre un peu de crème. Disposer les fruits autour de la crème.

Recouvrir d'une feuillantine, d'un peu de crème et de fruits.

Couronner le tout d'une dernière feuillantine.

Saupoudrer de sucre glace passé au petit tamis.

Procéder de la même façon pour confectionner les autres feuillantines.

Recette traditionnelle

Ce moelleux gâteau ne vous laissera pas « mi-figue, mi-raisin » ! On doit d'ailleurs cette expression aux Corinthiens qui mélangeaient aux raisins qu'ils vendaient à Venise des figues bon marché. Quelle ruse audacieuse!

Gâteau aux figues

Quantité : 12 portions	Préparation : 25 min	Cuisson : 30 min	Degré de difficulté : faible

250 ml (1 tasse) de beurre

500 ml (2 tasses) de sucre

750 ml (3 tasses) de farine

10 ml (2 c. à thé) de poudre à pâte

250 ml (1 tasse) de lait

4 blancs d'œufs, en neige

375 g (¾ lb) de figues

180 ml (¾ tasse) de sucre

125 ml (½ tasse) d'eau bouillante

60 ml (¼ tasse) de beurre ramolli

1 l (4 tasses) de sucre glace

75 ml (⅓ tasse) de lait chaud

Préchauffer le four à 180 °C (350 °F).

Défaire le beurre en crème avec le sucre, dans un grand bol. Au-dessus d'un autre bol, tamiser deux fois la farine avec la poudre à pâte. Ajouter la farine et le lait au mélange de beurre, en alternance.

Battre et ajouter les blancs d'œufs en neige en pliant délicatement à l'aide d'une spatule. Verser dans deux moules à gâteau de 23 cm (9 po) de diamètre, graissés et fa-rinés. Cuire au four 30 minutes. Laisser refroidir complètement.

Hacher les figues finement et les déposer dans une casserole. Ajouter le sucre et l'eau bouillante. Faire cuire à feu moyen, jusqu'à l'obten-tion d'une pâte molle.

Laisser refroidir cette garniture et l'étendre à la spatule sur l'un des gâteaux, en en réservant 30 ml (2 c. à soupe) pour le glaçage. Superposer les gâteaux.

Passer au mélangeur le beurre, le sucre glace, le lait chaud et la garni-ture de figues réservée. Glacer le gâteau.

CHAUDIÈRE-APPALACHES

Un tableau saisissant, digne des grands maîtres

La région Chaudière-Appalaches est régie par ses contrastes. D'une part, un décor côtier offre tour à tour une vue imprenable sur la très belle ville de Québec, sur la grande Île-d'Orléans à la vocation plutôt agricole, et sur l'archipel de l'Isle-aux-Grues resté sauvage malgré ses bâtiments historiques et son petit village. À ces scènes toutes maritimes, s'oppose un arrière-pays qui présente un enchevêtrement inattendu de paysages urbains, agricoles, forestiers et miniers.

La population, dont l'esprit innovateur ne constitue pas qu'une légende, a toujours su tirer parti des caractéristiques locales. Elle vivait de pêche et de navigation sur la côte, pratiquait l'agriculture et l'élevage dans les vallées du St-Laurent, de la Chaudière et de l'Etchemin et se livrait à l'exploitation forestière dans les coins les plus reculés. Avec la découverte de l'amiante en 1876, les gens de la place ont vite transformé un site sauvage en une région où l'industrie minière a acquis une reconnaissance mondiale. Quelle que soit leur activité économique principale, tous les habitants de cette grande région de lacs, de ri-

vières et de forêts se sont toujours adonnés à la pêche et à la chasse, de même qu'à l'acériculture, absolument incontournable dans ce pays dit « de l'érable ».

À l'image de la diversité des paysages dans lesquels ils évoluent, les gens de Chaudière-Appalaches ont développé des habiletés variées. Gens de tradition et d'innovation, ils ont su conserver les traces d'un régime seigneurial qui a marqué les débuts de l'agriculture et de l'élevage tout en développant des exploitations agricoles des plus modernes, à la base d'une industrie agroalimentaire capable, entre autres, d'approvisionner les marchés extra-régionaux de bons fromages et de la gamme complète des produits de l'érable.

Si pareille versatilité existe dans tous les domaines, elle est tout à fait remarquable en regard des plaisirs de la table. On maintient ainsi en automne la tradition de la chasse à la sauvagine, mais afin de répondre à une demande grandissante et continue, on offre aussi de l'oie d'élevage... On poursuit les tradition-

nelles productions de porc, de bœuf et de lapin, mais pour satisfaire tous les goûts, on s'est également lancé dans l'élevage de la volaille et de la truite. De plus, comme c'est dans leur nature, les producteurs du coin innovent avec quelques élevages de bison, de cerf et de sanglier !

Dotés d'un esprit pratique tout aussi aigu que leur sens de la légende, les gens de la région naviguent entre les histoires surgies du passé, la jouissance du moment présent et mille projets en ébullition, en prévision d'un avenir qu'ils voient grand, sinon pour eux-mêmes, du moins pour leurs enfants et leurs petits-enfants. À chaque époque de l'année, c'est

Le parc Frontenac de Thetford-Mines, voué à la récréation de plein air, propose une gamme d'activités variées pour les amoureux de la nature. Apportez votre pique-nique !

autour de plats saisonniers, apprêtés à la manière des ancêtres ou adaptés au goût du jour, que l'on se remémore de vieilles légendes, que l'on se raconte nos journées, que l'on fête et que l'on concocte des plans d'avenir, tous plus ingénieux les uns que les autres.

Si vous venez rencontrer les Beaucerons au printemps, tout ça se déroulera autour du fameux repas de cabane à sucre. Si vous les visitez l'été, le repas sera souventes fois couronné d'un dessert aux petits fruits cueillis sur place. À l'automne, ce sera bien évidemment le gibier à poil ou à plume qui présidera aux fêtes et aux discussions. À l'hiver enfin, les plats les plus consistants comme le rôti ou les pattes de porc, réchaufferont vos corps et animeront vos esprits.■

La Rivière-du-Sud longe paresseusement un charmant paysage rural pour aboutir en plein centre de Montmagny qu'elle divise en lui procurant un cachet tout à fait particulier.

Beauce/Vallée de l'Etchemin

Lorsque à la fin d'un long hiver, vous jouissez enfin de quelques précieux jours de vacances pour retrouver l'énergie perdue, pour sortir de la torpeur de la saison froide, pour sentir enfin les rayons du soleil effleurer la peau de votre visage, pour apprécier la chaleur du vent, vous choisissez tout naturellement de mettre le cap sur le sud... du Québec : sur la Beauce et la vallée de l'Etchemin !

Les campagnes vallonnées de la Beauce laissent découvrir de petits villages pittoresques où on vous réserve un accueil des plus chaleureux.

En vous remémorant simplement vos vacances printanières, vous éprouverez toute l'année durant cette enivrante sensation de la vitalité retrouvée. À partir du fleuve, vous empruntez la route qui longe la rivière Etchemin jusqu'au lac du même nom. Et là, au mont Orignal, vous donnez libre cours à votre fièvre du ski de printemps. À chaque remontée, vous restez ébloui par des panoramas saisissants, enveloppés de cette lumière si particulière au printemps. À chaque descente, vous sentez un hâle teinter votre visage.

Le soir, les joues rougies, les paupières tombantes et l'estomac dans les talons, vous vous attablez près du feu, dans un petit restaurant « d'après ski », où vous oubliez très vite tous vos soucis. C'est donc le cœur léger que vous attaquez un copieux repas composé de spécialités régionales : cretons au lait, jambon canadien et, en avant-goût des journées à venir, carrés au sirop d'érable.

Le goût de la fête vous gagne entièrement quand, au petit matin, vous vous dirigez vers St-Georges dans l'intention de participer au Festival beauceron de l'érable. Vous optez pour un repas de cabane à sucre servi à la manière du XVIIIe siècle, précédé d'une balade en calèche et suivi d'une soirée « contes et légendes », en compagnie des « raconteux ». Quel dépaysement ! Les histoires de débâcles vous intriguent particulièrement.

C'est pourquoi, dès le lendemain, vous faites un saut à St-Joseph-de-Beauce où, dit-on, les premiers colons durent composer avec les débâcles de la rivière Chaudière et où, malgré certains aménagements, quelques centaines de maisons sont encore inondées chaque printemps. Rien qu'à voir ces hautes eaux tumultueuses, vous en concluez qu'il y a un fond de vérité dans ces histoires où ponts, maisons et granges étaient emportés par la rivière !

Avant de quitter la région, vous voulez vérifier si l'esprit d'innovation des Beaucerons s'applique également à l'art culinaire. En vous demandant s'ils ont pensé à intégrer les produits de l'érable à des plats non traditionnels, vous dénichez un restaurant d'ambiance intime qui offre un poulet au sirop d'érable et sauce barbecue ! Après la dégustation du sublime à l'érable, qui termine ce repas surprenant, vous reprenez le chemin de votre demeure, complètement ragaillardi. ■

UN RAPPEL :
le lavage de la laitue, à grande eau pour la débarrasser de toute trace de terre, son effeuillage et son essorage doivent toujours être très soigneusement exécutés. Assaisonnée, elle se sert en crudité, en salade simple ou composée, ou encore, comme c'est ici le cas, en crème.

IRÈNE GIRARD

Crème de laitue

Quantité : 6 portions	Préparation : 15 min	Cuisson : 13 min	Degré de difficulté : faible

625 ml (2 ½ tasses) d'eau salée

30 ml (2 c. à soupe) de concentré de bouillon de poulet

30 ml (2 c. à soupe) d'oignon haché

1 l (4 tasses) de laitue hachée

30 ml (2 c. à soupe) de farine

125 ml (½ tasse) de lait

Sel et poivre

*V*erser l'eau salée dans une casserole. Ajouter le concentré de bouillon et porter à ébullition.

*P*longer l'oignon et la laitue dans l'eau. Réduire la chaleur et laisser mijoter 3 minutes. Refroidir.

*P*asser la soupe au robot culinaire. Transvaser dans la casserole et amener à ébullition.

*D*élayer la farine dans le lait. Incorporer à la soupe chaude et laisser mijoter 5 minutes.

*A*ssaisonner de sel et de poivre. Servir aussitôt.

ROBIN JEAN « LE GEORGESVILLE »

Recette traditionnelle

Pourquoi tremper le pain dans du lait ? Les mères beauceronnes vous diront que c'est pour rendre la texture des cretons plus moelleuse, mais à l'origine, c'était une question d'économie : le pain trempé donne du volume au pain, donc de plus grosses portions pour la nombreuse famille !

Cretons au lait

Quantité : 12 portions	Préparation : 10 min	Cuisson : 1 h	Refroidissement : 4 h	Degré de difficulté : faible

2 tranches de pain, déchiquetées

250 ml (1 tasse) de lait

500 g (1 lb) de porc haché

1 oignon moyen, haché finement

2 ml (½ c. à thé) de poudre d'ail

2 ml (½ c. à thé) de sel

1 pincée de poivre

2 ml (½ c. à thé) de cannelle

1 ml (¼ c. à thé) de clou de girofle moulu

1 pincée de muscade

Mettre le pain à tremper dans le lait. Laisser reposer 15 minutes.

Pendant ce temps, faire revenir le porc et l'oignon à feu doux, dans une casserole, jusqu'à légère coloration.

Incorporer le pain trempé et le lait. Bien mélanger.

Ajouter la poudre d'ail, le sel, le poivre, la cannelle, le clou de girofle et la muscade. Laisser cuire 1 heure à feu doux, en remuant de temps en temps.

Défaire la préparation à la fourchette ou la passer rapidement au robot culinaire.

Verser dans une terrine et réfrigérer au moins 4 heures.

Servir les cretons bien froids, avec des rôties ou des biscottes.

Le mot « barbecue » vient probablement de l'haïtien « barbacoa », qui désignait un gril. Mais certains le font dériver du français « de la barbe à la queue », qui évoquerait la manière d'embrocher l'animal.

Poulet au sirop d'érable et sauce barbecue

Quantité : 4 portions	Préparation : 30 min	Cuisson : 1 h 15 min	Degré de difficulté : faible

1 poulet de 2 kg (4 lb), coupé en morceaux (sans la peau)

250 ml (1 tasse) de ketchup

1 oignon haché

250 ml (1 tasse) de sirop d'érable

Sel et poivre

125 ml (½ tasse) de sirop d'érable

1 oignon moyen, haché

2 gousses d'ail, hachées

250 ml (1 tasse) de ketchup

5 ml (1 c. à thé) de basilic frais haché

15 ml (1 c. à soupe) de vinaigre

Quelques gouttes de sauce au piment fort (type Tabasco)

Sel et poivre

Préchauffer le four à 180 °C (350 °F).

Mettre les morceaux de poulet dans un plat allant au four.

Ajouter le ketchup, l'oignon, le sirop d'érable, le sel et le poivre. Couvrir d'une feuille de papier d'aluminium.

Cuire 1 heure 15 minutes.

Dans une casserole, mélanger le sirop d'érable, l'oignon, les gousses d'ail, le ketchup, le basilic, le vinaigre, la sauce au piment fort, le sel et le poivre.

Amener à faible ébullition et réduire la chaleur. Laisser mijoter 30 minutes, en remuant de temps en temps.

Servir en saucière, avec le poulet au sirop d'érable.

ROBIN JEAN « LE GEORGESVILLE »

Jambon canadien

Quantité : 12 portions	Préparation : 30 min	Cuisson : 4 h	Degré de difficulté : moyen

1 jambon de 4 kg (8 lb)

250 ml (1 tasse) de sucre d'érable* granulé ou râpé

15 ml (1 c. à soupe) de moutarde sèche

75 ml (⅓ tasse) de chapelure

45 ml (3 c. à soupe) de vinaigre de cidre

125 ml (½ tasse) de jus de pomme

Clous de girofle, au besoin

125 ml (½ tasse) de vin blanc

250 ml (1 tasse) de compote de pommes non sucrée

Préchauffer le four à 170 °C (325 °F).

Mettre le jambon dans une lèchefrite et cuire 1 heure.

Dans un bol, mélanger le sucre d'érable, la moutarde, la chapelure, le vinaigre et le jus de pomme. Réserver.

Sortir le jambon du four. En retirer la couenne, si nécessaire (la plupart des jambons du commerce sont vendus sans la couenne).

À l'aide d'un couteau, inciser le gras du jambon à 0,5 cm (¼ po) de profondeur, de façon à y tracer des losanges. Piquer un clou de girofle au centre de chaque losange.

À l'aide d'un pinceau, badigeonner généreusement le jambon du mélange de sucre d'érable réservé.

Poursuivre la cuisson 3 heures, en ayant soin d'arroser souvent le jambon du jus de cuisson et de le badigeonner du reste du mélange de sucre d'érable.

Retirer le jambon du four et le réserver au chaud, dans un plat de service. Dégraisser le jus de cuisson et mettre la lèchefrite sur un feu vif.

Ajouter le vin et déglacer en raclant le fond de la lèchefrite à l'aide d'une spatule. Incorporer la compote de pommes, en remuant constamment.

Trancher le jambon et servir avec la sauce.

*On peut également substituer au sucre d'érable de la cassonade foncée.

Aromate de base de la cuisine, le thym parfume merveilleusement bien ce plat gourmand qui met l'eau à la bouche. Le thym contient également une huile essentielle, le thymol, aux propriétés antiseptiques.

Veau gourmand à la fleur de thym

Quantité : 6 portions	Préparation : 40 min	Cuisson : 40 min	Degré de difficulté : élevé

500 g (1 lb) d'épinards

15 ml (1 c. à soupe) de beurre

8 champignons, hachés très finement

8 pleurotes frais, hachés très finement

75 ml (⅓ tasse) d'échalotes vertes hachées

Sel et poivre blanc

150 ml (⅔ tasse) de cidre

15 ml (1 c. à soupe) de thym frais haché

150 ml (⅔ tasse) de tomates hachées

150 ml (⅔ tasse) de fromage cottage

6 escalopes de veau de 180 g (6 oz)

30 ml (2 c. à soupe) de beurre

150 ml (⅔ tasse) de fond brun de veau ou de sauce demi-glace (du commerce)

125 ml (½ tasse) de crème 35 %

Laver, équeuter et hacher les épinards. Réserver.

Faire fondre le beurre dans un poêlon et y faire revenir les champignons, les pleurotes et les échalotes. Assaisonner de sel et de poivre.

Ajouter la moitié du cidre et du thym. Laisser réduire jusqu'à complète évaporation du liquide. Assécher les légumes dans du papier absorbant et mettre dans un bol.

Ajouter les épinards, les tomates hachées et le fromage cottage. Bien mélanger.

Préchauffer le four à 180 °C (350 °F).

À l'aide d'un attendrisseur, aplatir les escalopes de veau. Saler et poivrer. Répartir la préparation de fromage sur les six escalopes. Enrouler en paupiettes et ficeler celles-ci.

Dans un poêlon allant au four, saisir les paupiettes dans le beurre, jusqu'à ce qu'elles soient dorées de toute part. Cuire au four 20 minutes.

Sortir du four et réserver les paupiettes au chaud. Déglacer le poêlon avec le reste du cidre. Laisser réduire de moitié. Ajouter le fond de veau et laisser réduire encore un peu. Incorporer la crème et le reste du thym.

Trancher les paupiettes et les napper de sauce bien chaude.

YVETTE JACQUES

Ces carrés au sirop d'érable se conservent environ six mois au congélateur. Avant de les servir, il suffit alors de les décongeler quelques minutes à température ambiante.

Carrés au sirop d'érable

Quantité : 9 carrés	Préparation : 30 min	Cuisson : 45 min	Degré de difficulté : moyen

125 ml (½ tasse) de beurre ramolli

60 ml (¼ tasse) de sucre d'érable râpé ou de cassonade

250 ml (1 tasse) de farine à pâtisserie

1 ml (¼ c. à thé) de muscade

150 ml (⅔ tasse) de sucre d'érable râpé ou de cassonade

250 ml (1 tasse) de sirop d'érable

2 œufs

60 ml (¼ tasse) de beurre fondu

1 ml (¼ c. à thé) de sel

125 ml (½ tasse) de noix de Grenoble hachées

2 ml (½ c. à thé) d'essence d'érable

30 ml (2. à soupe) de farine tout usage

Préchauffer le four à 180 °C (350 °F).

Mélanger le beurre, le sucre d'érable, la farine et la muscade jusqu'à l'obtention d'une boule de pâte.

Presser la pâte contre le fond d'un moule beurré de 20 cm (8 po) de côté.

Cuire 8 minutes et laisser refroidir.

Dans une casserole, mettre le sucre et le sirop d'érable. Porter à ébullition. Réduire la chaleur et laisser mijoter doucement 5 minutes. Laisser tiédir.

Battre les œufs dans un bol.

Tout en mélangeant, verser graduellement le sirop tiède sur les œufs battus.

Ajouter le beurre, le sel, les noix de Grenoble, l'essence d'érable et la farine. Bien mélanger. Verser sur le biscuit.

Cuire au four 30 minutes. Laisser refroidir dans le plat et tailler en carrés.

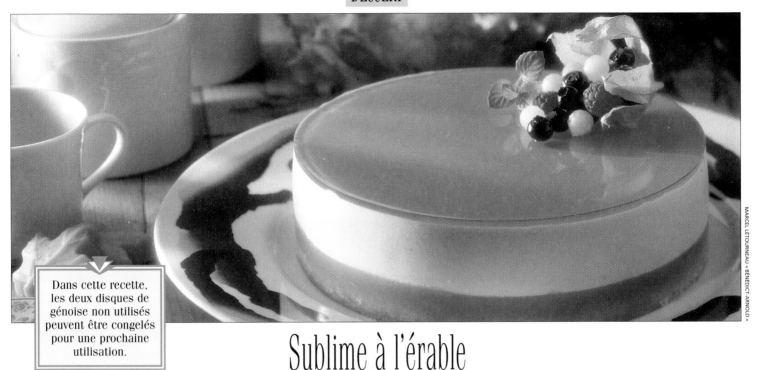

Dans cette recette, les deux disques de génoise non utilisés peuvent être congelés pour une prochaine utilisation.

Sublime à l'érable

Quantité : 8 portions	Préparation : 1 h 30 min	Cuisson : 20 min	Refroidissement : 4 h	Degré de difficulté : très élevé

4 œufs

125 ml (½ tasse) de sucre

1 ml (¼ c. à thé) d'essence d'érable

125 ml (½ tasse) de farine

180 ml (¾ tasse) de sirop d'érable

15 ml (1 c. à soupe) de fécule de maïs

60 ml (¼ tasse) de crème 35 %

60 ml (¼ tasse) d'eau froide

1 sachet de gélatine

125 ml (½ tasse) de sirop d'érable

2 jaunes d'œufs

2 blancs d'œufs

250 ml (1 tasse) de crème 35 %

125 ml (½ tasse) de gelée à l'érable (du commerce)

Morceaux de sucre d'érable, pour décorer

Crème fouettée, pour décorer

Préchauffer le four à 180 °C (350 °F).

Dans un bol, battre les œufs, le sucre et l'essence d'érable. Ajouter la farine et mélanger à l'aide d'une spatule, jusqu'à consistance homogène. Verser la pâte dans un moule à gâteau de 23 cm (9 po), beurré et fariné. Cuire la génoise de 10 à 15 minutes, jusqu'à ce qu'un cure-dents en ressorte sec. Laisser refroidir.

Dans une casserole, chauffer le sirop. Délayer la fécule dans la crème, puis ajouter au sirop. Cuire en brassant jusqu'à épaississement. Réfrigérer. Lorsque la génoise et la garniture sont refroidies, préparer la mousse.

Verser l'eau froide dans un bol. Saupoudrer de gélatine et laisser gonfler 5 minutes. Dans une casserole, chauffer le sirop d'érable. Retirer du feu. Ajouter la gélatine et mélanger jusqu'à ce qu'elle soit dissoute. Tout en mélangeant, ajouter peu à peu les jaunes d'œufs.

Laisser refroidir.

Dans un bol, battre les blancs d'œufs jusqu'à formation de pics fermes. Les incorporer en pliant à la préparation à l'érable refroidie.

Dans un autre bol, fouetter la crème jusqu'à formation de pics fermes. L'incorporer en pliant à la préparation à l'érable.

Couper la génoise en trois disques (voir note). Déposer l'un des disques dans un moule à fond amovible de 23 cm (9 po) de diamètre, et le couvrir de la garniture à l'érable.

Garnir de la mousse à l'érable et réfrigérer, environ 4 heures, jusqu'à ce que la mousse soit prise.

Lorsque le tout est pris, réchauffer la gelée à l'érable pour la liquéfier, puis en étaler une fine couche sur le sublime.

Démouler et décorer de morceaux de sucre d'érable et de crème fouettée.

Côte-du-Sud

*C'est la migration de l'oie blanche qui vous amène dans la région de la Côte-du-Sud
cet automne. L'année dernière, à la même époque, un de vos amis s'y est rendu
pour chasser le gibier à plume. Il vous a raconté ce qu'il a vu et entendu de sa cache :
les battures recouvertes d'un duvet blanc en mouvance perpétuelle, les envolées soudaines qui,
l'espace d'un instant, laissent l'impression d'une neige cotonneuse défiant la loi de la gravité et enfin,
à l'aube, les petits cris des oiseaux qui annoncent de loin en loin que le jour pointe à l'horizon.*

Vous n'êtes pas amateur de chasse, mais le spectacle de la sauvagine, lui, vous attire fortement, de même que la perspective du bon petit gueuleton que vous vous offrirez à l'occasion de votre séjour ! Vous prévoyez donc passer une journée entière à visiter le Centre éducatif des migrations et à observer ces milliers d'oies blanches formant, à perte de vue, un tapis blanchâtre tacheté, ici et là, de quelques bernaches.

Malgré votre ravissement, vous ne voulez pas manquer ce rendez-vous avec l'histoire, pour lequel vous n'avez qu'à vous embarquer sur la navette de Montmagny à destination de Grosse-Île. Vous pourrez ainsi visiter des lieux un peu mythiques où, à partir de 1832 et pendant plus de cent ans, des dizaines de milliers d'immigrants firent une halte obligatoire à la station de quarantaine. Pour certains, ce n'était qu'une pause avant la dernière étape du voyage vers le nouveau continent. Pour d'autres, il devait malheureusement s'agir de la dernière escale.

Vous n'avez pas prévu à quel point il vous semblerait étrange qu'un même lieu constitue à la fois le dernier asile de bon nombre de nouveaux arrivants et le point de ral-

liement des oiseaux migrateurs avant un nouvel envol. Lors de la traversée du retour vers Montmagny, vous êtes fasciné par les oies blanches vues à partir du fleuve, avec les berges aux couleurs automnales pour toile de fond : un point de vue à couper le souffle...

Ce à quoi vous vous attendiez, toutefois, c'est l'ambiance feutrée de la petite auberge choisie avec grand soin pour passer la nuit, après un repas d'amoureux. Vous vous y laissez tenter par une crème d'asperges, et pour goûter à la cuisine régionale, vous succombez à un plat d'oie

Retrouvez le charme d'antan et plongez en plein cœur de l'histoire en visitant le moulin de Beaumont où pains et muffins sont cuits sur place selon des méthodes ancestrales.

blanche Cap-Tourmente, que le chef a laissé mariner pour vous depuis la veille. Le dessert tiré d'une des nouvelles productions locales, la compote de fraises du « Ricaneux » complète parfaitement le repas ! La légèreté et le romantisme qui vous gagnent alors vous font promettre de ne pas quitter la région sans faire un détour par St-Michel, chez le Ricaneux, ce producteur artisan de vins à base de petits fruits. ∎

Recette traditionnelle

L'asperge fraîche doit être rigide, cassante et de couleur franche. Elle doit de plus comporter une section brillante. Enveloppé dans un torchon humide, ce légume se conserve trois jours au maximum.

Crème d'asperges

Quantité : 4 portions	Préparation : 15 min	Cuisson : 10 min	Degré de difficulté : faible

30 ml (2 c. à soupe) de beurre

22 ml (1 ½ c. à soupe) de farine

500 ml (2 tasses) de lait

250 ml (1 tasse) d'asperges cuites réduites en purée (les choisir fraîches)

Sel et poivre

*F*aire fondre le beurre dans une casserole.

*A*jouter la farine et cuire 1 minute en mélangeant.

*A*jouter le lait et poursuivre la cuisson en brassant continuellement jusqu'à léger épaississement. Incorporer la purée d'asperges et laisser frémir légèrement. Saler et poivrer.

*S*ervir immédiatement.

CHAUDIÈRE-APPALACHES • CÔTE-DU-SUD

IRÈNE GIRARD

Devenue un aliment
de base, sain et bon
marché, la pomme
de terre offre une
gamme de recettes
des plus populaires,
particulièrement
pour les sportifs...
de salon.

Pelures de pommes de terre au four

Quantité : 4 portions	Préparation : 15 min	Cuisson : 15 à 20 min	Degré de difficulté : faible

8 pommes de terre Idaho

125 ml (½ tasse) de beurre

Sel et poivre

Préchauffer le four à 190 °C (375 °F).

Laver et brosser les pommes de terre. Les peler au couteau, en lamelles épaisses (pour ce faire, laisser suffisamment de chair sous la pelure).

Réserver les pommes de terre pelées pour un usage ultérieur.

Faire fondre le beurre dans une casserole. Ajouter les pelures de pommes de terre et remuer pour bien les en enrober. Saler et poivrer.

Cuire les pelures au four, de 15 à 20 minutes, jusqu'à ce qu'elles soient dorées et croustillantes.

CHAUDIÈRE-APPALACHES* • *CÔTE-DU-SUD

Un antique dicton dit que « tout » se mange du cochon ; c'est effectivement un animal dont chaque morceau, jusqu'aux oreilles, aux pattes, aux abats et à la queue, connaît une utilisation culinaire.

Un autre dicton précise que s'il est bon de manger du cochon, il est mauvais, par contre, de manger COMME lui.

Pattes de porc au vin rouge

Quantité : 4 portions	Préparation : 25 min	Cuisson : 2 h 15 min	Degré de difficulté : faible

1,5 kg (3 lb) de pattes de porc, en morceaux

250 ml (1 tasse) d'oignon haché

180 ml (¾ tasse) de céleri émincé

125 ml (½ tasse) de poireau émincé

500 ml (2 tasses) de navet ou de rutabaga en dés

375 ml (1 ½ tasse) de vin rouge

60 ml (¼ tasse) de tomate hachée

1 feuille de laurier

1 gousse d'ail, hachée

1 brin de thym frais

½ brin de romarin frais

Sel et poivre

Préchauffer le four à 180 °C (350 °F).

Dans une grande casserole allant au four, saisir les pattes de porc jusqu'à ce qu'elles soient dorées de toute part.

Ajouter l'oignon, le céleri, le poireau et le navet. Faire revenir 5 minutes.

Ajouter le vin, la tomate hachée, la feuille de laurier, la gousse d'ail, le thym, le romarin, le sel et le poivre. Porter à ébullition et couvrir.

Cuire au four 2 heures. Ajouter un peu d'eau, si nécessaire, pendant la cuisson.

S. MAHEU

Oie blanche Cap-Tourmente

Elle arrive au printemps et repart à l'automne. Dans les deux cas, elle s'arrête au Cap-Tourmente, question de reprendre des forces avant les longs trajets qui l'attendent. On applique à l'oie blanche les mêmes modes de préparation que pour les autres volailles, alors fini la tourmente !

Quantité : 12 portions	Préparation : 10 min	Marinage : 24 h	Cuisson : 30 min / 500 g (1lb)	Degré de difficulté : moyen

250 ml (1 tasse) de vin rouge
∎

45 ml (3 c. à soupe) de cassonade
∎

5 ml (1 c. à thé) de persil
∎

1 carotte, râpée
∎

5 ml (1 c. à thé) de moutarde sèche
∎

250 ml (1 tasse) d'eau
∎

1 oie blanche
∎

Vinaigre, au besoin
∎

250 ml (1 tasse) de vin blanc

Mélanger le vin rouge, la cassonade, le persil, la carotte, la moutarde sèche et l'eau.

Bien nettoyer l'oie avec un linge imbibé de vinaigre.

Déposer l'oie dans un plat peu profond et l'arroser de marinade. Laisser mariner l'oie 24 heures, au réfrigérateur, en ayant soin de la retourner, de temps à autre.

Préchauffer le four à 170 °C (325 °F).

Retirer l'oie de la marinade, puis la mettre dans une rôtissoire. Couvrir et cuire environ 30 minutes par 500 g (1 lb), en arrosant de vin pendant la cuisson.

La diversité
des ingrédients
composant cette
recette confère
aux mignons de
poulet une saveur
unique : à la fois
québécoise, orientale,
méditerranéenne et
un tantinet créole.
La gastronomie
se mondialise...
en voici la preuve !

Mignons de poulet et coulis à l'érable

Quantité : 4 portions	Préparation : 20 min	Cuisson : 25 min	Marinage : 3 h	Degré de difficulté : moyen

250 ml (1 tasse) d'eau bouillante

75 ml (⅓ tasse) de sauce soya

90 ml (6 c. à soupe) de sirop d'érable

30 ml (2 c. à soupe) de jus de citron

30 ml (2 c. à soupe) d'huile

1 gousse d'ail, hachée finement

4 tournedos de poulet

7 ml (1 ½ c. à thé) de beurre

125 ml (½ tasse) d'oignons hachés

250 ml (1 tasse) de sirop d'érable

45 ml (3 c. à soupe) de vinaigre

125 ml (½ tasse) d'eau

90 ml (6 c. à soupe) de ketchup

30 ml (2 c. à soupe) de bouillon de bœuf

Sauce au piment fort (type Tabasco), si désiré

Mélanger l'eau, la sauce soya, le sirop d'érable, le jus de citron, l'huile et l'ail. Réserver cette marinade.

Déposer les tournedos de poulet côte à côte, dans un plat peu profond. Les arroser de marinade et les laisser mariner 3 heures au réfrigérateur.

Préchauffer le four à 200 °C (400 °F).

Retirer les tournedos de la marinade et les déposer sur la grille d'une lèchefrite.

Cuire 20 minutes, en les retournant à mi-cuisson. Pendant ce temps, préparer le coulis à l'érable.

Faire fondre le beurre dans une casserole. Y faire revenir les oignons 3 minutes environ, jusqu'à tendreté.

Ajouter le sirop d'érable, le vinaigre, l'eau, le ketchup et le bouillon de bœuf. Amener à ébullition et réduire la chaleur.

Couvrir et laisser mijoter 20 minutes.

Si désiré, ajouter quelques gouttes de sauce au piment fort.

Servir les tournedos avec le coulis à l'érable.

ANDRÉ MOREAU

Le Ricaneux est un vin apéritif à base de framboises et de fraises que l'on peut se procurer partout en province. Il s'agit d'un produit artisanal typiquement québécois, élaboré à St-Charles de Bellechasse. Le ricanement est donc de mise, en brassant la compote...

Compote de fraises du « Ricaneux »

Quantité : 3 l (12 tasses)	Préparation : 20 min	Cuisson : 30 min	Degré de difficulté : faible

1 bouteille de 750 ml de Ricaneux (voir note)

½ bâton de cannelle

2 clous de girofle

2 kg (4 lb) de fraises, équeutées

1 l (4 tasses) de cassonade

Zeste de 2 limes, râpé

60 ml (¼ tasse) d'eau froide

1 sachet de gélatine

Jus de 2 limes

Amener le Ricaneux à ébullition, avec la cannelle et les clous de girofle. Laisser réduire de moitié.

Pendant ce temps, blanchir le zeste dans l'eau bouillante, 2 minutes. Réserver. Cuire les fraises 30 minutes dans une grande casserole, avec la cassonade et le zeste, en ayant soin d'écumer pendant la cuisson.

Verser l'eau froide dans un bol. Saupoudrer de gélatine et laisser gonfler 5 minutes.

Retirer la cannelle et les clous de girofle du Ricaneux. Verser ce liquide chaud sur la gélatine et mélanger jusqu'à dissolution.

Passer au chinois (tamis fin) et incorporer à la compote de fraises. Ajouter le jus des limes et porter à ébullition.

Écumer et verser dans des bocaux chauds et stérilisés. Conserver au réfrigérateur.

KATIE GUAY

Blanc-manger

Quantité : 4 portions	Préparation : 15 min	Cuisson : 20 min	Refroidissement : 1 h	Degré de difficulté : faible

500 ml (2 tasses) de lait

150 ml (⅔ tasse) de sucre

75 ml (⅓ tasse) de fécule de maïs

75 ml (⅓ tasse) d'eau

30 ml (2 c. à soupe) de beurre

5 ml (1 c. à thé) de vanille

*F*aire chauffer le lait et le sucre au bain-marie, jusqu'à ce que le mélange soit bouillant.

*D*élayer la fécule dans l'eau. Ajouter au mélange chaud.

*C*uire en brassant continuellement, jusqu'à épaississement.

*R*etirer du feu.

*I*ncorporer le beurre et la vanille, puis verser dans quatre coupes individuelles rincées à l'eau froide.

*R*éfrigérer la préparation environ 1 heure, jusqu'à ce qu'elle soit prise.

*S*ervir avec de la crème fouettée.

Rive-Sud de Québec

Jamais vous n'oublierez ce premier jour de l'An avec Norbert. Vous arrivez par le traversier de Lévis, plusieurs heures avant le réveillon. Dans la maison familiale, vous trouvez ses parents, les bras dans la farine jusqu'aux coudes, tout occupés à la préparation du grand repas de l'année. Ils sont contents de rencontrer la nouvelle blonde de leur plus vieux, mais vous n'en êtes pas certaine, car ils vous flanquent pratiquement à la porte dès que vous mettez le pied dans la maison.

« Norbert, emmène-la visiter la maison d'Alphonse Desjardins, promène-la sur la terrasse, mais ne la ramène pas avant deux ou trois heures, que je finisse mon ordinaire », lui dit sa mère. Chez les Vallières, vous le savez maintenant, on ne demande pas à celle que l'on reçoit pour la première fois de mettre la main à la pâte.

Norbert, ravi des suggestions de sa mère, vous confie que les musées et les salles d'exposition l'ont toujours attiré quand il était en voyage, mais que l'idée ne lui est jamais venue de visiter ceux de sa ville natale : jamais il n'a visité la résidence Alphonse-Desjardins ! Vous corrigez la situation, puis vous vous retrouvez sur la Terrasse de Lévis, dominant le fleuve. La neige qui tombe à gros flocons laisse entrevoir les ombres du Château Frontenac, de la Citadelle et du pont de Québec, alors qu'elle laisse à peine deviner le mont Ste-Anne et l'île d'Orléans.

À votre retour, le toit de bardeaux de la maison est couvert de haillons de neige et derrière les vitres givrées, vous apercevez déjà les silhouettes des membres de la famille. À l'intérieur, la maison sent bon les viandes et la pâtisserie. On transvase déjà le contenu des chaudrons dans de grands plats de service, afin que chacun puisse choisir les mets dont il a envie et se servir autant de fois qu'il le désire. On vous prévient que les plats régionaux traditionnels figurent au menu, avec ce que les Vallières appellent maintenant les surprises de l'année : un ou deux petits plats inhabituels pour un repas du jour de l'An.

Le ragoût, la dinde, les pâtés à la viande et le rôti de porc aux patates brunes composent bien sûr le volet traditionnel du repas. C'est en soulevant le couvercle du dernier plat que vous avez la surprise de l'année : des papillotes de lapin aux framboises !

Norbert a parlé à ses parents de votre penchant pour le lapin et ils ont pensé le préparer à leur façon pour vous accueillir au sein de la famille. Pour dessert, il y a la tarte au panais, mais au bout de la table trône un onctueux beurre d'érable que les fêtards prennent plaisir à tartiner sur leurs pâtisseries. Il s'agit de l'autre surprise de l'année, car dans la région, on ne se permet généralement cette gâterie qu'au temps des sucres !■

La résidence Alphonse-Desjardins n'est que l'une des magnifiques résidences que l'on peut admirer dans le vieux Lauzon, quartier chic, à proximité du fleuve, et riche en bâtiments historiques.

Pour peler des oignons sans désagrément, il suffit de les laisser séjourner au préalable dix minutes au congélateur ou une heure, au réfrigérateur.

Soupe à l'oignon au gratin

Quantité : 8 portions	Préparation : 20 min	Cuisson : 55 min	Degré de difficulté : moyen

125 g (¼ lb) de beurre ou équivalent en graisse de rôti

5 gros oignons, en rondelles fines

15 ml (1 c. à soupe) de farine

1,25 l (5 tasses) de consommé de bœuf concentré

Sel et poivre

75 ml (⅓ tasse) de vin xérès

375 ml (1 ½ tasse) de cheddar canadien doux râpé

8 tranches de pain, écroutées et séchées

Cannelle, au goût

Préchauffer le four à 190 °C (375 °F).

Faire fondre le beurre dans une casserole. Y faire revenir légèrement les oignons.

Tout en brassant, ajouter la farine, puis le consommé. Saler et poivrer. Laisser mijoter 45 minutes, en évitant l'ébullition.

Ajouter le xérès, et 250 ml (1 tasse) de fromage. Mélanger doucement, jusqu'à ce que le fromage soit fondu.

Verser la soupe dans huit petits plats de terre cuite.

Déposer sur chaque portion une tranche de pain et environ 15 ml (1 c. à soupe) de fromage.

Cuire au four jusqu'à ce que le fromage soit complètement fondu et légèrement doré.

Saupoudrer de cannelle.

ANDRÉ MOREAU

Voici une variante québécoise d'un hors-d'œuvre typiquement italien qui tient son nom d'un peintre de la Renaissance qui échangeait probablement volontier son pinceau pour une fourchette...!

Carpaccio de bison

Quantité : 6 portions	Préparation : 20 min	Cuisson : —	Degré de difficulté : moyen

420 g (14 oz) de rond de gîte de bison, coupé en tranches fines

1 bouquet de cresson

Sel et poivre du moulin

4 jaunes d'œufs durs

15 ml (1 c. à soupe) de moutarde

15 ml (1 c. à soupe) de pesto

15 ml (1 c. à soupe) de jus de lime

200 ml (¾ tasse + 4 c. à thé) d'huile d'olive

6 petits bouquets de cresson

*T*apisser six assiettes froides des tranches de bison.

*A*u robot culinaire, mélanger le cresson, le sel, le poivre, les jaunes d'œufs, la moutarde, le pesto et le jus de lime.

*V*erser l'huile en un mince filet, dans l'appareil en marche, jusqu'à consistance d'une mayonnaise.

*A*llonger d'un peu d'eau, si nécessaire.

*M*ettre la sauce dans un cornet de papier et la répartir en longs traits sur la viande. Réserver un peu de sauce.

*P*oivrer et garnir le centre de chaque assiette d'un petit bouquet de cresson.

*S*ervir avec des tranches de pain grillées, légèrement tartinées de sauce.

Recette traditionnelle

Traditionnellement, le porc se consommait bien cuit. Mais une tendance plus contemporaine préconise de plus en plus une cuisson moins intense et une viande légèrement rosée.

Rôti de porc aux patates brunes

Quantité : 8 portions	Préparation : 35 min	Cuisson : 3 h	Degré de difficulté : faible

1,5 kg (3 lb) de longe de porc avec la couenne

◼

2 gousses d'ail, pelées

◼

Sel et poivre

◼

7 ml (1 ½ c. à thé) de romarin

◼

7 ml (1 ½ c. à thé) de persil haché

◼

250 ml (1 tasse) d'eau

◼

8 pommes de terre, en morceaux

Préchauffer le four à 180 °C (350 °F).

Débarrasser la longe de porc de sa couenne. Réserver celle-ci.

Couper les gousses d'ail en quatre, dans le sens de la longueur .

Inciser la longe en plusieurs endroits, avec la fine lame d'un couteau, puis y insérer les morceaux d'ail. Assaisonner de sel, de poivre, de romarin et de persil.

Mettre la couenne réservée au fond d'une cocotte et y déposer le rôti. Verser l'eau sur le tout. Couvrir la cocotte et cuire 2 heures 30 minutes, en arrosant fréquemment du jus de cuisson. Ajouter un peu d'eau, au cours de la cuisson, si nécessaire.

Ajouter les pommes de terre et poursuivre la cuisson 30 minutes.

Trancher le rôti et le servir avec les pommes de terre brunes.

DENISE GIASSON

Un petit plat sans façon pour se ragaillardir lorsque besoin s'en fait sentir ! Débordant de bons légumes, cette marmite québécoise fera les délices de toute la famille.

Marmite québécoise

Quantité : 6 portions	Préparation : 30 min	Cuisson : 1 h 15 min	Degré de difficulté : moyen

15 ml (1 c. à soupe) de beurre

3 oignons, tranchés

3 grosses carottes, tranchées

1 pomme de terre, en dés

3 branches de céleri, en dés

1 boîte de 540 ml (19 oz) de tomates

1,5 l (6 tasses) d'eau

7 ml (1 ½ c. à thé) de sel

1 ml (¼ c. à thé) de poivre

500 g (1 lb) de bœuf haché

60 ml (¼ tasse) de mie de pain émiettée

1 œuf légèrement battu

5 ml (1 c. à thé) de sel

1 pincée de muscade

125 ml (¼ tasse) de farine

30 ml (2 c. à soupe) d'huile végétale

250 ml (1 tasse) de coquillettes

*F*aire fondre le beurre dans une casserole et y faire revenir les oignons, les carottes, la pomme de terre et les branches de céleri 10 minutes.

*A*jouter les tomates, l'eau, le sel et le poivre. Couvrir et amener à ébullition. Réduire la chaleur et laisser mijoter 30 minutes.

*P*endant ce temps, mélanger le bœuf haché, la mie de pain, l'œuf, le sel et la muscade.

*F*açonner la préparation en boulettes de 2,5 cm (1 po) de diamètre, puis les rouler dans la farine.

*F*aire chauffer l'huile dans une casserole et y faire revenir les boulettes de viande 15 minutes, jusqu'à ce qu'elles soient dorées de toute part.

*A*jouter les boulettes de viande et les petites coquillettes à la préparation de légumes.

*C*uire 20 minutes jusqu'à ce que les pâtes soient tendres.

La chair du lapin est peu grasse (135 cal pour 100 g) mais, n'étant pas protégée par une peau, elle absorbe davantage les graisses de cuisson.

ANDRÉ MOREAU

Papillotes de lapin aux framboises

Quantité : 2 portions	Préparation : 30 min	Marinage : 24 h	Cuisson : 30 min	Degré de difficulté : moyen

15 ml (1 c. à soupe) d'origan frais haché

Sel et poivre noir du moulin

1 oignon, haché

2 gousses d'ail, écrasées

150 ml (⅔ tasse) de vin de framboise Le Ricaneux

1 pincée de cannelle

100 ml (⅓ tasse + 5 c. à thé) de sauce demi-glace (du commerce)

4 cuisses de lapin

12 framboises

45 ml (3 c. à soupe) de sucre

15 ml (1 c. à soupe) d'eau

45 ml (3 c. à soupe) de vinaigre de framboise

60 ml (¼ tasse) de beurre

*P*réparer la marinade en mélangeant l'origan, le sel, le poivre, l'oignon, l'ail, le vin de framboise, la cannelle et la sauce demi-glace.

*D*époser les cuisses de lapin dans un plat peu profond et les arroser de la marinade. Laisser mariner 24 heures, au réfrigérateur.

*P*réchauffer le four à 180 °C (350 °F).

*É*goutter les cuisses de lapin et filtrer la marinade dans une passoire tapissée d'une étamine (coton à fromage). Réserver.

*D*époser chaque cuisse de lapin sur une feuille de papier d'aluminium. Verser 15 ml (1 c. à soupe) de marinade sur chaque cuisse et les garnir chacune de trois framboises. Refermer les papillotes. Cuire 30 minutes.

*P*endant ce temps, mélanger le sucre et l'eau dans une petite casserole. Cuire jusqu'à ce que le mélange commence à se caraméliser.

*D*églacer avec le vinaigre et le reste de la marinade. Poursuivre la cuisson 10 minutes. Ajouter le beurre et chauffer, en remuant, jusqu'à épaississement. Clarifier si nécessaire.

*S*ervir les cuisses de lapin avec la sauce et un mélange de riz blanc et de riz sauvage.

D. GIASSON

Le panais connaît tous les emplois du navet, qu'il peut remplacer avantageusement (notamment dans le pot-au-feu), car il est souvent plus savoureux. On peut aussi le cuisiner comme la carotte.

Tarte au panais

Quantité : 6 portions	Préparation : 30 min	Cuisson : 1 h 10 min	Degré de difficulté : moyen

500 ml (2 tasses) de farine

30 ml (2 c. à soupe) de sucre

2 ml (½ c. à thé) de sel

1 ml (¼ c. à thé) de poudre à pâte

180 ml (¾ tasse) de saindoux

125 ml (½ tasse) d'eau glacée

500 g (1 lb) de panais, tranchés

250 ml (1 tasse) de lait

60 ml (¼ tasse) de miel liquide

2 œufs, battus

2 ml (½ c. à thé) de zeste d'orange râpé

2 ml (½ c. à thé) de cannelle

2 ml (½ c. à thé) de sel

1 pincée de piment de la Jamaïque

30 ml (2 c. à soupe) de miel liquide, pour badigeonner

Crème fouettée, au goût

Cannelle, au goût

Préchauffer le four à 220 °C (425 °F).

Mélanger la farine, le sucre, le sel et la poudre à pâte. À l'aide d'un coupe-pâte ou de deux couteaux, couper le saindoux dans la farine jusqu'à consistance granuleuse.

Tout en mélangeant, verser, en un mince filet, suffisamment d'eau glacée pour que la pâte forme une boule.

Envelopper le quart de la pâte dans une pellicule de plastique. Réserver au réfrigérateur pour un usage ultérieur.

Abaisser le reste de la pâte sur une surface farinée.

Foncer de cette abaisse un plat à tarte de 30 cm (12 po) de diamètre. Cuire l'abaisse 10 minutes. Laisser refroidir.

Réduire la température du four à 190 °C (375 °F).

Cuire les panais 10 minutes, dans une casserole d'eau bouillante. Égoutter.

Ajouter le lait et réduire en purée, au robot culinaire. Incorporer le miel, les œufs, le zeste d'orange, la cannelle, le sel et le piment de la Jamaïque. Bien mélanger.

Verser la préparation dans l'abaisse et cuire 50 minutes, jusqu'à ce que la garniture soit prise.

Badigeonner de miel le dessus de la tarte. Décorer de crème fouettée et saupoudrer d'un peu de cannelle.

Y. JACQUES

Recette traditionnelle

Voilà une sucrée de belle façon de tartiner les rôties du petit déjeuner... et pas besoin d'ajouter le beurre : il s'y trouve déjà !

Beurre d'érable

Quantité : 750 ml (3 tasses) | Préparation : 10 min | Cuisson : 30 min | Degré de difficulté : faible

375 ml (1 ½ tasse) de sucre d'érable râpé

■

250 ml (1 tasse) de sucre

■

125 ml (½ tasse) de cassonade

■

180 ml (¾ tasse) de farine

■

310 ml (1 ¼ tasse) de lait

■

45 ml (3 c. à soupe) de beurre

■

5 ml (1 c. à thé) d'essence d'érable

*D*ans une casserole, mélanger le sucre d'érable, le sucre, la cassonade et la farine.

*A*jouter le lait, le beurre et l'essence d'érable.

*A*mener à ébullition en brassant, puis réduire la chaleur.

*C*uire 30 minutes à feu doux, en remuant de temps en temps.

*C*onserver au frais.

CHAUDIÈRE-APPALACHES • *RIVE-SUD DE QUÉBEC*

Amiante

Vos vacances familiales au pays de l'amiante ont été, de l'avis même des enfants, les plus réussies de toutes. La région n'est pas trop grande : il n'y a jamais de trop longues routes à parcourir entre deux points, ce qui a l'heur de plaire aux tout-petits, d'autant qu'on y offre des activités variées et intéressantes pour les gens de tous les âges.

De votre séjour, vous retenez d'abord la visite du musée minéralogique et minier de Thetford-Mines parce que l'apparence de la fibre d'amiante a étonné vivement votre petite de six ans. Vous gardez aussi un souvenir impérissable de votre balade en canot sur le lac St-François, agrémentée des chansonnettes qu'elle a fredonnées tout au long du parcours.

Vous restez ému en vous rappelant l'intérêt soutenu de votre grand de sept ans, qui découvrait, lors de votre visite du moulin à carder Groleau, « comment on faisait la laine dans l'ancien temps ». Vous souriez chaque fois que vous l'entendez raconter à ses amis comment il a pris un poisson « gros comme ça » lors d'une excursion de pêche au lac Aylmer.

Vous voulez revivre vos journées à la plage et vos randonnées dans les sentiers d'interprétation du parc de récréation Frontenac. Vous souhaitez revoir un jour des paysages comme ceux de la rivière et du lac St-François, à partir du point de vue exceptionnel du barrage Jules-Allard. De même, vous vous rappelez les panoramas arides des mines à ciel ouvert.

Et, à chacune de vos sorties au

Joliement intégré dans un environnement grandiose, le barrage Jules-Allard, qui enjambe la rivière St-François, offre une vue exceptionnelle sur le lac St-François et le mont Adstock.

restaurant avec les enfants, vous espérez retrouver ce que vous n'avez déniché que là-bas : une variété de plats qui fait que parents et enfants sont aussi heureux les uns que les autres.

Vous avez toujours en tête cette si agréable soirée où le macaroni au cheddar, ce plat familial de cuisine régionale, faisait le régal des

enfants alors que vous vous délectiez d'un rôti de bison à la choucroute et aux légumes, accompagné d'un bon vin. Au dessert, la tarte au sirop d'érable ralliait tous les goûts. Même les enfants en parlent encore !■

Recette traditionnelle

La consistance d'une soupe est matière de goût. Si celle-ci vous semble trop épaisse, vous pouvez toujours l'allonger d'un peu de bouillon de poulet chaud.

Soupe au gruau

Quantité : 2 portions	Préparation : 15 min	Cuisson : 25 min	Degré de difficulté : faible

30 ml (2 c. à soupe) de beurre

1 branche de céleri, hachée finement

1 oignon, haché

1 carotte, râpée

500 ml (2 tasses) de jus de tomate

1 feuille de laurier

Sel et poivre

60 ml (¼ tasse) de gruau

Faire fondre le beurre dans une casserole. Y faire revenir le céleri, l'oignon et la carotte 5 minutes environ.

Ajouter le jus de tomate et la feuille de laurier. Saler et poivrer.

Amener à ébullition et réduire la chaleur.

Ajouter le gruau.

Couvrir et laisser mijoter 20 minutes.

Il ne faut jamais laisser bouillir les œufs plus de 10 minutes, car le blanc devient caoutchouteux et le jaune friable.

Salade de porc

| Quantité : 4 portions | Préparation : 10 min | Cuisson : — | Degré de difficulté : faible |

500 ml (2 tasses) de dés de porc cuit

1 oignon, haché finement

2 branches de céleri, hachées finement

Sel et poivre

Feuilles de laitue, au goût

Mayonnaise

2 œufs durs, en quartiers ou en rondelles

*D*ans un bol, mélanger les dés de porc, l'oignon et le céleri. Saler et poivrer.

*T*apisser un saladier de feuilles de laitue. Déposer la salade de porc au centre.

*G*arnir de mayonnaise et d'œufs durs. Servir froid.

CHAUDIÈRE-APPALACHES • AMIANTE

ROBIN JEAN « LE GEORGESVILLE »

Le symbole de l'Alsace, la choucroute, et celui des grandes plaines du Far West américain, le bison, dans un même plat ! Qu'en penserait Buffalo Bill ?

Rôti de bison à la choucroute

Quantité : 6 portions | **Préparation : 30 min** | **Cuisson : 1 h 30 min** | **Degré de difficulté : moyen**

1 bulbe d'ail

1,2 kg (2 lb 10 oz) de rôti de bison (dans la cuisse)

Sel et poivre

30 ml (2 c. à soupe) d'huile végétale

30 ml (2 c. à soupe) de beurre

1 kg (2 lb) de choucroute précuite (du commerce)

1 oignon, piqué d'un clou de girofle

100 g (3⅓ oz) de lard, coupé en dés

180 ml (¾ tasse) de fond de veau ou de sauce demi-glace (du commerce)

250 ml (1 tasse) de haricots verts

250 ml (1 tasse) d'épis de maïs nains

250 ml (1 tasse) de pois mange-tout

3 carottes, tranchées

45 ml (3 c. à soupe) de beurre

Sel et poivre

Préchauffer le four à 180 °C (350 °F).

Défaire l'ail en gousses, puis peler celles-ci.

Inciser le rôti à plusieurs endroits avec la pointe d'un couteau, puis y insérer les gousses d'ail. Saler et poivrer.

Dans une cocotte, faire chauffer l'huile et le beurre puis y dorer la viande de toute part, à feu moyen-vif.

Retirer le rôti de la cocotte. Rincer la choucroute et la déposer dans la cocotte. Ajouter l'oignon et le lard.

Remettre le rôti dans la cocotte et arroser du fond de veau. Amener à ébullition et réduire la chaleur. Couvrir et laisser mijoter 1 heure.

Dans une casserole d'eau bouillante salée, blanchir les haricots verts, les épis de maïs, les pois mange-tout et les carottes, 2 minutes. Égoutter.

Dans un poêlon, faire fondre le beurre sans le laisser brunir, puis y sauter les légumes blanchis. Saler et poivrer.

Ajouter les légumes au contenu de la cocotte et servir.

ROBIN JEAN

Voici un mets tout simple qui plaira aux becs les plus fins… Il va de soi que ces petits oiseaux à la québécoise doivent être bien cuits… cuits… cuits…

Petits oiseaux de bœuf

Quantité : 2 portions	Préparation : 30 min	Cuisson : 1 h	Degré de difficulté : faible

250 g (½ lb) de bœuf haché

75 ml (⅓ tasse) de riz instant

2 ml (½ c. à thé) de sel

1 ml (¼ c. à thé) de poivre

1 pincée de piment de Cayenne

Feuilles de chou frisé, au besoin

1 boîte de 284 ml (10 oz) de soupe aux tomates concentrée

284 ml (10 oz) de lait

Préchauffer le four à 180 °C (350 °F).

Mélanger le bœuf, le riz, le sel, le poivre et le piment de Cayenne. Réserver.

Cuire les feuilles de chou 2 minutes dans juste assez d'eau bouillante pour qu'elles en soient couvertes.

Déposer 30 ml (2 c. à soupe) de la préparation de bœuf sur chaque feuille de chou.

Rouler chaque feuille en cigare.

Fixer avec des cure-dents.

Verser la soupe aux tomates dans un plat allant au four et y incorporer le lait. Ajouter les cigares au chou. Couvrir et cuire 1 heure.

Y. JACQUES

Recette traditionnelle

Ce plat, d'origine napolitaine, rappellera des souvenirs à plusieurs... en effet, qui n'a pas, au temps de ses études, alors que les budgets étaient serrés, rempli son estomac de ce plat nourrissant, mais combien économique.

Macaroni au cheddar

| Quantité : 8 portions | Préparation : 30 min | Cuisson : 40 min | Degré de difficulté : moyen |

500 g (1 lb) de macaronis

45 ml (3 c. à soupe) de beurre

45 ml (3 c. à soupe) de farine

375 ml (1 ½ tasse) de lait

500 ml (2 tasses) de cheddar râpé (doux ou moyen)

15 ml (1 c. à soupe) de beurre

1 oignon, haché

Sel et poivre

*P*réchauffer le four à 180 °C (350 °F).

*C*uire les pâtes dans une casserole d'eau bouillante salée, selon les indications du fabricant.

*P*endant ce temps, faire fondre le beurre dans une casserole.

*A*jouter la farine et cuire 1 minute, tout en mélangeant.

*A*jouter le lait et poursuivre la cuisson 5 minutes, en remuant constamment, jusqu'à épaississement.

*R*incer et bien égoutter les pâtes.

*V*erser la moitié des pâtes dans un plat graissé, allant au four. Couvrir de la moitié de la sauce et de la moitié du fromage, puis du reste des pâtes.

*F*aire fondre le beurre dans un poêlon et y faire revenir l'oignon.

*A*jouter l'oignon au reste de la sauce. Saler et poivrer.

*N*apper les macaronis de cette préparation et les parsemer du reste du fromage.

*C*uire 20 minutes.

M. BEAULIEU

Pour ajouter de la texture à cette tarte déjà consistante, il suffit d'incorporer à la recette quelques pacanes hachées au goût.

Tarte au sirop d'érable

Quantité : 8 portions	Préparation : 20 min	Cuisson : 40 min	Degré de difficulté : faible

500 ml (2 tasses) de farine

30 ml (2 c. à soupe) de sucre

2 ml (½ c. à thé) de sel

1 ml (¼ c. à thé) de poudre à pâte

180 ml (¾ tasse) de saindoux

125 ml (½ tasse) d'eau glacée

500 ml (2 tasses) de sirop d'érable

60 ml (¼ tasse) de farine

750 ml (3 tasses) de raisins de Smyrne

Zeste et jus de 1 citron

*P*réchauffer le four à 180 °C (350 °F).

*M*élanger la farine, le sucre, le sel et la poudre à pâte. À l'aide d'un coupe-pâte ou de deux couteaux, couper le saindoux dans la farine jusqu'à consistance granuleuse.

*T*out en mélangeant, verser, en un mince filet, suffisamment d'eau glacée pour que la pâte forme une boule.

*D*iviser la pâte en deux portions.

*F*oncer un plat à tarte de 30 cm (12 po) de diamètre de l'une des abaisses. Réserver l'autre.

*D*ans un bol, mélanger le sirop d'érable et la farine. Ajouter les raisins, le zeste et le jus de citron.

*V*erser la préparation dans le plat à tarte. Couvrir de la seconde abaisse. Cuire 40 minutes, ou jusqu'à ce que la croûte soit dorée.

Pour éviter aux dattes de se dessécher, les conserver à la température ambiante, dans un contenant hermétiquement fermé. Si vous les achetez en conserve, notez bien la « datte » d'expiration du produit...

S. MAHEU

Carrés aux dattes et au fromage à la crème

Quantité : 16 carrés	Préparation : 20 min	Cuisson : 55 min	Degré de difficulté : faible

500 ml (2 tasses) de farine

2 ml (½ c. à thé) de sel

125 ml (½ tasse) de graisse végétale

1 paquet de 90 g (3 oz) de fromage à la crème

250 ml (1 tasse) d'eau chaude

125 ml (½ tasse) de sucre

500 ml (2 tasses) de dattes hachées

30 ml (2 c. à soupe) de jus de citron

Préchauffer le four à 190 °C (375 °F).

Dans un bol, tamiser la farine et le sel.

Dans un autre bol, défaire la graisse en crème avec le fromage. Ajouter à la préparation précédente.

À l'aide d'un coupe-pâte ou de deux couteaux, couper la graisse dans la farine jusqu'à consistance granuleuse.

Dans une casserole, mélanger l'eau, le sucre, les dattes et le jus de citron.

Cuire 10 minutes jusqu'à épaississement.

Dans un moule carré graissé de 20 cm (8 po) de côté, étendre la moitié de la pâte en pressant.

Couvrir de la garniture aux dattes. Parsemer la garniture du reste de la pâte.

Cuire 45 minutes.

Laisser refroidir complètement et couper en 16 carrés.

MAURICIE–BOIS-FRANCS

Une affaire de cœur...

Au nord, c'est avec un véritable coup de cœur que vous vous engouffrez dans la vallée de la tumultueuse St-Maurice, taillée à même le Bouclier canadien, dans un arrière-pays couvert de forêts giboyeuses; d'ouest en est, c'est le cœur léger que de Maskinongé à Ste-Anne-de-la-Pérade, vous longez la vaste plaine agricole des rives du St-Laurent, siège d'une industrie laitière des plus prospères.

Au sud, également agricole, vous pénétrez de bon cœur dans les Bois-Francs, ainsi nommés pour la prédominance des érablières poussant une pointe dans les Appalaches et voisinant celles de la Beauce et de l'Estrie. À mi-chemin entre Québec et Montréal, dans la région Mauricie–Bois-Francs, vous sillonnez le cœur géographique du Québec habité...

Au nombre des plus belles histoires de cœur des villégiateurs, la région est avant tout une affaire de cœur

Le rodéo professionnel du célèbre Festival western de St-Tite fait la joie de centaines de milliers de visiteurs en septembre.

entre les gens de la place et leur coin de pays! Partie prenante du développement économique de la colonie, la contrée s'est souvent trouvée au cœur de son histoire. Ainsi, la découverte d'un gisement de minerai de fer, au XVIIe siècle, donna lieu à l'établissement, aux Trois-Rivières, des Forges du St-Maurice, où l'on fabriqua pendant près de cent cinquante ans chaudrons et outils à l'intention des seigneuries établies le long du chemin du Roy, en bordure du fleuve.

Dans le Cœur-du-Québec, on a toujours eu du cœur au ventre. Par exemple, au XIXe siècle, débuta l'exploitation forestière, une activité qui n'a jamais cessé sur ce territoire riche en matières premières et en voies d'eau propices au transport des billots. Avec la coupe du bois vinrent les moulins à scie et à pulpe, autour desquels se bâtirent les villages. Puis, vers le début du XXe siècle, on a si bien pris à cœur l'érection du premier barrage hydroélectrique sur la St-Maurice, au-dessus des chutes de Shawinigan, que la rivière compte aujourd'hui huit centrales hydroélectriques en activité et une importante fonderie d'aluminium.

Au nord de la région, véritable centre d'interprétation industriel, hydroélectrique et forestier, s'oppose le sud du St-Laurent, dominé par les activités agricoles et acéricoles, de même que par l'élevage de vaches laitières. Moulins à farine et à laine, manoirs seigneuriaux, fermes anciennes et modernes, musées, églises, presbytères et couvents y témoignent de l'évolution des activités et du peuplement abénaquis, algonquin, attikamek, canadien français et loyaliste anglais.

De tout temps, les habitants de la région Mauricie–Bois-Francs ont allié avec bonheur les ressources

Deuxième plus ancienne ville du Canada, Trois-Rivières est non seulement reconnue pour son industrie papetière, mais également pour ses nombreux attraits culturels et commerciaux qui en font une destination touristique de choix.

alimentaires locales aux influences culinaires des régions périphériques, donnant lieu à une cuisine régionale évolutive. Sur ce territoire privilégié en regard de la chasse et de la pêche, ces produits entrent depuis longtemps dans la composition des recettes locales. Par exemple, selon les endroits, la truite, le canard, la barbotte, ou encore les poissons des chenaux sont au cœur des gibelottes. Comme partout ailleurs au Québec, les desserts sont tradition et, là où les érables dominent les paysages, c'est surtout avec leurs produits que l'on se sucre le bec. Dans le Cœur-du-Québec contemporain, on produit encore des farines et des dérivés du lait et de l'érable, auxquels se sont ajoutés le miel, la pomme et la canneberge, composantes de petits plats qui vous iront droit au cœur.

Quand vous serez de passage dans la région, vos hôtes mettront tout leur cœur à vous faire découvrir des circuits axés sur le plein air, l'histoire et la gastronomie.■

La Mauricie, terre privilégiée des férus de pêche sportive, compte une multitude de très beaux lacs où foisonnent truites, brochets et dorés, alors que ses forêts aux espèces d'arbres les plus variés, feront le bonheur des adeptes de randonnée pédestre.

Drummond

*Ce qui vous attire sur le site historique du Domaine Trent, à Drummondville,
n'a rien d'une exposition de meubles d'époque. De façon assez inattendue,
les murs du manoir abritent le Centre québécois d'information
sur les vins et les fromages !*

Cette incursion dans le monde de la gastronomie se termine pour vous par la dégustation du petit fromage maison de la région. Selon vous, il est bien normal que dans une contrée où l'industrie laitière est si importante, l'on s'intéresse de la sorte aux fromages...

C'est le Village québécois d'antan qui vous projette dans la petite histoire du pays de Drummond. Des dizaines de bâtiments érigés entre 1810 et 1910 ont été déplacés de leur site original et regroupés sur un emplacement boisé au bord de la rivière St-François. Chacun d'eux est occupé par des guides en costume d'époque reproduisant le mode de vie d'autrefois. Ainsi, en trois heures, vous parcourez plus de cinq kilomètres sur des chemins de terre battue, marchant de la cabane en bois rond jusqu'à la maison des loyalistes, en passant par la maison canadienne typique.

Surtout, vous faites des rencontres peu banales... L'apothicaire vous conseille le remède qui soulagera votre mal de gorge. La servante de la maison victorienne vous refile sa recette de pain rond. Le forgeron peste contre son voisin avare qui fait souffrir les chevaux tant il fait rarement changer ses fers. Le curé vous bénit sur le parvis de l'église.

Vivez une tranche de l'histoire en vous balladant dans les ravissantes petites rues du Village québécois d'antan où les maisons témoignent d'un passé riche en traditions.

La standardiste, elle, ne vous parle pas : elle écoute les conversations captées sur son standard de 1876. Cet après-midi là, l'histoire d'une mère qui a surpris sa fille échangeant un baiser avec le fils du notaire excite sa curiosité : ils se croyaient tous deux, bien à tort, à l'abri des regards indiscrets sous le pont couvert enjambant le ruisseau du bout du village...

Votre « retour vers le futur » se fait tout en douceur, dans un jardin de roses. Vous vous rendez à la halte bio-alimentaire de Drummondville d'où tante Albertine, qui vous attend avec ses fameuses cuisses de lapin aux raisins frais, vous demande de lui rapporter la confiture de pommes aux pétales de roses dont elle souhaite tartiner vos rôties du lendemain. Elle ne vous a pas prévenu que vous trouveriez dans les serres une cinquantaine de variétés de roses ! Elle ne vous a pas non plus laissé entendre que vous y dénicheriez une telle gamme de produits locaux. En vous laissant séduire par les dérivés de l'érable, du miel, de la pomme et des canneberges, ainsi que par des farines, fromages et yogourts biologiques, vous voulez rapporter un peu du pays de Drummond dans vos valises... Tante Albertine n'aurait pu imaginer meilleure façon de vous faire adopter sa région.■

THÉRÈSE MAURICE

Envie d'une bonne soupe réconfortante ? Cette succulente recette à base de courge spaghetti est toute indiquée, et si facile à préparer !

Soupe de courge spaghetti

Quantité : 4 portions	Préparation : 15 min	Cuisson : 20 min	Degré de difficulté : faible

15 ml (1 c. à soupe) de beurre

1 gros oignon, en dés

2 branches de céleri, tranchées

3 pommes de terre, en dés

1 l (4 tasses) de bouillon de poulet

1 petite courge spaghetti d'environ 750 g (1 ½ lb), cuite et coupée en dés

60 ml (¼ tasse) de crème 35 %

30 ml (2 c. à soupe) d'estragon frais haché

Sel et poivre

Crème 35 %, au goût

Brins d'estragon frais, au goût

*F*aire fondre le beurre dans une casserole. Y faire revenir l'oignon et le céleri 3 minutes, en remuant.

*A*jouter les pommes de terre et le bouillon de poulet.

*A*mener à ébullition et réduire aussitôt la chaleur. Couvrir et laisser mijoter 15 minutes.

*M*ettre la courge cuite dans le robot culinaire. Ajouter le contenu de la casserole et réduire en purée. Ajouter la crème et l'estragon. Saler et poivrer.

*G*arnir chaque portion de crème et de brins d'estragon.

A. MOREAU

Ces jolis petits abricots fourrés sont une véritable invitation à la gourmandise. Mais méfiez-vous ! Si l'eau-de-vie d'hydromel est un « nectar » pour le palais, elle n'en demeure pas moins très très sournoise…

Abricots secs au fromage frais

Quantité : 60 bouchées	Préparation : 40 min	Cuisson : —	Trempage : 2 h	Degré de difficulté : moyen

60 abricots secs

500 ml (2 tasses) d'hydromel (liqueur à base de miel)

500 g (1lb) de fromage de chèvre au poivre

3 tiges de cerfeuil frais, hachées

60 ml (¼ tasse) de crème 35 %

60 brins de cerfeuil

60 brisures de noix de Grenoble

Déposer les abricots dans un grand bol. Les arroser d'hydromel. Laisser tremper 2 heures.

Dans un bol, mélanger le fromage de chèvre, le cerfeuil haché et la crème.

Égoutter les abricots. Les éponger avec un linge propre.

Avec un couteau, faire une petite incision au centre de chaque abricot.

Farcir chaque abricot d'une cuil-lerée de préparation au fromage.

Garnir d'un brin de cerfeuil et d'une brisure de noix.

Déposer chaque abricot dans un petit moule de papier gaufré.

Servir avec un verre d'hydromel.

A. MOREAU

Apportez une touche
d'Italie à votre table
avec ce savoureux
mets de lapin divine-
ment assaisonné à
l'italienne... Servir
avec des pâtes fraîches
et mama mia,
quel délice !

Cuisses de lapin aux raisins frais

Quantité : 4 portions	Préparation : 15 min	Cuisson : 1 h 20 min	Degré de difficulté : moyen

30 ml (2 c. à soupe) de farine

5 ml (1 c. à thé) d'assaisonnement à l'italienne

2 ml (½ c. à thé) de poivre noir

Sel

30 ml (2 c. à soupe) d'huile d'olive

4 cuisses de lapin

250 g (½ lb) d'oignons à mariner

250 ml (1 tasse) de vin blanc sec

500 g (1 lb) de raisins verts

Préchauffer le four à 180 °C (350 °F).

Mélanger la farine, l'assaisonne-ment à l'italienne, le poivre et le sel. Enrober les cuisses de ce mélange.

Faire chauffer l'huile dans un poêlon allant au four. Y faire revenir les cuis-ses de toute part, jusqu'à ce qu'elles soient dorées.

Ajouter les oignons. Poursuivre la cuisson 15 minutes, à feu moyen. Retirer les cuisses du poêlon.

Déglacer avec le vin blanc. Retirer du feu.

Couvrir et poursuivre la cuisson 45 minutes, au four.

Ajouter les raisins.

Découvrir et poursuivre la cuisson 15 minutes.

Recette traditionnelle

« Le carré », appellation très courante dans le vocabulaire culinaire, constitue un morceau de choix. Il se situe entre le gigot et les premières côtelettes. On connaît bien le carré d'agneau, mais on emploie également ce terme pour désigner des pièces de caribou, de porc, ou encore de bœuf.

Carrés d'agneau parfumés aux herbes

Quantité : 6 portions	Préparation : 10 min	Cuisson : 30 min	Degré de difficulté : moyen

15 ml (1 c. à soupe) d'huile d'olive

■

3 carrés d'agneau, parés

■

Sel et poivre

■

15 ml (1 c. à soupe) de moutarde forte

■

10 ml (2 c. à thé) de thym

■

10 ml (2 c. à thé) de romarin

■

10 ml (2 c. à thé) de persil

■

5 ml (1 c. à thé) d'ail haché

■

20 ml (4 c. à thé) de chapelure

■

Tiges de cresson

Préchauffer le four à 200 °C (400 °F).

Faire chauffer l'huile dans un poêlon allant au four. Y saisir les carrés d'agneau 1 minute. Saler et poivrer.

Cuire au four 20 minutes.

Badigeonner la viande de moutarde. Saupoudrer de thym, de romarin et de persil.

Ajouter l'ail haché. Saupoudrer de chapelure.

Poursuivre la cuisson 7 minutes.

Trancher les côtes d'agneau.

Les dresser dans une assiette.

Garnir de cresson.

Recette traditionnelle

Le secret de ce mets traditionnel aussi délicieux que raffiné : du bon poulet de grain tendre, cuit dans le vin et parfumé à l'érable. Couronnez le tout de belles pommes sautées et c'est le chef-d'œuvre assuré.

Poulet de grain aux pommes de St-Germain

Quantité: 4 portions	Préparation: 15 min	Cuisson: 1 h	Degré de difficulté: moyen

1 poulet, coupé en 8 morceaux

30 ml (2 c. à soupe) de farine

Sel et poivre

30 ml (2 c. à soupe) d'huile végétale

250 ml (1 tasse) de vin blanc

500 ml (2 tasses) de bouillon de poulet

5 ml (1 c. à thé) de beurre

5 ml (1 c. à thé) de farine

15 ml (1 c. à soupe) de beurre

4 pommes, pelées et coupées en quartiers

30 ml (2 c. à soupe) de sucre d'érable

10 ml (2 c. à thé) de vinaigre de cidre

Déposer les morceaux de poulet dans un grand bol et les enrober de farine. Saler et poivrer.

Faire chauffer l'huile dans une grande casserole. Y faire dorer le poulet de toute part, à feu moyen.

Ajouter le vin blanc et le bouillon de poulet. Amener à ébullition et réduire aussitôt la chaleur.

Couvrir et laisser mijoter 30 minutes. Enlever l'excédent de graisse.

Retirer le poulet de la casserole.

Dans un petit bol, mélanger le beurre et la farine pour obtenir une pâte. Incorporer à la sauce, en remuant.

Ajouter les morceaux de poulet cuits. Réserver.

Faire fondre le beurre dans un poêlon. Y faire sauter les pommes 2 minutes.

Saupoudrer de sucre d'érable. Poursuivre la cuisson jusqu'à ce que les pommes soient dorées.

Déglacer au vinaigre. Transvaser dans la casserole.

Poursuivre la cuisson à feu doux, 10 minutes.

Comme le fit l'écrivain Marcel Proust, partez « À la recherche du temps perdu » en dégustant ce coulis original accompagné de quelques madeleines, ce « petit coquillage de pâtisserie, si grassement sensuel sous son plissage sévère et dévot ».

Coulis de rhubarbe vanillé

Quantité : 6 portions	Préparation : 25 min	Cuisson : 25 min	Degré de difficulté : moyen

15 ml (1 c. à soupe) d'essence de vanille

30 ml (2 c. à soupe) d'eau

90 ml (6 c. à soupe) de sucre glace

1,5 l (6 tasses) de rhubarbe pelée et coupée en morceaux

250 ml (1 tasse) de gelée de groseille

3 jaunes d'œufs

75 ml (⅓ tasse) de sucre

60 ml (4 c. à soupe) de fécule de maïs

60 ml (¼ tasse) d'eau froide

500 ml (2 tasses) de lait

1 gousse de vanille, fendue en deux, ou 1 ml (¼ c. à thé) d'essence de vanille

Dans un petit bol, mélanger la vanille, l'eau et le sucre glace.

Déposer la rhubarbe dans une casserole. Ajouter la préparation précédente. Mélanger.

Cuire à feu moyen, 20 minutes environ, jusqu'à ce que la préparation se caramélise légèrement.

Écraser à la fourchette. Laisser refroidir.

Dans une casserole, faire fondre la gelée de groseille à feu doux, sans laisser bouillir.

Retirer du feu. Laisser tiédir.

Dans un bol, fouetter les jaunes d'œufs et le sucre. Délayer la fécule

de maïs dans l'eau froide. Incorporer à la préparation d'œufs.

Verser le lait dans une casserole et ajouter la gousse de vanille. Amener à ébullition et retirer du feu. Jeter la gousse de vanille.

Tout en fouettant, verser le lait bouillant sur la préparation d'œufs, en un mince filet.

Remettre la préparation dans la casserole. Cuire à feu moyen, tout en remuant, jusqu'à épaississement. Laisser refroidir.

Verser le coulis de rhubarbe dans des coupes.

Napper d'une couche de gelée de groseille et couvrir de crème pâtissière. Réserver au réfrigérateur.

Servir avec des biscuits fins ou des madeleines.

Les pétales de rose, colorés et parfumés, sont présents depuis toujours en pâtisserie et en confiserie. Voyez d'emblée la vie en rose en dégustant cette compote comme dessert… où sur vos tartines matinales !

LISETTE THERRIEN

Confiture de pommes aux pétales de roses

Quantité : 6 tasses	Préparation : 20 min	Cuisson : 20 min	Degré de difficulté : faible

16 **pommes bien juteuses, en cubes**

250 **ml (1 tasse) d'eau**

250 **ml (1 tasse) de sucre**

250 **ml (1 tasse) de pétales de rose séchés**

Mettre les pommes et l'eau dans une casserole. Cuire environ 15 minutes, à feu doux, jusqu'à ce que les pommes soient tendres.

Ajouter le sucre petit à petit.

Incorporer les pétales de rose, en remuant.

Laisser mijoter 5 minutes, jusqu'à consistance de confiture.

MAURICIE–BOIS-FRANCS • *DRUMMOND*

Au pays de Laurier

Dans ce coin de pays où de grands personnages comme l'homme politique Sir Wilfrid Laurier,
le peintre d'inspiration impressionniste Marc-Aurèle Fortin et le frère Marie-Victorin,
botaniste réputé, ont vu le jour, vous devenez tout à la fois Holmes, Maigret et Poireau.
Cela se passe dans le paisible village agricole de St-Norbert d'Arthabaska où rien,
à première vue, ne laisse présager une telle aventure...

Votre groupe se croit vraiment perdu lorsqu'après avoir suivi une heure durant les grandes empreintes qui semblaient vous mener à la sortie de l'impasse, vous constatez que vous êtes sur une fausse piste et revenez sur vos pas. Un mur végétal de plus de deux mètres de hauteur vous empêchant d'évaluer votre position, vous choisissez alors de procéder par élimination. C'est donc en évitant scrupuleusement d'emprunter les allées marquées des empreintes trompeuses que votre groupe découvre le premier la sortie et se voit décerner le grand prix du rallye...

Le soir, devant une entrée de mousse arlequin au chèvre frais vous vous promettez de revenir bientôt au pays de Laurier. Avec les enfants, vous ne manquerez pas, assurément, de vous lancer à nouveau dans ce labyrinthe très spécial, formé de haies de cèdres dont les dédales se multiplient sur plus d'un kilomètre et demi et dont l'unique sortie n'est pas facile à trouver.

En dégustant de la bonne truite pêchée dans la région, dont les filets vous sont présentés en un feuilleté de rabioles que vous n'avez goûté nulle part ailleurs, vous projetez un prochain séjour plus long. Vous ferez visiter aux enfants cette ma-gnifique résidence où vécut Wilfrid Laurier, ornée de corniches en relief, de pierres d'angle et de fenêtres en saillie... Ils y découvriront la carrière politique et la vie de celui qui fut le premier Canadien français à devenir premier ministre du Canada. À Kingsey Falls, vous leur ferez faire la visite des usines de pâtes et papier Cascades, qui est non seulement un important producteur de papier, mais également le principal recycleur de papier au Canada. Par la suite, vous irez vous reposer en vous balladant dans les allées fleuries des très beaux jardins du parc Marie-Victorin.

Comme ils adorent le camping, vous les emmènerez dans les environs de Plessisville. Et là, dans une érablière voisine ouverte à l'année, vous leur ferez la surprise d'un repas du temps des sucres en plein été. Celui-ci se terminera sûrement par les grands-pères au sirop d'érable, un dessert que les grands-mères de la région confectionnent depuis toujours. ■

Instauré en l'honneur du célèbre botaniste québécois Marie-Victorin, le superbe parc thématique du même nom n'est ni plus ni moins qu'un hymne à la nature et à la protection de l'environnement.

DANIELLE TESSIER

L'estragon dont
l'arôme fin et délicat
domine dans ce
potage, était jadis
réputé pour ses
vertus curatives
contre les morsures
de serpents.

Potage aux carottes et à l'estragon

Quantité : 6 portions	Préparation : 10 min	Cuisson : 35 min	Degré de difficulté : moyen

60 ml (¼ tasse) de beurre

1 kg (2 lb) de carottes, pelées et coupées en tranches

1 gros oignon, haché

2 ml (½ c. à thé) de coriandre moulue

2 ml (½ c. à thé) d'estragon

2 ml (½ c. à thé) de gingembre moulu

2 ml (½ c. à thé) de macis moulu

1,5 l (6 tasses) de bouillon de légumes

Sel

Poivre fraîchement moulu

150 ml (⅔ tasse) de crème 15 %

Rondelles de carotte

15 ml (1 c. à soupe) d'estragon haché

Dans une casserole, faire fondre le beurre.

Ajouter les carottes et l'oignon.

Couvrir et cuire 5 minutes, à feu doux.

Ajouter la coriandre, l'estragon, le gingembre et le macis. Cuire 1 minute, à feu moyen-vif.

Ajouter le bouillon. Amener à ébullition et réduire aussitôt la chaleur. Laisser mijoter 30 minutes. Retirer du feu.

Réduire en purée au mélangeur.

Remettre dans la casserole et amener au point d'ébullition. Retirer du feu. Saler et poivrer.

Incorporer la crème, en remuant.

Découper joliment les rondelles de carotte à l'emporte-pièce. En garnir le potage.

Saupoudrer d'estragon.

Rien de mieux que cette mousse légère pour se mettre en appétit ! On peut intervertir à sa guise l'ordre des mousses pour varier la séquence des couleurs sans en altérer la saveur.

Mousse arlequin au chèvre frais

Quantité : 15 portions	Préparation : 45 min	Cuisson : 30 sec	Refroidissement : 3 h	Degré de difficulté : moyen

2 **courgettes (non pelées)**

360 **g (12 oz) de fromage de chèvre frais**

60 **ml (¼ tasse) de poivron vert haché**

750 **ml (3 tasses) de crème champêtre 15 %**

90 **ml (6 c. à soupe) d'eau tiède**

3 **sachets de gélatine**

Sel et poivre

60 **ml (¼ tasse) de poivron jaune haché**

60 **ml (¼ tasse) de poivron rouge haché**

Chemiser un moule d'une contenance de 1,5 l (6 tasses) d'une pellicule de plastique.

Trancher finement les courgettes sur la longueur. Les blanchir 30 secondes, dans une casserole d'eau bouillante. Réserver.

Au mélangeur, réduire en purée le fromage et le poivron vert. Verser la préparation dans un grand bol.

Incorporer 250 ml (1 tasse) de crème, en pliant délicatement à l'aide d'une spatule de caoutchouc.

Verser 30 ml (2 c. à soupe) d'eau dans un bol. Y saupoudrer 1 sachet de gélatine et laisser gonfler 5 minutes.

Incorporer à la préparation. Saler et poivrer. Mélanger.

Verser la préparation dans le moule. Laisser prendre 15 minutes au congélateur.

Préparer la mousse au poivron jaune de la même façon que la mousse au poivron vert. Verser sur la deuxième mousse légèrement prise. Laisser prendre 15 minutes au congélateur.

Préparer la mousse au poivron rouge de la même façon que les deux autres mousses. Verser sur la deuxième mousse légèrement prise. Laisser prendre 15 minutes au congélateur.

Laisser reposer 3 heures au réfrigérateur. Démouler.

Recouvrir la mousse de tranches de courgettes.

Recette traditionnelle

Ces petites baies rouges (aussi appelées à tort « atocas ») qui abondent dans nos forêts québécoises servent, surtout dans le temps des fêtes, d'accompagnement à la dinde ou au poulet. Leur goût légèrement âcre et acidulé rehausse le rôti de porc en lui conférant une légère saveur des bois.

Rôti de porc aux canneberges

Quantité : 6 portions	Préparation : 20 min	Cuisson : 1 h 30 min	Degré de difficulté : moyen

15 ml (1 c. à soupe) de beurre

1 rôti de porc de 1 kg (2 lb), piqué à l'ail

Sel et poivre

125 ml (½ tasse) de carottes en dés

125 ml (½ tasse) de céleri en dés

125 ml (½ tasse) d'oignons en dés

60 ml (¼ tasse) de caribou

60 ml (¼ tasse) de gelée de canneberge

500 ml (2 tasses) de bouillon de bœuf

45 ml (3 c. à soupe) de graisse de rôti

60 ml (¼ tasse) de farine

180 ml (¾ tasse) de canneberges (fraîches ou surgelées)

Préchauffer le four à 180 °C (350 °F).

Faire fondre le beurre dans un poêlon. Y faire colorer le rôti à feu vif. Saler et poivrer

Déposer dans une rôtissoire et cuire au four 60 minutes.

Ajouter les carottes, le céleri et les oignons dans le plat. Poursuivre la cuisson 20 minutes.

Retirer le rôti du plat. Réserver au chaud.

Faire chauffer la rôtissoire à feu vif, sur la cuisinière, afin de bien saisir les sucs.

Réserver l'excédant de graisse dans un bol.

Déglacer avec le caribou et la gelée de canneberge. Ajouter le bouillon de bœuf.

Dans un petit bol, déposer 45 ml (3 c. à soupe) de graisse de rôti réservée. Mélanger avec la farine. Incorporer à la sauce, en remuant constamment. Passer au chinois (tamis très fin).

Ajouter les canneberges.

Laisser mijoter quelques minutes.

Couper le rôti en tranches. Napper de sauce.

MARTINE SATRE « LE TEMPS DES CERISES »

La girolle (appelée aussi chanterelle) peut également se manger crue, préalablement marinée dans une vinaigrette aux fines herbes. Il convient de nettoyer ces champignons avec précaution : simplement brossés dessus et dessous pour les jeunes; passés rapidement sous le robinet, puis égouttés sur du papier absorbant pour les autres.

Filo de lapin aux girolles

Quantité : 6 portions	Préparation : 40 min	Cuisson : 45 min	Degré de difficulté : moyen

1 kg (2 lb) de lapin, cuit

250 ml (1 tasse) de girolles, fraîches ou réhydratées 20 minutes dans un bol d'eau froide

30 ml (2 c. à soupe) de beurre

4 échalotes françaises, hachées

250 ml (1 tasse) de vin blanc

125 ml (½ tasse) de crème 35 %

45 ml (3 c. à soupe) de farine

6 feuilles de pâte filo

75 ml (⅓ tasse) de beurre fondu

Thym frais

Préchauffer le four à 180 °C (350 °F).

Désosser le lapin cuit. Le couper en cubes.

Trancher les girolles.

Faire chauffer le beurre dans un poêlon. Y faire blondir les échalotes. Ajouter les girolles.

Incorporer le vin blanc. Chauffer à feu moyen-vif et laisser réduire de moitié.

Mélanger la crème et la farine. Ajouter au mélange de girolles et mélanger.

Incorporer les cubes de lapin. Laisser mijoter 10 minutes.

Retirer du feu. Laisser refroidir.

Diviser la préparation en six portions.

Badigeonner de beurre les feuilles de pâte filo. Les replier pour former des rectangles de 20 cm x 15 cm (8 po x 6 po).

Déposer une portion de la préparation au centre de chaque rectangle. Replier les rebords de pâte pour former des paquets rectangulaires.

Badigeonner l'extérieur de beurre fondu. Déposer dans un plat allant au four.

Cuire 25 minutes, ou jusqu'à ce que la pâte soit croquante et dorée.

Garnir d'un brin de thym frais.

ANITA SCHWARTZ

Les navets peuvent,
exceptionnellement,
remplacer les rabioles.
Si c'est le cas,
il faut respecter
les proportions
mentionnées dans
cette recette.

Filets de truite en feuilleté de rabioles

Quantité : 2 portions	Préparation : 15 min	Cuisson : 30 min	Degré de difficulté : moyen

2 grosses rabioles, peléces

15 ml (1 c. à soupe) d'huile

**2 poivrons rouges, épépinés
et tranchés**

**60 ml (¼ tasse) de fumet
de poisson (du commerce)**

Sel et poivre

10 brins de basilic frais, hachés

15 ml (1 c. à soupe) d'huile

2 filets de truite

4 feuilles de basilic frais

Trancher les rabioles en fines rondelles. Faire chauffer l'huile dans un poêlon. Y faire cuire les tranches de rabiole 1 minute de chaque côté. Réserver.

Faire cuire les poivrons dans une petite casserole d'eau bouillante, 30 minutes environ, jusqu'à ce qu'ils soient très tendres.

Réduire les poivrons en purée au mélangeur. Passer au chinois (tamis très fin).

Incorporer le fumet de poisson afin d'obtenir un coulis onctueux.

Saler et poivrer. Ajouter le basilic. Réserver au chaud.

Faire chauffer l'huile dans un poêlon. Y faire sauter les filets 5 minutes environ de chaque côté, à feu moyen, en commençant par le côté peau.

Napper ie fond de chaque assiette de coulis.

Déposer au centre trois tranches de rabiole.

Couvrir d'un filet de truite.

Garnir de trois autres tranches de rabiole.

Décorer de feuilles de basilic.

RONALD MARCOTTE

Pour varier, on peut substituer à la liqueur de poire une liqueur d'amande ou d'orange lors de la préparation du sirop. L'intuition mène parfois à de petits chefs-d'œuvre !

Flan aux canneberges

Quantité : 6 à 8 portions	Préparation : 15 min	Cuisson : 1 h	Degré de difficulté : moyen

500 ml (2 tasses) de canneberges (fraîches ou congelées)

■

Zeste d'une orange, râpé

■

Zeste d'un citron, râpé

■

250 ml (1 tasse) de jus de pomme

■

30 ml (2 c. à soupe) de liqueur de poire

■

60 ml (¼ tasse) de sucre

■

5 ml (1 c. à thé) de fécule de maïs

■

5 ml (1 c. à thé) d'eau

■

15 ml (1 c. à soupe) de fécule de maïs

■

15 ml (1 c. à soupe) de lait

■

5 œufs

■

60 ml (¼ tasse) de sirop de maïs

■

500 ml (2 tasses) de lait chaud

■

5 ml (1 c. à thé) d'essence de vanille

■

Morceaux de fruits frais

Dans une casserole, faire mijoter les canneberges, les zestes, le jus de pomme, la liqueur de poire et le sucre 5 minutes. Égoutter les canneberges en ayant soin de récupérer le sirop. Réserver.

Dans un petit bol, délayer la fécule de maïs dans l'eau. Faire chauffer le sirop dans une casserole. Incorporer la fécule de maïs délayée, en remuant constamment, jusqu'à ce que le mélange ait la consistance d'un coulis. Réserver.

Préchauffer le four à 170 °C (325 °F). Délayer la fécule de maïs dans le lait.

Dans un grand bol, mélanger les œufs, le sirop de maïs, le lait chaud, l'essence de vanille et le mélange de fécule de maïs.

Incorporer les canneberges. Mélanger. Verser dans des ramequins.

Déposer les ramequins dans un plat allant au four. Verser l'eau dans le plat, jusqu'à mi-hauteur des ramequins.

Cuire au four, au bain-marie, 45 minutes. Refroidir.

Démouler les flans sur des assiettes. Napper de coulis de canneberges. Garnir de fruits frais ou de canneberges.

Recette traditionnelle

Pour se sucrer le bec, rien de tel que ces petits délices tout simples à confectionner. Et pas besoin de se limiter au temps des sucres pour les déguster, ils feront fureur à l'année…

Grands-pères au sirop d'érable

Quantité : 15 grands-pères	Préparation : 10 min	Cuisson : 20 min	Degré de difficulté : moyen

500 ml (2 tasses) de farine

20 ml (4 c. à thé) de poudre à pâte

2 ml (½ c. à thé) de sel

20 ml (4 c. à thé) de beurre fondu

180 ml (¾ tasse) de lait

500 ml (2 tasses) de sirop d'érable

250 ml (1 tasse) d'eau

*A*u-dessus d'un bol, tamiser la farine avec la poudre à pâte et le sel.

*I*ncorporer le beurre. Ajouter le lait et mélanger jusqu'à consistance homogène. Réserver cette pâte.

*D*ans une grande casserole, amener le sirop d'érable et l'eau à ébullition.

*D*époser la pâte par cuillerées dans le sirop bouillant. Réduire la chaleur et couvrir.

*C*uire 20 minutes, à feu doux.

Sur les rives du St-Laurent

*Dans le clair-obscur d'une fin de journée de juillet, Jean-Louis a quitté son poste
de la grande maison. Il marche d'un pas rapide vers le village des ouvriers
où il s'en va avertir le père Michel de la rumeur qui coure : Joseph,
l'ancien prétendant de sa fille Madeleine, serait revenu, après deux ans d'absence.
Et Madeleine qui n'a pas pu l'attendre !*

Les hommes discutaient ferme; fallait-il d'abord avertir Madeleine du retour de celui qu'elle croyait disparu ou prévenir Joseph qu'il retrouverait celle qu'il a tant aimée, mariée à son rival et mère d'une fillette... de plus d'un an ? La conversation cessa abruptement lorsqu'un bruit sourd, provenant du haut-fourneau, fit craindre une explosion imminente...

C'est l'histoire que vous entendez devant la maquette du village, exposée dans la grande maison où vivaient, autrefois, les directeurs et les administrateurs des Forges-du-St-Maurice. Quel contraste avec la centrale de Gentilly, seule centrale nucléaire en territoire québécois, où vous vous êtes arrêté en venant de Québec un peu plus tôt. L'atmosphère de la grande maison se rapproche bien davantage de celle qui se dégage du moulin Michel, non loin de la centrale, où l'on broyait déjà le sarrasin du temps des Forges. Après avoir apprécié le savoir-faire des ancêtres et vu fonctionner les vieilles meules, vous y dînez de galettes de sarrasin d'antan, ce qui vous prédispose, une fois regagnée la rive nord, à pénétrer dans l'ambiance des Forges.

Au haut fourneau, on vous décrit le processus de réduction du minerai

de fer brut, de même que les étapes de fabrication des objets les plus divers : armes, fers à cheval, casseroles... Après une promenade jusqu'aux rives de la St-Maurice, pour y voir la forge haute et la forge basse, vous faites un détour par la fontaine du Diable, cette source de gaz naturel ayant alimenté, des dizaines d'années durant, les plus troublantes légendes des Forges. Peut-être ces histoires inquiétantes vous font-elles souhaiter un retour à des activités plus contemporaines ?

Vos désirs se réalisent dans un hôtel de Trois-Rivières qui offre une fine cuisine régionale, alliant produits

Si Trois-Rivières a su conserver son cachet d'antan à travers les siècles, elle vit tout de même au rythme d'aujourd'hui comme le témoigne l'architecture moderne du pont de Trois-Rivières.

locaux et exotiques. En entrée, la salade de lapereau constitue une agréable surprise. Le plat principal, un médaillon de doré du lac St-Pierre, fourré d'une farce d'épinards et de pétoncles incorporés à du vin blanc et de la crème, est tout simplement exquis. Quant au dessert, un pain de maïs sucré, il a la vertu, si cela est possible, d'adoucir davantage cette soirée qui se déroule au rythme langoureux du chant des criquets. ■

Recette traditionnelle

Ah! la traditionnelle soupe aux pois... Chacun la cuisine à sa façon, en y mettant un peu de ceci ou de cela. Nous vous proposons ici la recette traditionnelle, aussi facile à préparer qu'agréable à déguster...

Soupe aux pois

Quantité : 12 portions	Trempage : 8 h	Préparation : 15 min	Cuisson : 3 h 30 min	Degré de difficulté : faible

2 l (8 tasses) d'eau

500 ml (2 tasses) de pois secs

2 carottes, râpées

1 branche de céleri, en dés

1 ml (¼ c. à thé) de bicarbonate de soude

15 ml (1 c. à soupe) d'herbes salées

30 ml (2 c. à soupe) de saindoux

*F*aire tremper les pois 8 heures, dans un bol d'eau froide. Égoutter.

*V*erser l'eau dans une grande casserole. Ajouter les pois, les carottes, le céleri, le bicarbonate de soude, les herbes et le saindoux.

*A*mener à ébullition. Cuire 10 minutes. Réduire la chaleur et couvrir.

*L*aisser mijoter 3 heures 30 minutes.

ANDRÉ MOREAU

Si le lapin est recherché pour sa chair tendre et raffinée, ses abats n'en sont pas moins savoureux s'ils sont bien relevés, comme dans cette salade facile à préparer.

Salade de lapereau

Quantité : 2 portions	Préparation : 15 min	Cuisson : 10 min	Degré de difficulté : faible

45 ml (3 c. à soupe) de beurre
■

2 foies de lapin, coupés en 8
■

4 rognons de lapin, coupés en 2
■

15 ml (1 c. à soupe) de vinaigre balsamique
■

2 échalotes vertes, hachées
■

45 ml (3 c. à soupe) d'huile d'olive
■

5 ml (1 c. à thé) d'huile de noisette
■

2 feuilles de laitue romaine
■

2 feuilles d'endive
■

2 feuilles de salade de Trévise
■

2 feuilles de laitue Boston
■

Sel
■

Poivre fraîchement moulu
■

15 ml (1 c. à soupe) de pignons, légèrement grillés

*F*aire fondre le beurre dans un poêlon. Y faire cuire les foies et les rognons 5 minutes environ, à feu doux.

*R*etirer la graisse de cuisson. Déglacer le poêlon avec le vinaigre.

*A*jouter les échalotes vertes. Faire réduire de moitié. Réserver au chaud.

*M*élanger l'huile d'olive et l'huile de noisette. Incorporer à la préparation d'abats.

*D*isposer une feuille de chacune des laitues dans chaque assiette.

*D*époser une portion d'abats au centre de chacune.

*S*aler et poivrer.

*G*arnir de pignons.

Chasseurs ! Sachez chasser la bonne recette. Celle que nous vous proposons, avec sa gelée de sapin, ne vous dépaysera pas trop des bois où vous avez peut-être, de peine et de misère, abattu la bête tant convoitée... Oh ! En passant... bonne chasse aussi à la gelée de sapin !

« HÔTEL DELTA TROIS-RIVIÈRES »

Médaillons de chevreuil à la gelée de sapin

Quantité : 2 portions	Préparation : 15 min	Cuisson : 15 min	Marinage : 8 h	Degré de difficulté : élevé

500 ml (2 tasses) de vin rouge

1 feuille de laurier

1 gousse d'ail, hachée

1 échalote française, hachée

1 branche de thym

2 ml (½ c. à thé) de poivre noir

2 ml (½ c. à thé) de baies de genièvre

6 médaillons de chevreuil

30 ml (2 c. à soupe) d'huile

1 gousse d'ail, hachée

1 échalote française, hachée

150 ml (⅔ tasse) de vin blanc

500 ml (2 tasses) de bouillon de bœuf

2 ml (½ c. à thé) de vinaigre de romarin

350 ml (1 ½ tasse) de gelée de sapin

500 ml (2 tasses) de crème 35 %

*D*ans un grand bol, mélanger le vin rouge, le laurier, l'ail, l'échalote, le thym, le poivre et les baies de genièvre.

*A*jouter les médaillons. Laisser mariner 8 heures, au réfrigérateur.

*R*etirer les médaillons de la marinade et les éponger avec un linge propre. Réserver la marinade

*F*aire chauffer 15 ml (1 c. à soupe) d'huile dans un poêlon. Y saisir les médaillons à feu moyen-vif, 2 minutes de chaque côté. Réserver au chaud.

*F*aire chauffer le reste de l'huile dans un poêlon. Y faire suer l'ail et l'échalote. Déglacer au vin blanc. Faire réduire.

*A*jouter la marinade réservée et le bouillon de bœuf. Faire réduire de moitié. Ajouter le vinaigre de romarin, la gelée de sapin et la crème. Mélanger.

*P*asser au tamis. Réserver au chaud.

*D*époser les médaillons dans des assiettes. Napper de sauce.

Dignes des plus
fins gourmets, ces
médaillons de doré
fourrés aux pétoncles
et aux épinards
fondent littéralement
dans la bouche.
Un succès assuré
auprès de vos invités !

PATRICE LAFRENIÈRE

Médaillons de doré du lac St-Pierre

Quantité : 6 portions	Préparation : 40 min	Cuisson : 1 h 10 min	Degré de difficulté : élevé

200 g (6 ⅔ oz) de parures de poisson (arêtes, queue, tête)

15 ml (1 c. à soupe) de thym

15 ml (1 c. à soupe) de persil

2 feuilles de laurier

5 feuilles de céleri

1 blanc de poireau, haché grossièrement

250 ml (1 tasse) de vin blanc

Eau, au besoin

30 ml (2 c. à soupe) de beurre

30 ml (2 c. à soupe) de farine

15 ml (1 c. à soupe) d'aneth frais haché

100 ml (⅓ tasse + 5 c. à thé) de crème 15 %

Sel et poivre

150 g (5 oz) d'épinards

150 g (5 oz) de pétoncles

30 ml (2 c. à soupe) d'aneth frais haché

75 ml (⅓ tasse) de crème 15 %

45 ml (3 c. à soupe) de vin blanc sec

Sel et poivre

6 filets de doré frais

Dans une grande casserole, mettre les parures de poisson, le thym, le persil, le laurier, le céleri, le poireau et le vin. Couvrir d'eau froide à hauteur. Cuire 1 heure à feu doux. Retirer du feu.

Passer au chinois (tamis très fin) et transvaser le bouillon dans la casserole.

Dans un petit bol, bien mélanger le beurre et la farine pour former un beurre manié. Remettre la casserole sur le feu. Ajouter le beurre manié au bouillon, tout en fouettant. Poursuivre la cuisson en remuant constamment, jusqu'à consistance lisse. Retirer du feu.

Ajouter l'aneth haché et la crème. Saler et poivrer. Bien mélanger. Réserver le velouté au chaud.

Remplir à demi une casserole d'eau salée. Amener à ébullition. Y faire cuire les épinards 1 minute. Retirer du feu. Égoutter et rincer les épinards à l'eau froide. Éponger les épinards avec un linge propre. Les hacher très finement.

Dans le robot culinaire, déposer les épinards, les pétoncles, l'aneth, la crème et le vin blanc. Saler et poivrer. Réduire le tout en un hachis homogène.

Couvrir les filets de doré de cette farce. Rouler les filets sur eux-mêmes. Envelopper chaque filet dans du papier d'aluminium. Bien refermer les extrémités.

Déposer dans une marguerite. Cuire à la vapeur 9 minutes.

Développer les filets et les trancher en trois rondelles.

Napper chaque assiette de velouté à l'aneth. Déposer un filet tranché dans chaque assiette.

Le Sortilège est un produit du terroir composé de sirop d'érable et de whisky canadien. Mouillez la préparation de cette liqueur à vos risques et périls ! La magie ensorceleuse de St-Grégoire est à l'affût...

« AUBERGE GODEFROY »

Ris de veau de St-Grégoire au Sortilège

| Quantité : 2 portions | Préparation : 30 min | Trempage : 12 h | Cuisson : 30 min | Degré de difficulté : moyen |

30 ml (2 c. à soupe) de vinaigre

500 g (1 lb) de ris de veau

45 ml (3 c. à soupe) de beurre

Sel et poivre

45 ml (3 c. à soupe) de beurre

2 échalotes françaises, hachées

100 ml (⅓ tasse + 5 c. à thé) de Sortilège (liqueur)

250 ml (1 tasse) de crème 35 %

15 ml (1 c. à soupe) de sirop d'érable

2 ml (½ c. à thé) de jus de citron

Verser le vinaigre dans un grand bol rempli d'eau froide. Faire tremper les ris de veau 12 heures, au réfrigérateur, afin de les débarrasser de leurs impuretés.

Rincer sous le robinet. Égoutter les ris de veau, puis en retirer les membranes.

Blanchir 10 minutes dans une casserole d'eau bouillante salée. Égoutter et laisser refroidir.

Faire chauffer le beurre dans un poêlon. Y saisir les ris de veau 1 minute de chaque côté. Retirer du feu.

Presser les ris de veau entre deux assiettes pour les aplatir.

Trancher chaque ris de veau en deux, sur l'épaisseur. Saler et poivrer.

Faire chauffer le beurre dans le poêlon et y cuire les ris de veau à feu moyen, 3 minutes de chaque côté.

Ajouter les échalotes et arroser de liqueur. Réduire la chaleur.

Ajouter la crème et laisser réduire aux trois quarts.

Retirer les ris de veau du poêlon. Les égoutter. Réserver au chaud.

Saler et poivrer la sauce. Incorporer le sirop d'érable et le jus de citron.

Servir la sauce avec les ris de veau.

Recette traditionnelle

La seule mention de la galette de sarrasin nous fait penser à cette pauvre Donalda et à cet avare de Séraphin dont c'était le dessert préféré... et probablement le seul ! Mais qui n'a pas, au retour de l'école, engouffré quelques-unes de ces humbles galettes en attendant le souper !

Galettes de sarrasin

Quantité : 8 galettes	Préparation : 10 min	Cuisson : 20 min	Degré de difficulté : moyen

375 ml (1 ½ tasse) de farine de sarrasin

15 ml (1 c. à soupe) de poudre à pâte

7 ml (1 ½ c. à thé) de sel

2 ml (½ c. à thé) de bicarbonate de soude

125 ml (½ tasse) de farine de blé entier

500 ml (2 tasses) de lait

30 ml (2 c. à soupe) de mélasse

1 œuf

45 ml (3 c. à soupe) de beurre ramolli

15 ml (1 c. à soupe) de cassonade

Au-dessus d'un bol, tamiser la farine de sarrasin, la poudre à pâte, le sel et le bicarbonate de soude. Ajouter la farine de blé entier.

Au mélangeur, fouetter le lait, la mélasse, l'œuf, le beurre et la cassonade 1 minute.

Verser cette préparation sur les ingrédients secs. Bien mélanger.

Dans un poêlon beurré de 20 cm (8 po) de diamètre, verser juste assez de pâte pour obtenir une galette mince.

Cuire 2 minutes environ, à feu moyen-vif, jusqu'à ce que des bulles se forment à la surface. Retourner et poursuivre la cuisson 2 minutes.

Répéter l'opération jusqu'à épuisement de la pâte, pour obtenir huit galettes.

Servi bien chaud, à peine sorti du four, vous aurez bien du mal à garder quelques tranches de ce délicieux pain de maïs pour votre lunch du lendemain...

Pain de maïs sucré

Quantité : 8 portions	Préparation : 15 min	Cuisson : 18 min	Degré de difficulté : moyen

500 ml (2 tasses) de farine

250 ml (1 tasse) de semoule de maïs

75 ml (⅓ tasse) de sucre

30 ml (2 c. à soupe) de poudre à pâte

5 ml (1 c. à thé) de sel

325 ml (1 ½ tasse) de flocons de maïs grossièrement émiettés

500 ml (2 tasses) de lait

2 œufs

75 ml (⅓ tasse) de beurre fondu

Préchauffer le four à 220 °C (425 °F).

Au-dessus d'un bol, tamiser la farine, la semoule, le sucre, la poudre à pâte et le sel. Ajouter les flocons de maïs. Mélanger délicatement à la fourchette.

Dans un autre bol, battre le lait et les œufs. Ajouter à la préparation précédente.

Remuer délicatement à la fourchette, pour humecter tous les ingrédients.

Verser le beurre fondu dans un moule de 33 cm x 23 cm (13 po x 9 po).

Bien en couvrir le fond et les parois. Verser le surplus de beurre fondu sur la pâte.

Mélanger délicatement.

Verser la pâte dans le moule. Cuire le pain 18 minutes, ou jusqu'à ce qu'un cure-dents en ressorte sec.

Servir très chaud, avec du beurre.

La vallée de la St-Maurice

*Tout de noir vêtu, coiffé d'une très officielle casquette de capitaine,
un vieil homme digne appelle en souriant un petit homme châtain
aux grands yeux couleur d'ébène et au regard aussi soutenu qu'expressif.
Le capitaine a sûrement passé le cap de la soixantaine alors que le petit
doit être âgé d'environ trois ans.*

L'adulte indique un bouton rouge à l'enfant qui y appuie l'index avec détermination. Le petit, fier comme un paon, rouge comme un coq et frissonnant de plaisir, vient d'actionner la sirène marquant le départ du bateau-mouche qui amène une trentaine de personnes en croisière sur la St-Maurice.

En quittant le quai de St-Jean-des-Piles, le gamin devine, aux quelques maisons perchées sur la falaise surplombant la rive d'en face, qu'une communauté y est bien ancrée. Il ne sait pas, cependant, que derrière ces habitations du village de Grandes-Piles, se trouve la reconstitution du village de bûcherons, typique du début du siècle, que vous avez visité récemment. Vous y avez vu plusieurs bâtiments aux structures de bois grossières, équarries à la hache, illustrant les conditions difficiles dans lesquelles ces hommes vivaient. Vous vous rappelez bien le « campe », où ils dormaient, la tour des garde-feu et la « cookerie », où l'on vous a servi le copieux repas du bûcheron : soupe aux pois, tourtière, fèves au lard, ragoût, pommes de terre bouillies...

Tout absorbé qu'il est par le flottage du bois sur le bord de la rivière, vous voyez bien que le bambin a à peine remarqué que le bateau fait une

À la fois fougueuse et docile, la rivière St-Maurice côtoie 560 km de contrée tantôt sauvage et tantôt apprivoisée par l'homme qui s'est laissé envoûter par la beauté de sa vallée.

halte à l'entrée du parc national de la Mauricie. Pourtant, sitôt l'embarcation accostée, il escalade, comme s'il allait entreprendre un aventureux périple, l'escalier de bois menant au centre d'accueil du parc. Sans doute ne rêve-t-il pas comme vous des merveilleuses images du long lac Wapizagonque, toujours parsemé de canots, que vous avez observé tantôt à partir du belvédère où vous avait conduit un sentier de randonnée, tantôt à partir des belles plages réservées à la baignade.

Vous pénétrez dans le parc par l'autre entrée, celle à laquelle on accède en passant par le village de St-Mathieu-du-Parc, là où, dans les jours précédents, vous avez connu des moments sublimes... Dans la petite église du village, hautement réputée pour son acoustique, vous écoutiez l'une des plus belles voix lyriques de la province... Au moment où montaient les premières notes, vous aviez encore en bouche le goût du gâteau roulé à la gelée de pomme de grand-mère, qui avait suivi les pavés de veau, sauce aux champignons St-Léon, digne des plus fins palais... Voyant l'enfant qui termine son ascension, vous souhaitez secrètement qu'il éprouve le même sentiment de plénitude que vous. ■

N. GAGNON

Tant pour parfumer les haricots que pour les rendre plus digestes, il convient d'ajouter quelques brins de sarriette au bouquet garni.

Soupe gourmande au pistou

Quantité : 8 portions	Préparation : 30 min	Repos : 20 min	Cuisson : 2 h 10 min	Degré de difficulté : faible

500 g (1 lb) de haricots blancs secs

2 l (8 tasses) d'eau froide

1 bouquet garni (thym, laurier, persil, sarriette)

Sel

3 carottes, en dés

2 navets blancs, en dés

2 poireaux, en dés (partie blanche)

2 oignons, tranchés finement

3 courgettes (non pelées), en dés

3 pommes de terre, en dés

250 g (½ lb) de haricots verts, taillés en fines lanières

2 grosses tomates, pelées, épépinées et coupées en dés

60 ml (¼ tasse) de macaronis coupés

5 gousses d'ail, broyées

1 gros bouquet de basilic, haché

180 ml (¾ tasse) de parmesan râpé

180 ml (¾ tasse) d'huile d'olive

Sel et poivre

Mettre les haricots blancs dans une casserole et couvrir d'eau froide. Amener à ébullition.

Réduire aussitôt la chaleur et laisser frémir 10 minutes. Retirer du feu. Couvrir et laisser reposer 20 minutes.

Égoutter et rincer à l'eau froide.

Remettre dans la casserole avec l'eau froide et le bouquet garni.

Couvrir et amener à ébullition. Réduire aussitôt la chaleur et laisser mijoter 1 heure 15 minutes, à feu doux, en ayant soin de saler à mi-cuisson.

Ajouter les carottes, les navets, les poireaux et les oignons. Poursuivre la cuisson 15 minutes.

Ajouter les courgettes, les pommes de terre, les haricots verts et les tomates. Poursuivre la cuisson 15 minutes. Ajouter les macaronis. Cuire 10 minutes de plus.

Pendant ce temps, réduire l'ail en purée, au mélangeur, avec le basilic et le parmesan. Dans l'appareil en marche, verser l'huile d'olive en un mince filet. Saler et poivrer.

Accompagner la soupe de pistou (pâte au basilic).

Recette traditionnelle

Pas étonnant que l'on ait substitué le cheddar – grand favori des québécois – au traditionnel gruyère dans cette fondue ravigotante qui en fera fondre plus d'un…

Fondue au fromage

Quantité : 2 portions	Préparation : 10 min	Cuisson : 30 min	Degré de difficulté : moyen

1 gousse d'ail, pelée

250 ml (1 tasse) de vin blanc sec

875 ml (3 ½ tasses) de cheddar râpé

15 ml (1 c. à soupe) de fécule de maïs

30 ml (2 c. à soupe) de calvados

2 ml (½ c. à thé) de bicarbonate de soude

1 ml (¼ c. à thé) de muscade moulue

Poivre

2 baguettes de pain, en cubes

Frotter un caquelon avec la gousse d'ail.

Verser le vin blanc dans le caquelon. Amener à ébullition.

Ajouter le fromage râpé. Cuire en remuant constamment à l'aide d'une cuillère de bois, jusqu'à ce que le fromage soit fondu.

Délayer la fécule de maïs dans le calvados. Ajouter au fromage.

Remuer jusqu'à consistance lisse et homogène.

Ajouter le bicarbonate de soude et la muscade. Bien mélanger. Poivrer.

Piquer les cubes de pain à l'aide d'une fourchette à fondue et tremper dans le fromage.

En gastronomie, le « petit quelque chose » qui fait toute l'originalité d'une recette tient le plus souvent à la précision du dosage des aromates.

Feuilletés d'agneau au fromage de chèvre

Quantité : 2 portions	Préparation : 15 min	Cuisson : 20 min	Marinage : 4 h	Degré de difficulté : moyen

5 ml (1 c. à thé) d'ail

5 ml (1 c. à thé) d'échalote verte hachée

2 ml (½ c. à thé) de basilic

2 ml (½ c. à thé) d'origan

5 ml (1 c. à thé) de thym

2 feuilles de laurier

250 ml (1 tasse) de vin rouge

2 filets d'agneau

15 ml (1 c. à soupe) de beurre

60 ml (¼ tasse) de vin blanc

5 ml (1 c. à thé) d'ail

5 ml (1 c. à thé) d'échalote verte hachée

125 ml (½ tasse) de bouillon de bœuf

60 ml (¼ tasse) de crème 35 %

60 g (2 oz) de fromage de chèvre

10 ml (2 c. à thé) de pesto au basilic (du commerce)

1 feuille de pâte filo

Beurre fondu, au goût

Préchauffer le four à 200 °C (400 °C).

Dans un grand bol, mélanger l'ail, l'échalote verte, le basilic, l'origan, le thym, les feuilles de laurier et le vin rouge.

Déposer les filets d'agneau dans cette marinade et laisser mariner 4 heures, au réfrigérateur.

Retirer les filets d'agneau de la marinade. Les éponger avec un linge propre.

Faire chauffer le beurre dans un poêlon. Y saisir les filets jusqu'à ce qu'ils soient dorés de toute part. Retirer du poêlon. Laisser refroidir.

Déglacer le poêlon avec du vin blanc.

Ajouter l'ail et l'échalote verte.

Laisser réduire de moitié. Ajouter le bouillon de bœuf.

Incorporer la crème, le fromage de chèvre et le pesto. Poursuivre la cuisson en mélangeant, jusqu'à consistance lisse.

Réserver chaud.

Couper la pâte filo en deux.

Déposer chaque filet sur ½ feuille de pâte filo.

Replier la pâte sur les filets. Badigeonner de beurre fondu, préférablement clarifié.

Cuire au four 8 minutes, ou jusqu'à ce que la pâte soit dorée.

« INSTITUT DE TOURISME ET D'HÔTELLERIE DU QUÉBEC »

Le pleurote, un champignon dont les lamelles descendent bas sur un pied décentré, pousse en touffes sur les souches et les arbres morts. La plupart des espèces, dont certaines poussent au Québec, sont comestibles.

Pavés de veau poêlés, sauce aux champignons de St-Léon

| Quantité : 6 portions | Préparation : 20 min | Cuisson : 20 min | Degré de difficulté : moyen |

900 g (1 lb et 14 oz) de longe de veau dégraissée, désossée et dénervée

■

Sel et poivre

■

15 ml (1 c. à soupe) d'huile

■

15 ml (1 c. à soupe) de beurre

■

45 ml (3 c. à soupe) de beurre

■

200 g (6⅔ oz) de pleurotes frais, en dés

■

250 ml (1 tasse) de vermouth de pomme rouge

■

45 ml (3 c. à soupe) d'échalotes françaises, hachées

■

375 ml (1½ tasse) de fond de veau ou de sauce demi-glace (du commerce)

■

Sel et poivre blanc

■

250 ml (1 tasse) de crème 35 %

Préchauffer le four à 190 °C (375 °F).

Couper la longe de veau en portions de 150 g (5 oz). Saler et poivrer.

Faire chauffer l'huile et le beurre dans un grand poêlon. Y faire colorer les tranches de veau des deux côtés.

Déposer le veau sur la grille d'une lèchefrite et terminer la cuisson au four, 10 minutes. Réserver au chaud.

Faire fondre 45 ml (3 c. à soupe) de beurre dans un poêlon. Y faire colorer les pleurotes à feu vif, en remuant le poêlon. Réserver au chaud.

Dans une casserole, faire chauffer le vermouth à feu moyen. Ajouter les échalotes françaises. Laisser réduire de moitié.

Ajouter le fond de veau. Saler et poivrer. Laisser réduire 5 minutes.

Ajouter la crème. Laisser réduire jusqu'à épaississement.

Incorporer les pleurotes cuits. Saler et poivrer.

Verser la sauce sur les pavés de veau.

La gelée de cassis vient parfumer délicatement la sauce qui complète ce merveilleux mets.

Cailles farcies aux pommes

Quantité : 6 portions	Préparation : 20 min	Cuisson : 30 min	Degré de difficulté : moyen

15 ml (1 c. à soupe) d'huile d'olive

1 gousse d'ail, hachée

1 échalote française, hachée

250 g (8 oz) d'abats de volaille, en cubes

1 pomme, en dés

250 ml (1 tasse) de riz sauvage cuit

6 cailles, désossées

30 ml (2 c. à soupe) d'huile d'olive

75 ml (⅓ tasse) de calvados

250 ml (1 tasse) de sauce demi-glace (du commerce)

30 ml (2 c. à soupe) de gelée de cassis

Sel et poivre

Préchauffer le four à 190 °C (375 °F).

Faire chauffer l'huile dans un poêlon. Y faire revenir l'ail, l'échalote, les abats, la pomme et le riz 5 minutes. Laisser refroidir.

Farcir les cailles de cette préparation.

Faire chauffer l'huile dans un poêlon. Y dorer les cailles 2 minutes, jusqu'à ce qu'elles soient dorées de toute part. Retirer du feu.

Déposer dans un plat allant au four. Poursuivre la cuisson au four 20 minutes.

Dans une petite casserole, laisser réduire le calvados de moitié, à feu moyen.

Incorporer la sauce demi-glace. Laisser réduire jusqu'à léger épaississement.

Ajouter la gelée de cassis. Saler et poivrer. Poursuivre la cuisson 2 minutes, à feu moyen.

Verser la sauce dans une saucière. Servir avec les cailles.

Pour varier, on peut remplacer la gelée de pomme par de la gelée de bleuet ou de cerise, ou encore, de la confiture aux fraises ou aux framboises.

Recette traditionnelle

LISETTE THERRIEN

Gâteau roulé à la gelée de pomme de grand-mère

Quantité : 8 portions	Préparation : 20 min	Cuisson : 12 min	Degré de difficulté : élevé

6 jaunes d'œufs

250 ml (1 tasse) de sucre à fruits

250 ml (1 tasse) de farine

5 ml (1 c. à thé) de poudre à pâte

6 blancs d'œufs

Sucre, au besoin

375 ml (1½ tasse) de gelée de pomme

Préchauffer le four à 190 °C (375 °F).

Beurrer une plaque à pâtisserie de 38 cm x 25 cm (15 po x 10 po). La tapisser de papier ciré beurré.

Dans un bol, battre les jaunes d'œufs 7 minutes, avec le sucre, ou jusqu'à épaississement.

Tamiser la farine et la poudre à pâte au-dessus d'un bol.

Ajouter à la préparation précédente et mélanger jusqu'à consistance homogène. Réserver.

Dans un autre bol, monter les blancs d'œufs en neige. Incorporer à la préparation, en pliant délicatement à l'aide d'une spatule de caoutchouc.

Verser la préparation sur la plaque. Cuire au four 12 minutes, ou jusqu'à ce que le gâteau soit doré.

Saupoudrer de sucre un linge propre mouillé, puis y renverser le gâteau. Retirer rapidement le papier ciré.

Rouler le gâteau dans le linge, sur la longueur.

Dérouler aussitôt. Garnir d'une généreuse couche de gelée de pomme, jusqu'à 1 cm (½ po) des extrémités.

Rouler de nouveau le gâteau.

Couper les rebords, au besoin, pour égaliser le triangle.

RONALD MARCOTTE

Cette mousse ajoute un brin de légèreté aux repas les plus copieux. Pour l'agrémenter, on peut la servir avec une crème anglaise, ou encore, avec un coulis de fraises.

Mousse de framboises

Quantité : 4 portions	Préparation : 25 min	Cuisson : 5 min	Refroidissement : 4 h	Degré de difficulté : moyen

60 ml (¼ tasse) d'eau froide
■

15 ml (1 c. à soupe) de gélatine
■

500 ml (2 tasses) de framboises fraîches ou dégelées, réduites en purée
■

125 ml (½ tasse) de sucre
■

60 ml (¼ tasse) de liqueur de framboises
■

4 tranches de pain blanc, écroûtées, coupées en rondelles de même dimension que les ramequins
■

250 ml (1 tasse) de crème 35 %
■

Framboises fraîches, pour décorer
■

4 feuilles de menthe fraîche, pour décorer

Verser 60 ml (¼ tasse) d'eau froide dans un bol. Saupoudrer de gélatine et laisser gonfler 5 minutes.

Dans une casserole, faire chauffer la purée de framboises à feu doux. Ajouter le sucre et la gélatine. Poursuivre la cuisson jusqu'à ce que la gélatine et le sucre soient dissous.

Passer le mélange au tamis afin d'en retirer les graines.

Laisser tiédir.

Incorporer la liqueur de framboises.

Chemiser quatre ramequins d'une pellicule de plastique. Déposer les rondelles de pain sur la pellicule de plastique, dans les ramequins. Réserver.

Dans un bol, fouetter la crème jusqu'à ce qu'elle forme des pics. Incorporer délicatement à la purée de framboises refroidie.

Verser la préparation dans les ramequins. Couvrir. Réfrigérer au moins 4 heures.

Démouler dans des assiettes à dessert. Retirer la pellicule de plastique.

Garnir de framboises fraîches et de feuilles de menthe.

ESTRIE

Une région aux essences multiples...

*Par temps clair, de la cime du plus haut sommet des environs,
vous embrassez du regard la vallée du St-Laurent,
les collines montérégiennes, les Appalaches et, pour un peu,
vous verriez les montagnes du Vermont.*

Vous remarquez que les terres agricoles n'épousent pas les mêmes formes qu'ailleurs au Québec. Vous distinguez aussi nombre de lacs et de rivières formant les vallées profondes où se sont installés villes et villages. Point n'est besoin d'ajuster la lunette d'approche pour constater que ces municipalités recèlent de richesses patrimoniales parmi les plus diversifiées et les mieux conservées du territoire. Vous êtes au cœur de l'Estrie !

Initialement territoire de chasse, de pêche et de cueillette pour les Abénakis, l'Estrie fut ensuite occupée par les loyalistes Américains ayant fui la Nouvelle-Angleterre pour rester fidèles à la Couronne britannique. Les terres que le gouvernement leur céda constituèrent les premières concessions attribuées par le régime anglais après la Conquête. Une division des terres en carrés ou en rectangles de cent milles carrés — appelés « townships » ou cantons — concrétise la nouvelle occupation du territoire.

Des circonstances tantôt politiques, tantôt naturelles, comme la « grande famine », expliquent ensuite l'arrivée, par vagues successives, de nouveaux colons anglais, irlandais et écossais. Ce n'est que vers le milieu du XIXe siècle que les Canadiens français, employés en grand nombre dans les industries forestières et ferroviaires, commencèrent à s'établir dans la région.

Témoin des activités économiques et des différentes influences culturelles de l'époque de la colonisation anglo-saxonne, le patrimoine architectural de la région, jalousement conservé — ponts couverts, moulins à bois, à farine, à carder et à tisser, granges rondes, résidences de style victorien, etc. — s'est enrichi avec les nouvelles activités économiques. Le paysage de l'Estrie est donc aussi marqué par ses mines d'amiante que par ses industries du textile et des pâtes et papier. On y décèle maintenant une tendance vers les secteurs de la haute technologie et du tourisme.

La table estrienne est à l'image du développement de la région : elle a su conserver plusieurs de ses mets à base de produits locaux de l'époque, auxquels sont venus s'ajouter des plats mettant en vedette les nouveautés offertes par les producteurs. Aussi, depuis longtemps,

les produits des érablières et des vergers, de même que les fruits sauvages, le gibier et les poissons sont-ils largement mis à contribution dans la cuisine régionale. Progressivement, se sont greffés à ces traditions culinaires, de nouveaux classiques tels que les champignons de Waterloo, le canard du lac Brome, les vins de Dunham ou de Magog...

Vous retrouverez en Estrie une fine cuisine régionale et une cuisine traditionnelle, plus familiale, toutes deux teintées des diverses influences des communautés qui la forment. Elles contiennent une touche amérindienne, une larme anglaise,

À la très belle Abbaye de St-Benoît-du-Lac, on peut se procurer des fromages et des cidres de pommes produits sur place par les moines bénédictins.

un zeste d'Écosse et d'Irlande et une pincée de France. Ni européenne, ni tout à fait américaine, la cuisine, comme la région elle-même, bénéficie d'essences multiples qui, une fois réunies, proposent des odeurs et des couleurs sans pareilles.

Avec des gîtes allant de la somptueuse maison victorienne à la pittoresque roulotte à cheval et avec des repas allant des guédilles au canard à l'orange, les gens de l'Estrie vous offrent sur un plateau d'argent un dépaysement à la mesure de vos goûts ! ∎

Tantôt montagneux, tantôt vallonneux, les paysages de l'Estrie avec leurs lacs immenses et paisibles vous réservent d'agréables moments.

Aux alentours du lac Brome

*Malgré la pluie de la veille et le soleil qui se décide enfin à poindre,
le temps demeure un peu lourd dans les sentiers des sous-bois
où pas une feuille ne tremble au vent. Avec le guide,
vous êtes les deux seuls cavaliers présents au rendez-vous, à Bromont.*

La matinée va se dérouler au rythme douillet qui est le vôtre : un peu de galop pour vous rendre à l'orée des bois, suivi d'une simple promenade au pas, en forêt. Vous êtes tout imprégné des odeurs et des couleurs d'après la pluie, de la mélodie des oiseaux qui recommencent tout juste à chanter et du bruit de fond des eaux de ruissellement lorsqu'en baissant les yeux, vous les apercevez, fraîchement éclos.

Vous remarquez en premier lieu, aux abords des sentiers, quelques bolets orangés; plus votre œil s'y exerce, plus vous découvrez une variété et un nombre étonnants de champignons sauvages : là, sous le grand pin vert, en vous frayant un chemin à travers un tapis d'épines roussies, vous entrevoyez ce que vous croyez être la première talle de chanterelles de l'année...

Pendant le léger dîner qui s'en suit, vous cherchez le moyen de retrouver l'ambiance feutrée du matin. C'est ainsi qu'en dégustant une salade d'endives aux pommes, aux noisettes et au chèvre chaud — accompagnée d'une bonne bière froide brassée dans la région — vous décidez de consacrer les prochaines heures à une promenade dans l'un des nombreux sentiers pédestres des alentours.

Le lac Brome est un lieu de villégiature par excellence pour les amateurs de sports nautiques qui pourront s'en donner à cœur joie.

D'abord, au milieu d'un champ en friche à la lisière de la forêt, vous voyez un passereau volant d'un petit saule à l'autre et, en vous approchant du ravin bordant la route, plusieurs espèces de fauvettes toutes plus sautillantes et colorées les unes que les autres. Dans les bois, en suivant le «guttural frédéric» du bruant à gorge blanche, vous remplissez à ras bord, presque sans vous en rendre vraiment compte, votre panier de framboises. C'est toutefois après un rapide plongeon dans les eaux du lac Brome que vous attend sur la plage la grande surprise de la journée : tout guilleret sur le bout d'une branche morte, visible à l'œil nu, chante pour vous le très rare merle bleu d'Amérique.

Plus tard, en pénétrant dans la salle à manger, vous dressez tous deux la liste des activités auxquelles vous vous adonnerez lors de votre prochain séjour. Ainsi, en savourant les suprêmes de canard du lac Brome à saveur estivale avec des arômes de pêches, de fraises et de framboises, vous évoquez, entre autres, les mûres et les pommes que vous ramasserez à la fin de l'été, une pensée qui ne vous privera pas, au dessert, du plaisir de la traditionnelle tarte au miel de l'Estrie... ∎

Jadis, les fromages se servaient volontiers en guise de dessert. Ils étaient considérés comme une gourmandise masculine, que l'on servait au fumoir, avec les alcools. Heureusement que les temps ont changé !

SYLVAIN ARÈS « HÔTEL DES GOUVERNEURS »

Soupe-duo cheddar et crosses de fougères

Quantité : 6 portions	Préparation : 40 min	Cuisson : 40 min	Degré de difficulté : élevé

15 ml (1 c. à soupe) de beurre

125 g (¼ lb) de bacon, en dés

125 ml (½ tasse) d'oignons hachés

1,5 l (6 tasses) de bouillon de poulet

625 g (1 ½ lb) de crosses de fougères (fraîches ou surgelées)

125 ml (½ tasse) de beurre

150 ml (⅔ tasse) de farine

500 ml (2 tasses) de cheddar moyen râpé

625 ml (2 ½ tasses) de crème 10 %

250 ml (1 tasse) de cheddar râpé

Faire chauffer le beurre dans une grande casserole. Y faire sauter le bacon et les oignons, sans laisser prendre couleur.

Ajouter le bouillon et amener à ébullition.

Ajouter les crosses de fougères. Réduire la chaleur et laisser mijoter 10 minutes, jusqu'à ce que les crosses de fougères soient tendres.

Retirer 30 crosses de fougères du bouillon. Réserver.

Passer le bouillon et le reste des crosses de fougères au mélangeur, jusqu'à consistance homogène.

Faire fondre le beurre dans une grande casserole. Incorporer la farine.

Tout en mélangeant, ajouter lentement le bouillon.

Ajouter le cheddar et la crème. Laisser mijoter en brassant de temps à autre, jusqu'à consistance lisse.

Préchauffer le gril du four.

Verser la soupe dans six bols pouvant aller au four.

Saupoudrer chaque portion de cheddar râpé et les garnir chacune de cinq des crosses de fougères réservées.

Cuire sous le gril, jusqu'à ce que le fromage soit fondu.

«INSTITUT DE TOURISME ET D'HÔTELLERIE DU QUÉBEC»

Un petit conseil concernant les endives : éviter de les laisser tremper dans l'eau, ça les rend amères. Aussi, on ne blanchit jamais ce légume avant de le cuire.

Salade d'endives aux pommes, aux noisettes et au chèvre chaud

Quantité : 6 portions	Préparation : 20 min	Cuisson : 5 min	Degré de difficulté : moyen

10 ml *(2 c. à thé) de moutarde forte*

15 ml *(1 c. à soupe) de persil haché*

Sel et poivre

22 ml *(1 ½ c. à soupe) de vinaigre de vin*

22 ml *(1 ½ c. à soupe) d'huile d'arachide*

52 ml *(3 ½ c. à soupe) d'huile d'olive*

30 *feuilles d'endives*

2 *endives*

180 ml *(¾ tasse) de pommes râpées*

60 ml *(¼ tasse) de noisettes hachées*

180 g *(6 oz) de fromage de chèvre, coupé en six rondelles*

6 *croûtons*

Dans un bol, mélanger la moutarde et le persil. Saler et poivrer.

Ajouter le vinaigre de vin en remuant.

Dans un autre bol, mélanger l'huile d'arachide et l'huile d'olive.

Incorporer graduellement le mélange d'huiles au mélange de vinaigre, tout en fouettant. Réserver cette vinaigrette.

Pour chaque portion, disposer cinq feuilles d'endives en étoile, dans une assiette.

Hacher deux endives et les déposer dans un bol. Ajouter les pommes et les noisettes.

Arroser de vinaigrette. Mélanger délicatement.

Déposer une portion de salade au centre de chaque assiette.

Préchauffer le gril du four.

Déposer les rondelles de fromage sur les croûtons. Réchauffer au four 5 minutes.

Garnir chaque portion de salade d'une rondelle de fromage.

Servir immédiatement.

Pour affiner le goût des rognons de porc, les dépouiller de leur membrane, puis les ouvrir en deux sans les séparer. Ôter la partie blanche centrale des rognons et les laver à grande eau. Les recouvrir ensuite de lait et les laisser tremper, au frais, 3 ou 4 heures.

Rognons de porc au xérès

Quantité : 4 portions	Préparation : 25 min	Cuisson : 20 min	Degré de difficulté : moyen

500 g (1 lb) de rognons de porc

75 ml (⅓ tasse) de jus de citron

125 ml (½ tasse) de farine

5 ml (1 c. à thé) de sel

5 ml (1 c. à thé) de poivre

125 ml (½ tasse) de beurre

60 ml (¼ tasse) d'échalotes françaises en dés

250 ml (1 tasse) de champignons coupés en deux

60 ml (¼ tasse) de poivron vert en dés

60 ml (¼ tasse) de poivron rouge en dés

125 ml (½ tasse) de céleri en dés

125 ml (½ tasse) d'oignons en dés

250 ml (1 tasse) de vin xérès

125 ml (½ tasse) de crème 35 %

Nettoyer les rognons et en retirer la membrane. Couper chaque rognon en huit morceaux.

Arroser les rognons de jus de citron.

Dans une assiette creuse, mélanger la farine, le sel et le poivre. Passer les rognons dans cette farine assaisonnée.

Dans un poêlon, faire fondre la moitié du beurre. Y saisir les rognons, en les retournant souvent. Retirer du poêlon. Réserver.

Faire fondre le reste du beurre dans le poêlon ayant servi à la cuisson des rognons.

Y sauter les échalotes, les champignons, les poivrons, le céleri et les oignons à feu moyen, jusqu'à ce qu'ils soient tendres. (Ne pas laisser prendre couleur.)

Ajouter les rognons cuits. Bien mélanger.

Ajouter le xérès et remuer.

Incorporer lentement la crème, en brassant constamment.

Couvrir et laisser mijoter 10 minutes.

Pour trancher avec la saveur un peu sucrée de ces médaillons à l'érable, pourquoi ne pas accompagner ce plat d'un riz pilaf bien relevé ?

« INSTITUT DE TOURISME ET D'HÔTELLERIE DU QUÉBEC »

Médaillons de porc, sauce caramélisée à l'érable

Quantité : 6 portions	Repos : 15 min	Préparation : 30 min	Cuisson : 15 min	Degré de difficulté : élevé

Sel et poivre

2 filets de porc

4 rondelles de citron, pelées

15 ml (1 c. à soupe) de beurre

15 ml (1 c. à soupe) d'huile de maïs

90 ml (6 c. à soupe) de sirop d'érable

Poivre grossièrement broyé

2 rondelles de citron, pelées

Zeste de 1 citron confit

Saler et poivrer les filets de porc. Dans une assiette, déposer chaque filet entre deux rondelles de citron. Laisser reposer au frais, 15 minutes.

Éponger les filets. Réserver les rondelles de citron.

Dans un poêlon, faire chauffer le beurre et l'huile de maïs. Y faire revenir les filets 5 minutes environ, jusqu'à ce qu'ils soient dorés de toute part. Réserver au chaud.

Enlever l'excédent de matières grasses du poêlon. Y déposer les tranches de citron réservées.

Chauffer le poêlon à feu vif pour que les sucs de cuisson se caramélisent. Y verser le sirop d'érable.

Laisser réduire du tiers, afin d'obtenir une sauce.

Passer la sauce au chinois (tamis fin). Saler et poivrer.

Laisser mijoter 2 minutes.

Trancher les filets et les disposer dans un plat de service.

Napper les filets de sauce.

Assaisonner de poivre broyé, puis décorer de deux rondelles de citron et de zeste de citron confit.

Rien de tel qu'un mets aux effluves fruitées pour se sentir plonger en plein cœur de l'été - même à 20 degrés sous zéro... Complétez avec un dessert aux petits fruits et l'illusion sera parfaite !

Suprêmes de canard du lac Brome à saveur estivale

Quantité : 4 portions	Préparation : 30 min	Cuisson : 30 min	Degré de difficulté : moyen

30 ml (2 c. à soupe) de beurre

4 poitrines de canard désossées

60 ml (¼ tasse) de vin blanc

60 ml (¼ tasse) de schnaps aux pêches

60 ml (¼ tasse) de jus de pêche

250 ml (1 tasse) de crème 35 %

60 ml (¼ tasse) de fromage à la crème aux pêches

4 fraises fraîches, équeutées

1 pêche, pelée et dénoyautée

12 framboises

Préchauffer le four à 190 °C (375 °F)

Faire fondre le beurre dans un poêlon. Y saisir le côté peau des poitrines de canard, jusqu'à coloration dorée.

Déposer les poitrines dans un plat allant au four, côté peau vers le haut. Cuire environ 10 minutes. (La chair doit demeurer rosée.) Réserver au chaud .

Enlever l'excédent de gras du poêlon. Déglacer au vin blanc.

Ajouter le schnaps aux pêches, le jus de pêche et la crème 35 %.

Incorporer le fromage. Cuire à feu très doux, en remuant jusqu'à ce que la sauce soit onctueuse. Réserver au chaud.

Couper les fraises en quartiers. À l'aide d'une cuillère parisienne, tailler la pêche en boules.

Couper les poitrines de canard en fines tranches, puis les disposer harmonieusement dans les assiettes.

Incorporer les quartiers de fraises, les boules de pêche et les framboises à la sauce.

Napper de sauce la moitié de chaque portion.

Tarte au miel

Recette traditionnelle

Nourriture divine de l'antiquité, le miel, à la fois aliment du quotidien et offrande des grands jours, symbolisait à l'époque richesse et félicité.

Quantité : 8 portions	Préparation : 10 min	Cuisson : 15 min	Refroidissement : 2 h	Degré de difficulté : faible

- **45 ml (3 c. à soupe) de fécule de maïs**
- **Un peu d'eau froide**
- **250 ml (1 tasse) de jus d'orange**
- **45 ml (3 c. à soupe) de jus de citron**
- **150 ml (⅔ tasse) d'eau froide**
- **125 ml (½ tasse) de miel**
- **1 pincée de sel**
- **375 ml (1 ½ tasse) de raisins secs**
- **Zeste râpé de ½ orange**
- **1 abaisse de pâte brisée cuite (du commerce)**

Dans un petit bol, délayer la fécule dans un peu d'eau froide. Réserver.

Dans une casserole, mélanger le jus d'orange, le jus de citron, l'eau, le miel, le sel, les raisins secs et le zeste d'orange.

Amener au point d'ébullition, en remuant constamment. Réduire la chaleur et laisser mijoter 10 minutes.

Tout en mélangeant, ajouter graduellement la fécule délayée.

Poursuivre la cuisson 4 minutes, à feu doux, jusqu'à épaississement.

Retirer du feu. Laisser refroidir un peu et verser dans l'abaisse cuite.

Réfrigérer 2 heures avant de servir.

Recette traditionnelle

L'épice se distingue de l'aromate dans la mesure où son goût l'emporte sur son parfum. Malgré tout, la confusion entre épices et aromates reste fréquente en matière d'assaisonnement.

Gâteau aux épices et sa glace

Quantité : 15 carrés	Préparation : 30 min	Cuisson : 45 min	Degré de difficulté : moyen

3 œufs

125 ml (½ tasse) de sucre

125 ml (½ tasse) de beurre ramolli

125 ml (½ tasse) d'eau chaude

125 ml (½ tasse) de lait

125 ml (½ tasse) de raisins secs, farinés

125 ml (½ tasse) de noix de Grenoble hachées

750 ml (3 tasses) de farine

5 ml (1 c. à thé) de poudre à pâte

5 ml (1 c. à thé) de bicarbonate de soude

1 ml (¼ c. à thé) de sel

5 ml (1 c. à thé) de cannelle moulue

5 ml (1 c. à thé) de muscade moulue

2 ml (½ c. à thé) de clous de girofle moulus

60 ml (¼ tasse) de beurre

125 ml (½ tasse) de crème à 35 % ou de lait concentré

250 ml (1 tasse) de cassonade

1 ml (¼ c. à thé) de sel

5 ml (1 c. à thé) de vanille

250 ml (1 tasse) de sucre en poudre

*P*réchauffer le four à 180 °C (350 °F).

*D*ans un bol, battre les œufs. Ajouter graduellement le sucre, le beurre, l'eau chaude, le lait, les raisins secs et les noix de Grenoble. Réserver.

*D*ans un autre bol, tamiser la farine, la poudre à pâte, le bicarbonate de soude, le sel, la cannelle, la muscade et les clous de girofle. Tout en battant, incorporer graduellement à la préparation précédente, jusqu'à parfaite homogénéité.

*V*erser le mélange dans un moule à gâteau de 23 cm x 30 cm (9 po x 12 po), beurré et fariné.

*C*uire le gâteau 45 minutes environ, jusqu'à ce qu'un cure-dents en ressorte sec.

*D*ans une casserole, faire fondre le beurre à feu moyen. Tout en brassant, incorporer graduellement la crème, la cassonade, le sel et la vanille. Brasser jusqu'à ébullition.

*R*etirer du feu et ajouter le sucre en poudre.

*B*attre jusqu'à consistance lisse.

*V*erser la glace chaude sur le gâteau non démoulé. Laisser refroidir.

*C*ouper en 15 carrés.

Aux alentours du lac Mégantic

*Vous n'avez pas souvenir d'une eau aussi fraîche et limpide que celle du lac Mégantic.
Au moment où le soleil harassant vous fait presque regretter de vous retrouver au grand air,
ce lac va changer le cours des choses. Cette journée écrasante fera désormais partie
du séjour le plus romanesque que vous ayez jamais connu.*

Vous savourez la sensation de la caresse du vent chaud après un bain qui, par contraste, vous apparaissait plutôt glacé. C'est à ce moment qu'une vague mais agréable langueur fait place à votre abattement momentané...

Étendu sur le sable, vous revient en mémoire l'air du Canon de Pachelbel que vous écoutiez la veille au soir en vous délectant de crépinette d'agneau au chèvre à l'huile parfumée... Vous vous rappelez aussi, le souffle encore coupé, le début de la nuit au sommet du mont Mégantic.

Ce qui ressurgit d'abord, c'est l'impression d'une paix et d'une solitude envahissantes. Les gens du coin racontent que le fait que la route menant à l'observatoire ne soit pas éclairée laisse souvent un semblable sentiment. Le choix du site de ce centre de recherche en astronomie tient d'ailleurs en partie à « l'absence de pollution lumineuse ».

Quelle chance vous avez eu de vous trouver dans la région au moment où une soirée d'initiation était offerte à l'observatoire. Une série de petits télescopes étaient installés à l'extérieur; le grand, à l'intérieur, restait bien sûr réservé à l'usage des scientifiques. Des heures durant, vous êtes resté là, étrangement immobile, fas-ciné, le nez pointé vers les étoiles, écoutant à peine les explications fournies par les animateurs.

Il est grand temps de sortir de vos rêves et de quitter la plage car on vous attend à Notre-Dame-des-Bois. Vos hôtes, qui ont choisi de transformer en auberge la maisonnette située au pied du mont Mégantic, vous attendent.

Ce soir-là, comme la température descend soudainement, vous choisissez de vous réchauffer avec des plats de cuisine régionale : la crème de pois verts suivie des côtelettes de porc au four, le tout couronné de petits cochons dans le sirop.

Une fois votre chambre regagnée, vous passez un bon chandail et ouvrez les volets bien grands. Les étoiles, vous le savez, seront encore au rendez-vous. Elles régneront en princesses, bien au-dessus de l'ombre du mont Mégantic. Demain, vous dîtes-vous, il faudra aller en plein jour au sommet de ce mont et de celui du mont St-Joseph, d'où l'on dit que la vue panoramique est sans égale.■

Que ce soit pour la pêche à la truite dont le lac regorge, la baignade ou autre sport nautique, les randonnées au cœur des boisés environnants ou tout simplement pour admirer les superbes couchers de soleil, le lac Mégantic vous promet un séjour inoubliable.

Crème de pois verts

D. BEAUDRY

Quantité : 8 portions	Préparation : 15 min	Cuisson : 20 min	Degré de difficulté : faible

500 ml (2 tasses) de petits pois verts congelés

■

1,5 l (6 tasses) de bouillon de poulet

■

7 ml (1 ½ c. à thé) de fécule de maïs

■

Un peu d'eau froide

■

125 ml (½ tasse) de crème 15 %

■

15 ml (1 c. à soupe) de beurre fondu

■

1 jaune d'œuf

■

Sel et poivre

Cuire les petits pois environ 7 minutes, dans une casserole d'eau bouillante. Égoutter.

Faire chauffer le bouillon de poulet dans une grande casserole. Ajouter les petits pois et laisser mijoter de 2 à 3 minutes.

Délayer la fécule de maïs dans un peu d'eau froide. Ajouter à la soupe et poursuivre la cuisson 10 minutes.

Passer au mélangeur jusqu'à consistance homogène. Transvaser la soupe dans la casserole.

Dans un bol, mélanger la crème, le beurre et le jaune d'œuf.

Tout en mélangeant, ajouter peu à peu à la soupe. Réchauffer. Saler et poivrer.

CLÉMENT VACHON, « AUBERGE CHÉRIBOURG »

Les chefs contemporains privilégient les terrines de poissons ou de crustacés plutôt que les terrines à base de viande. La terrine « des Bobines » de l'Estrie est donc tout à fait dans la note.

Terrine de truite fumée « des Bobines »

Quantité : 6 portions	Préparation : 1 h 30 min	Cuisson : 20 min	Refroidissement : 6 h	Degré de difficulté : élevé

750 ml (3 tasses) de fumet de poisson (du commerce)

150 ml (⅔ tasse) de vin blanc

2 blancs d'œufs

30 ml (2 c. à soupe) d'eau froide

10 ml (2 c. à thé) de gélatine

500 ml (2 tasses) de crème 35 %

900 g (30 oz) de truite fumée

Le jus de 2 citrons

15 ml (1 c. à soupe) de cerfeuil frais haché

15 ml (1 c. à soupe) de ciboulette fraîche hachée

Sel et poivre

Verser le fumet de poisson et le vin blanc dans une casserole. Amener à ébullition.

Ajouter les blancs d'œufs au liquide en ébullition.

Réduire la chaleur. Laisser frémir 20 minutes.

Verser l'eau froide dans un bol. Saupoudrer de gélatine et laisser gonfler 5 minutes.

Ajouter la gélatine au fumet de poisson et remuer jusqu'à ce qu'elle soit dissoute. Passer au chinois. Réserver au froid.

Fouetter la crème jusqu'à formation de pics fermes. Ajouter 350 ml (1 ½ tasse) de gelée encore légèrement liquide, en pliant à la spatule. Réserver cette préparation et le reste de gelée au frais, dans des bols distincts.

Réserver un filet de truite et le couper en quatre morceaux. Réduire le reste de la truite en purée au mélangeur, avec le jus de citron. Mesurer la quantité obtenue.

Incorporer à la purée de truite un volume égal de préparation à la crème.

Passer au mélangeur jusqu'à consistance épaisse et lisse.

Ajouter le cerfeuil, la ciboulette, le sel et le poivre.

Verser 60 ml (¼ tasse) de gelée dans un moule d'une contenance d'environ 1 l (4 tasses), huilé. Réfrigérer jusqu'à ce que la gelée soit ferme.

Garnir cette gelée de deux morceaux de truite réservés. Étendre la préparation de truite sur le tout. Garnir ensuite des deux autres morceaux de truite réservés.

Couvrir du reste de la gelée. Réfrigérer au moins 6 heures.

Démouler dans une assiette de service.

Servir avec des croûtons beurrés.

« INSTITUT DE TOURISME ET D'HÔTELLERIE DU QUÉBEC »

Pour conserver aux champignons de cueillette tout leur arôme, il est préférable de ne pas les peler ni les laver, mais de les essuyer simplement avec un linge, d'abord humide, puis sec.

Veau braisé aux champignons

Quantité : 6 portions	Préparation : 15 min	Cuisson : 1 h 30 min	Degré de difficulté : faible

20 ml (4 c. à thé) d'huile
■

1 cuisseau de veau de 1,3 kg (2 lb 14 oz)
■

Sel et poivre
■

30 ml (2 c. à soupe) de beurre
■

8 à 10 échalotes françaises, pelées
■

37 ml (2 ½ c. à soupe) de vin xérès
■

810 ml (3 ¼ tasses) de sauce demi-glace (du commerce)
■

30 ml (2 c. à soupe) de beurre
■

810 ml (3 ¼ tasses) de champignons émincés

*P*réchauffer le four à 190 °C (375 °F).

*F*aire chauffer l'huile dans une grande casserole. Y faire revenir le veau jusqu'à ce qu'il soit doré de toute part. Saler et poivrer. Réserver le veau dans une rôtissoire.

*F*aire chauffer le beurre dans une autre casserole. Y faire suer les échalotes. Déglacer au xérès.

*M*ouiller avec la sauce demi-glace. Saler et poivrer.

*V*erser la préparation sur le veau. Couvrir et cuire au four environ 1 heure 15 minutes. (Le veau doit demeurer rosé.)

*F*aire fondre 30 ml (2 c. à soupe) de beurre dans un poêlon. Y faire suer les champignons.

*T*rancher le rôti. Le garnir de champignons et le napper de sauce.

PATRICK LAIGNIEL

Pour relever toute la saveur de ces succulentes galettes, servir avec des pommes de terre sautées et une salade parfumée à l'huile d'herbes fines.

Crépinette d'agneau au chèvre à l'huile parfumée

| Quantité : 6 portions | Préparation : 25 min | Trempage : 15 min | Cuisson : 6 min | Degré de difficulté : moyen |

250 g (½ lb) de crépine de porc (coiffe) (on la trouve dans les charcuteries)

500 g (1 lb) d'agneau haché

1 échalote française, hachée

7 ml (1 ½ c. à thé) d'ail haché

15 ml (1 c. à soupe) de persil frais haché

½ branche de thym frais, hachée

Sel et poivre

90 g (3 oz) de fromage de chèvre à pâte ferme, mariné dans de l'huile aux fines herbes (du commerce)

6 feuilles de persil plat

*F*aire tremper la crépine de porc 15 minutes, dans de l'eau tiède. Bien égoutter.

*D*ans un grand bol, mélanger l'agneau, l'échalote française, l'ail, le persil et le thym. Saler et poivrer.

*F*açonner la préparation en six galettes.

*D*époser sur chaque galette 15 g (½ oz) de fromage de chèvre et une feuille de persil plat.

*E*nvelopper chaque galette dans de la crépine de porc.

*F*aire cuire les galettes dans un poêlon antiadhésif, à feu moyen, ou sous le gril du four, 3 minutes de chaque côté.

Si les asperges ne sont pas en saison ou tout simplement pour faire changement, on peut accompagner ce plat de petits haricots au beurre, de flageolets verts et d'une purée de pommes de terre.

M. TREMBLAY

Côtelettes de porc au four

Quantité : 6 portions	Préparation : 15 min	Cuisson : 1 h	Degré de difficulté : faible

6 côtelettes de porc de 1,5 cm (¾ po) d'épaisseur
■

30 ml (2 c. à soupe) de beurre
■

15 ml (1 c. à soupe) d'huile
■

Sel et poivre
■

125 ml (½ tasse) de ketchup
■

2 ml (½ c. à thé) de basilic
■

6 tranches d'oignon
■

6 tranches de poivron vert de 1 cm (½ po) d'épaisseur
■

125 ml (½ tasse) de fromage râpé, au choix

Préchauffer le four à 180 °C (350 °F).

Parer les côtelettes. Dans un poêlon, faire chauffer le beurre et l'huile. Y faire revenir les côtelettes 5 minutes de chaque côté.

Saler et poivrer.

Placer les côtelettes côte à côte dans un plat allant au four.

Badigeonner les côtelettes de ketchup. Garnir chaque côtelette de basilic, d'une tranche d'oignon et d'une lanière de poivron.

Couvrir et cuire au four 45 minutes.

Découvrir et saupoudrer de fromage râpé. Poursuivre la cuisson jusqu'à ce que le fromage soit fondu.

M. MARSTON

Le mincemeat est une préparation aigre-douce de la cuisine anglaise, à base de graisse de rognons de bœuf, de raisins secs, de fruits confits et d'épices. En général, on retrouve le mincemeat dans la section des garnitures à gâteau.

Tarte au mincemeat et à la citrouille

Quantité : 8 portions	Préparation : 15 min	Cuisson : 40 min	Degré de difficulté : moyen

250 ml (1 tasse) de farine

5 ml (1 c. à thé) de poudre à pâte

2 ml (½ c. à thé) de sel

75 ml (⅓ tasse) de graisse végétale

45 ml (3 c. à soupe) d'eau froide

375 ml (1 ½ tasse) de mincemeat

2 œufs

125 ml (½ tasse) de sucre

125 ml (½ tasse) de lait

1 ml (¼ c. à thé) de sel

2 ml (½ c. à thé) de cannelle

1 ml (¼ c. à thé) de muscade

250 ml (1 tasse) de citrouille en purée

Crème fouettée, au goût

Muscade, au goût

*M*élanger la farine, la poudre à pâte et le sel. À l'aide d'un coupe-pâte ou de deux couteaux, couper la graisse dans la farine jusqu'à consistance granuleuse.

*T*out en mélangeant, verser, en un mince filet, suffisamment d'eau froide pour que la pâte forme une boule.

*A*baisser la pâte sur une surface farinée, puis en foncer un plat à tarte de 23 cm (9 po).

*P*réchauffer le four à 220 °C (425 °F).

*É*tendre le mincemeat dans l'abaisse.

*D*ans un bol, battre les œufs. Incorporer graduellement le sucre, en battant constamment. Ajouter le lait, le sel, la cannelle et la muscade. Mélanger.

*I*ncorporer la citrouille. Étendre cette préparation sur le mincemeat.

*C*uire 40 minutes.

*L*aisser refroidir. Garnir de crème fouettée et saupoudrer de muscade.

Petits cochons dans le sirop

Quantité : 10 portions	Préparation : 30 min	Cuisson : 20 min	Degré de difficulté : moyen

500 ml (2 tasses) de farine

10 ml (2 c. à thé) de poudre à pâte

1 pincée de sel

125 ml (½ tasse) de lait

60 ml (¼ tasse) d'eau

125 ml (½ tasse) de raisins secs

5 ml (1 c. à thé) de cannelle

500 ml (2 tasses) de cassonade

500 ml (2 tasses) d'eau

30 ml (2 c. à soupe) de beurre

Au-dessus d'un bol, tamiser la farine avec la poudre à pâte et le sel.

Incorporer graduellement le lait et l'eau.

Abaisser la pâte sur une surface farinée, en un rectangle de 1,25 cm (½ po) d'épaisseur.

Garnir de raisins.

Saupoudrer de cannelle.

Façonner la préparation en rouleau.

Découper en dix tranches.

Dans une casserole, mélanger la cassonade, l'eau et le beurre.

Amener à ébullition en remuant constamment.

Réduire la chaleur. Déposer les tranches de pâte dans le sirop encore bouillant.

Couvrir. Poursuivre la cuisson à feu doux, 15 minutes.

Aux alentours du lac Massawippi

*C'est la richesse du patrimoine architectural qui vous amène dans la région.
L'hiver dernier, des amis vous ont raconté les trente-cinq kilomètres
de sentiers de ski de randonnée qu'ils ont parcourus,
avec de magnifiques auberges victoriennes pour relais.*

L'exceptionnelle beauté du site du lac Massawippi, la splendeur des résidences et des gîtes touristiques ainsi que les bonnes tables du coin vous ont été vantées de façon si élogieuse que vous ne cherchez nullement à y résister.

L'eau vous est venue à la bouche en entendant un des skieurs décrire avec émotion la finesse des côtelettes d'agneau à l'ail des bois et au vinaigre de menthe sauvage qu'il a eu le privilège de déguster après une journée d'hiver passée au dehors. Cette image a fini de vous convaincre de l'intérêt d'y aller faire un petit tour !

Au nombre des richesses patrimoniales marquantes, les belles résidences du XIXe siècle de style victorien ou américain, remportent selon vous largement la palme. Elles comportent souvent deux ou trois étages ornés de lucarnes, de pignons et de petites tours. Vous en voyez partout, mais vous en appréciez particulièrement la diversité lors d'une promenade dans les rues du vieux nord de Sherbrooke. À North Hatley, le caractère monumental de ces résidences, souvent érigées à flanc de montagne, vous a fait comprendre que le site soit recherché pour ses gîtes et ses bonnes tables.

Côté bouffe, vous y êtes d'ailleurs aussi choyé que vos amis. On vous apporte d'abord une croustillante salade de l'Estrie à base de julienne de légumes de plusieurs couleurs. Cette entrée vous aiguise l'appétit pour la spécialité de l'auberge, le sublime mille-feuilles de saumon et de pétoncles aux herbes fines de la cressonnière. Complètement rassasié, vous demandez tout de même que l'on vous apporte le dessert le plus léger de la maison : un plateau de bons petits biscuits accompagnés de gelée de groseilles.

La plupart des autres convives se sont retirés quand vous cherchez à

Bâties par les Quakers venus de Nouvelle-Angleterre, ces magnifiques granges rondes demeurent à ce jour une énigme à élucider...

savoir pourquoi les Quakers venus de Nouvelle-Angleterre érigeaient des granges rondes. Certains prétendent que cette forme protégeait le bâtiment des vents et permettait de gagner de l'espace alors que d'autres croient que la grange ne devait présenter aucun coin où puisse rôder le diable... Vous avez grand peine à réprimer un sourire en pensant que si vous aviez rencontré le diable dans une grange de l'Estrie au siècle dernier, vous auriez bien su l'amadouer avec un peu de cette légère gelée de groseilles !■

Devenue un aliment de base, sain et bon marché, la pomme de terre connaît la gamme de recettes la plus riche de tous les légumes, des plus populaires (les frites) aux plus raffinées (pommes duchesse).

C. GRAVELLE

Soupe aux patates

Quantité : 4 portions	Préparation : 15 min	Cuisson : 20 min	Degré de difficulté : faible

3 pommes de terre, en morceaux

1 oignon, en morceaux

1 l (4 tasses) de lait

2 branches de céleri, en morceaux

30 ml (2 c. à soupe) de beurre

15 ml (1 c. à soupe) de farine

Sel et poivre

Cuire les pommes de terre et l'oignon dans l'eau salée, jusqu'à tendreté. Réduire en purée au robot culinaire.

Verser le lait dans une petite casserole. Ajouter le céleri. Amener au point d'ébullition. Enlever du feu.

Retirer le céleri du lait et le réserver pour un usage ultérieur.

Bien mélanger le beurre et la farine pour former une pâte. Remettre le lait sur feu moyen. Incorporer la préparation de beurre, en remuant.

Ajouter les pommes de terre. Saler et poivrer. Remuer.

« INSTITUT DE TOURISME ET D'HÔTELLERIE DU QUÉBEC »

Un festival de couleurs estivales, un repas complet en soi, idéal pour conserver la forme et... la ligne !

Salade de l'Estrie

Quantité : 1 portion	Préparation : 30 min	Cuisson : —	Degré de difficulté : faible

2 feuilles de laitue Boston

2 feuilles de laitue romaine

3 tranches de concombre

4 bâtonnets de carotte

¼ branche de céleri

2 tranches d'oignon rouge

1 tranche de tomate

1 champignon, tranché

1 radis

¼ poivron rouge, en fins bâtonnets

¼ poivron vert, en fins bâtonnets

60 ml (¼ tasse) de fromage cottage

½ œuf dur, coupé en quatre

125 (½ tasse) d'huile d'olive

45 ml (2 c. à soupe) de vinaigre balsamique

1 gousse d'ail écrasée

2 ml (½ c. à thé) de moutarde forte

Origan frais, au goût

Sel et poivre

1 brin de persil frais, haché

Disposer les feuilles de laitue dans l'assiette.

Déposer sur la laitue tous les autres légumes, en ayant soin de faire alterner les couleurs.

Garnir de cottage et de quartiers d'œufs.

Mélanger l'huile, le vinaigre, l'ail, la moutarde et l'origan. Saler et poivrer.

Arroser la laitue de vinaigrette et décorer le tout d'un brin de persil frais haché.

Bien lavées, longuement cuites à l'eau et servies nature avec du beurre ou du jus de citron ou d'orange, les algues de goémon constituent un mets apprécié, au léger goût d'anchois. On peut se les procurer dans les épiceries d'aliments naturels.

ALAIN LABRIE « AUBERGE HATLEY »

Mille-feuilles de saumon et de pétoncles aux herbes fines de la cressonnière

Quantité : 4 portions | **Préparation : 30 min** | **Cuisson : 5 min** | **Degré de difficulté : moyen**

3 feuilles de pâte filo (du commerce)

45 ml (3 c. à soupe) de beurre fondu

180 ml (¾ tasse) d'huile d'olive extra-vierge

60 ml (¼ tasse) de jus de limette

150 g (5 oz) de pétoncles frais

45 ml (3 c. à soupe) de cerfeuil frais haché

15 ml (1 c. à soupe) d'algues de goémon hachées

Sel et poivre

150 g (5 oz) de saumon frais

45 ml (3 c. à soupe) de feuilles de citronnelle fraîche hachées

Préchauffer le four à 180 °C (350 °F).

Badigeonner chaque feuille de pâte filo de 15 ml (1 c. à soupe) de beurre fondu. Superposer les trois feuilles.

Y découper 12 rondelles de 7 cm (2 ¾ po) et déposer celles-ci sur une lèchefrite graissée. Cuire au four environ 5 minutes. Retirer du four et réserver.

Préparer la vinaigrette en mélangeant l'huile et le jus de limette.

Hacher les pétoncles, puis leur ajouter le cerfeuil et les algues. Saler et poivrer.

Hacher le saumon et lui ajouter la citronnelle. Saler et poivrer.

Incorporer la moitié de la vinaigrette à chacune de ces deux préparations.

Dresser, sur une rondelle de pâte filo, 45 ml (3 c. à soupe) de saumon.

Garnir d'une autre rondelle de pâte filo, puis de 45 ml (3 c. à soupe) de pétoncles. Coiffer le tout d'une dernière rondelle de pâte.

Déposer un mille-feuille dans chaque assiette et couler un cordon de vinaigrette tout autour.

Si désiré, garnir d'une julienne de tomates et d'algues de goémon réhydratées.

Servir aussitôt.

« AUX BERGES DE L'AURORE »

Au Québec, une nouvelle réglementation stipule que la cueillette de l'ail des bois ne doit pas se faire à l'intérieur d'un parc, d'une réserve écologique, d'un refuge faunique ou d'un parc régional. Dans la recette proposée, on peut également utiliser l'ail commun.

Côtelettes d'agneau à l'ail des bois et au vinaigre de menthe sauvage

| Quantité : 4 portions | Préparation : 30 min | Infusion : 20 min | Cuisson : 15 min | Degré de difficulté : moyen |

250 ml (1 tasse) de vinaigre de cidre
■

60 ml (¼ tasse) d'eau
■

5 ml (1 c. à thé) de sucre
■

5 brins de menthe sauvage
■

20 gousses d'ail des bois
■

Poivre
■

15 ml (1 c. à soupe) d'huile végétale
■

8 côtelettes d'agneau de 2,5 cm (1 po) d'épaisseur
■

Sel

*D*ans une casserole, amener à ébullition le vinaigre, l'eau et le sucre. Faire bouillir 1 minute. Retirer du feu.

*J*eter la menthe dans ce mélange. Laisser infuser 20 minutes. Filtrer. Réserver.

*D*ans une casserole d'eau bouillante salée, blanchir les gousses d'ail des bois 30 secondes. Égoutter et réserver.

*P*oivrer les côtelettes. Faire chauffer l'huile dans un poêlon. Y saisir les côtelettes environ 2 minutes de chaque côté.

*D*époser dans un plat de service. Réserver au chaud.

*D*ans le même poêlon, dorer l'ail des bois à feu moyen. Réserver.

*D*églacer au vinaigre de menthe. Laisser réduire du tiers.

*S*aler les côtelettes. Garnir d'ail des bois. Arroser du jus de cuisson.

M. MARSTON

Tourtière traditionnelle

Quantité : 2 tourtières de 12 portions	Préparation : 5 min	Cuisson : 1 h 45 min	Degré de difficulté : moyen

Pâte brisée pour 4 abaisses (du commerce)

■

750 g (1 ½ lb) de porc haché

■

500 g (1 lb) de bœuf haché

■

500 g (1 lb) de veau haché

■

500 g (1 lb) de lapin cuit, haché

■

125 ml (½ tasse) d'eau bouillante

■

1 oignon, haché

■

5 ml (1 c. à thé) d'ail haché

■

1 ml (¼ c. à thé) de clou de girofle

■

1 ml (¼ c. à thé) de cannelle

■

1 ml (¼ c. à thé) de graines de céleri

■

1 ml (¼ c. à thé) de poivre

■

1 ml (¼ c. à thé) de sauge

■

7 ml (1 ½ c. à thé) de sel

■

4 pommes de terre, cuites et réduites en purée

Abaisser la pâte brisée sur une surface farinée. Foncer deux plats à tarte d'une abaisse. Réserver les deux autres.

Dans une grande casserole, mélanger tous les autres ingrédients. Cuire à feu moyen, 1 heure. Laisser refroidir.

Préchauffer le four à 180 °C (350 °F).

Répartir la garniture dans les deux plats à tarte. Couvrir des deux autres abaisses. Cuire 45 minutes.

LISETTE THERRIEN

Recette traditionnelle

Pour extraire soi-même la pulpe de noix de coco requise dans cette recette, il suffit d'abord d'en retirer le liquide en perçant la noix aux deux extrémités. On l'ouvre ensuite en la cassant au marteau, puis on la passe au four. La pulpe se détache alors très facilement.

Pudding au sirop d'érable

Quantité : 8 portions	Préparation : 20 min	Cuisson : 45 min	Degré de difficulté : moyen

375 ml (1 ½ tasse) de sirop d'érable

■

180 ml (¾ tasse) d'eau

■

10 ml (2 c. à thé) de beurre

■

30 ml (2 c. à soupe) de beurre

■

125 ml (½ tasse) de sucre

■

2 œufs

■

250 ml (1 tasse) de farine

■

7 ml (1 ½ c. à thé) de poudre à pâte

■

2 ml (½ c. à thé) de sel

■

125 ml (½ tasse) de lait

■

125 ml (½ tasse) de noix de coco râpée

■

Crème 15 %, au goût

Mélanger le sirop d'érable, l'eau et le beurre dans une casserole. Chauffer jusqu'à ce que le beurre soit fondu, en brassant continuellement. Réserver.

Préchauffer le four à 180 °C (350 °F).

Dans un bol, défaire le beurre en crème. Incorporer le sucre et les œufs.

Dans un autre bol, mélanger la farine, la poudre à pâte et le sel. Incorporer à la préparation précédente, ainsi que le lait, en alternance.

Étendre la préparation dans un moule de 20 cm (8 po) de côté.

Verser le sirop sur la préparation. Parsemer de noix de coco.

Cuire au four 40 minutes. Servir avec de la crème.

Gelée de groseille

Voici une excellente façon d'apprêter ces succulents petits fruits qui peuvent également se manger nature, en salade, ou encore transformés en sirop ou en jus.

Quantité : 6 pots de 750 ml (3 tasses)	Préparation : 2 h	Cuisson : 1 h 15 min	Degré de difficulté : moyen

2 l (8 tasses) de groseilles, lavées et équeutées

250 ml (1 tasse) d'eau

Sucre

*D*ans une grande casserole, réchauffer les groseilles et l'eau à feu doux. Laisser mijoter 10 minutes, ou jusqu'à ce que les groseilles aient rendu leur jus.

*S*ans presser, filtrer le jus dans un tamis ou dans une passoire tapissée d'un morceau d'étamine (coton à fromage).

*M*esurer la quantité de liquide obtenue. Remettre le jus dans la casserole et l'amener à ébullition. Laisser bouillir 5 minutes.

*A*jouter 1,5 l (6 tasses) de sucre par litre de liquide. Poursuivre la cuisson environ 1 heure, à feu très doux, en remuant de temps en temps et en écumant la gelée, jusqu'à ce qu'une goutte de confiture jetée dans l'eau froide forme une boule ferme.

*V*erser dans des bocaux stérilisés et chauds.

*L*aisser refroidir et sceller.

Aux alentours du lac Memphrémagog

Dans la grande maison du lac Memphrémagog où vous vous rendez en groupe toutes les fins de semaine, vous vous partagez les tâches. Cette fois-ci, vous êtes du groupe responsable des repas. Vous avez promis à tout le monde un repas d'antan dans cette maison en bois, blottie entre deux allées de peupliers.

L'atmosphère se recréera d'elle-même grâce au décor. En effet, par les grandes fenêtres à volets de la salle à manger, on aperçoit un vaste terrain gazonné, descendant en pente douce vers le lac.

C'est le pâtissier de Magog, chez lequel vous avez fait provision de biscuits à la mélasse, qui vous a révélé les secrets de la cuisine des grands-mères de la région... Après les courses, vous faites un détour par le chemin de la Rivière, là où se trouve le vignoble du bout de la route des vins. Autant le viticulteur se fait un point d'honneur de vous aider à choisir le vin qui se mariera le mieux à votre repas, autant il tient à vous faire visiter les vignobles et la cave. Pendant le repas du soir, vous racontez aux autres comment on enchausse les cépages à chaque année pour les protéger du gel hivernal. Cette technique provient d'Europe de l'Est où le climat est semblable à celui de l'Estrie.

Pendant la préparation du repas, vous enviez tout de même légèrement ceux qui se sont rendus pique-niquer au sommet du mont Orford... Vous les imaginez, du haut des quelque mille mètres de ce sommet, observant au loin l'agitation de dizaines de petits drapeaux qui sont autant de voiles hissées sur les bateaux ou les

L'Abbaye de Saint-Benoît-du-Lac avec le Mont Owl's Head en arrière-plan offre une vue imprenable, quelque soit la période de l'année.

planches voguant sur les eaux du lac Memphrémagog... Vous les imaginez surtout tartinant leur baguette du fameux fromage acheté à la boutique de l'Abbaye de St-Benoît-du-Lac et fabriqué par les moines bénédictins qui y résident...

Aussi êtes-vous des plus surpris en les entendant raconter leur aventure de l'après-midi, après s'être laissés servir une double portion de tarte étoilée au jambon et de gâteau d'antan aux patates. Le vin coule juste assez pour que le récit soit digne d'un bon orateur, sans être exagéré. En bref, il ventait trop fort pour casser la croûte au sommet du mont. Comme ils se sont rendus à pied et qu'ils avaient l'estomac dans les talons, ils ont emprunté le remonte-pente pour la descente, espérant trouver sitôt après un endroit abrité où prendre une bouchée.

En avalant les biscuits à la mélasse préparés à l'ancienne, ils ont les yeux dans le vague en racontant comment, pendant le vertige de la descente, suspendus à un fil dans un siège qui balance au vent et qui surplombe toutes les montagnes visibles à l'œil nu, ils se sont sentis quelques instants comme faisant partie intégrante du tableau d'un grand maître. ■

La sauce Tabasco a été concoctée à la Nouvelle-Orléans, même si elle porte le nom d'un état du Mexique. À utiliser avec modération... sinon, la chaleur vous montera à la tête.

Soupe froide à la tomate

Quantité : 6 portions   **Préparation : 10 min**   **Cuisson : —**   **Degré de difficulté : faible**

500 ml (2 tasses) de jus de légumes très froid

250 ml (1 tasse) de jus de tomate très froid

250 ml (1 tasse) de babeurre très froid

15 ml (1 c. à soupe) d'huile d'olive

15 ml (1 c. à soupe) de jus de citron

5 ml (1 c. à thé) de cari

2 gouttes de sauce au piment fort (type Tabasco)

15 ml (1 c. à soupe) de basilic frais haché

30 ml (2 c. à soupe) de persil frais haché

15 ml (1 c. à soupe) de menthe fraîche hachée

Persil

*P*asser le jus de légumes, le jus de tomate, le babeurre, l'huile d'olive, le jus de citron, le cari, les gouttes de sauce au piment fort, le basilic, le persil et la menthe au mélangeur.

*V*erser la soupe dans six bols. Garnir chaque portion de persil.

*S*ervir très froid.

« AUX BERGES DE L'AURORE »

Le pissenlit
(qui doit son nom
à ses propriétés
diurétiques) est
consommé le plus
souvent cru, comme
dans la présente
recette, quoique l'on
puisse aussi
l'apprêter cuit, comme
les épinards.

Salade de pissenlit à l'ail des bois

Quantité : 2 portions	Préparation : 10 min	Cuisson : —	Degré de difficulté : faible

500 ml (2 tasses) de feuilles
de pissenlit

1 gousse d'ail des bois ou d'ail
commun, hachée finement

45 ml (3 c. à soupe) d'huile
d'olive extra-vierge

15 ml (1 c. à soupe) de vinaigre
de vin rouge

Sel

1 œuf dur, haché finement

*D*échirer les feuilles de pissenlit en
bouchées.

*M*ettre celles-ci dans un grand bol.

*M*élanger l'ail des bois, l'huile d'olive,
le vinaigre, le sel et l'œuf.

*A*jouter aux feuilles de pissenlit.

*B*ien mélanger.

ESTRIE • AUX ALENTOURS DU LAC MEMPHRÉMAGOG

Un petit secret pour bien réussir les mets panés (à l'anglaise ou non) : la cuisson doit être conduite doucement pour éviter que la chapelure ne se colore avant que les aliments qui en sont enrobés soient cuits.

«INSTITUT DE TOURISME ET D'HÔTELLERIE DU QUÉBEC»

Paupiettes de veau farcies, sauce crème citronnée

Quantité : 6 portions	Préparation : —	Cuisson : 55 min	Degré de difficulté : élevé

15 ml (1 c. à soupe) de beurre

1 oignon, haché

30 ml (2 c. à soupe) de lait

2 tranches de pain, en dés

60 ml (¼ tasse) de raisins secs

1 tranche d'ananas, en cubes

½ pomme, pelée et émincée

1 œuf

Sel et poivre

1 ml (¼ c. à thé) de thym

125 ml (½ tasse) d'eau

Zeste de 1 citron, en fins bâtonnets

250 ml (1 tasse) de vin blanc

1 échalote française

250 ml (1 tasse) de crème 35 %

6 escalopes de veau, aplaties

Sel et poivre

125 ml (½ tasse) de chapelure

15 ml (1 c. à soupe) de beurre

15 ml (1 c. à soupe) d'huile

Préchauffer le four à 170 °C (325 °F).

Faire chauffer le beurre dans un poêlon. Y cuire l'oignon sans le laisser prendre couleur. Réserver.

Verser le lait dans un bol. Y faire tremper le pain 1 minute. Égoutter. Presser délicatement le pain pour en extraire l'excédent de lait.

Mélanger le pain trempé, l'oignon, les raisins, l'ananas, la pomme et l'œuf. Saler, poivrer, et assaisonner de thym.

Mettre la farce dans un plat allant au four. Placer celui-ci dans une lèche-frite contenant de l'eau.

Cuire au four 30 minutes.

Amener l'eau à ébullition dans une casserole. Y faire blanchir le zeste de citron 5 minutes.

Verser le vin dans une casserole et ajouter l'échalote. Laisser réduire presque à sec.

Ajouter la crème et laisser réduire de moitié.

Incorporer l'eau de cuisson et le zeste de citron à la sauce. Laisser mijoter 2 minutes. Réserver au chaud.

Retirer la farce du four et en hausser la température à 180 °C (350 °F).

Couvrir chaque escalope d'une mince couche de farce. Rouler en paupiette. Maintenir la paupiette avec un cure-dents. Saler et poivrer.

Rouler chaque paupiette dans la chapelure.

Faire chauffer le beurre et l'huile dans un poêlon. Y faire revenir les paupiettes jusqu'à ce qu'elles soient dorées de toute part. Retirer du feu.

Poursuivre la cuisson au four 15 minutes. Napper les escalopes de sauce crème citronnée.

« INSTITUT DE TOURISME ET D'HÔTELLERIE DU QUÉBEC »

> La brunoise désigne à la fois une façon de tailler les légumes en dés minuscules et le résultat de l'opération, soit un mélange de légumes divers (dans la présente recette, les carottes, le céleri et le poivron) ou une certaine quantité d'un seul légume taillé.

Tarte étoilée au jambon

Quantité : 4 portions	Préparation : 20 min	Cuisson : 45 min	Degré de difficulté : élevé

500 ml (2 tasses) de farine

10 ml (2 c. à thé) de poudre à pâte

5 ml (1 c. à thé) de sel

150 ml (⅔ tasse) de graisse végétale

75 ml (⅓ tasse) d'eau froide

15 ml (1 c. à soupe) de beurre

30 ml (2 c. à soupe) d'oignon haché

30 ml (2 c. à soupe) de moutarde sèche

30 ml (2 c. à soupe) de persil frais haché

30 ml (2 c. à soupe) de jus de citron

250 ml (1 tasse) de dés de jambon cuit

2 œufs

30 ml (2 c. à soupe) de cheddar fort râpé

500 ml (2 tasses) de brocoli en fleurons

125 ml (½ tasse) de carotte en brunoise (voir note)

125 ml (½ tasse) de céleri en brunoise

30 ml (2 c. à soupe) de poivron rouge en brunoise

1 jaune d'œuf

5 ml (1 c. à thé) d'eau

Mélanger la farine, la poudre à pâte et le sel.

À l'aide d'un coupe-pâte ou de deux couteaux, couper la graisse dans la farine jusqu'à consistance granuleuse.

Tout en mélangeant, verser, en un mince filet, suffisamment d'eau froide pour que la pâte forme une boule. Façonner la pâte en une boule. Réserver.

Préchauffer le four à 180 °C (350 °F).

Faire fondre le beurre dans un poêlon. Y faire revenir l'oignon 3 minutes. Retirer du feu. Incorporer la moutarde sèche.

Déposer la préparation dans un bol. Ajouter le persil, le jus de citron, le jambon, les œufs et le fromage. Mélanger. Réserver.

Dans une marguerite, cuire le brocoli, la carotte, le céleri et le poivron 15 minutes ou jusqu'à ce que les légumes soient tendres.

Hacher le brocoli cuit. Mélanger les légumes et la préparation au jambon.

Abaisser la pâte en une abaisse de 42 cm (17 po) de diamètre. Tailler l'abaisse en une étoile à huit pointes.

Déposer l'abaisse dans un plat à tarte de 23 cm (9 po) de diamètre, en ayant soin de laisser dépasser les pointes à l'extérieur du plat.

Verser la préparation dans l'abaisse. Rabattre les pointes de pâte sur la garniture. Cuire 25 minutes.

Mélanger le jaune d'œuf et l'eau. Badigeonner l'abaisse de cette dorure. Poursuivre la cuisson 5 minutes.

G. LAROCHE

Recette traditionnelle

Quand on affirme qu'on peut utiliser la patate à toutes les sauces, en voici le parfait exemple. On pousse même l'audace jusqu'à l'intégrer dans la préparation d'un gâteau... Les amateurs se régaleront.

Gâteau d'antan aux patates

Quantité : 6 portions	Préparation : 20 min	Cuisson : 45 min	Degré de difficulté : moyen

500 ml (2 tasses) de farine

5 ml (1 c. à thé) de sel

10 ml (2 c. à thé) de poudre à pâte

250 ml (1 tasse) de purée de pommes de terre

250 ml (1 tasse) de lait

Sel et poivre

Muscade, au goût

Sarriette, au goût

Noisettes de beurre, au goût

Beurre fondu, pour badigeonner

Préchauffer le four à 180 °C (350 °F).

Dans un bol, mélanger la farine, le sel et la poudre à pâte. Incorporer la purée de pommes de terre.

Ajouter le lait, saler et poivrer. Assaisonner de muscade et de sarriette. Mélanger.

Verser la préparation dans un moule à gâteau beurré de 23 cm (9 po).

Parsemer de noisettes de beurre.

Cuire le gâteau 45 minutes, ou jusqu'à ce qu'un cure-dents en ressorte sec.

Badigeonner de beurre fondu juste avant de servir.

JEANNETTE LEBŒUF

Délicieuse de simplicité, cette recette peut s'agrémenter en ajoutant à la pâte des raisins secs.

Biscuits à la mélasse

Quantité : 40 biscuits	Préparation : 15 min	Cuisson : 10 min	Degré de difficulté : faible

250 ml (1 tasse) de beurre

250 ml (1 tasse) de sucre

1 œuf

250 ml (1 tasse) de mélasse

125 ml (½ tasse) de lait

10 ml (2 c. à thé) de bicarbonate de soude

1 l (4 tasses) de farine

20 ml (4 c. à thé) de gingembre

*P*réchauffer le four à 180 °C (350 °F).

*D*ans un bol, battre le beurre, le sucre, l'œuf et la mélasse.

*V*erser le lait dans un verre et lui ajouter le bicarbonate de soude. Incorporer à la préparation précédente.

*A*jouter la farine et le gingembre. Bien mélanger.

*D*époser la pâte par petites cuillerées sur une plaque à biscuits beurrée.

*C*uire 10 minutes.

Recette traditionnelle

Il n'y a pas qu'à Rougemont qu'on peut tomber dans les pommes. Les Cantons-de-l'Est sont également pourvus d'immenses et magnifiques vergers où l'on peut cueillir soi-même ses pommes, tout en passant une agréable journée !

Crêpes aux pommes des Cantons

Quantité : 20 crêpes	Préparation : 20 min	Repos : 1 h	Cuisson : 30 min	Degré de difficulté : moyen

500 ml (2 tasses) de farine

15 ml (1 c. à soupe) de poudre à pâte

5 ml (1 c. à thé) de bicarbonate de soude

10 ml (2 c. à thé) de sel

45 ml (3 c. à soupe) de sucre

5 ml (1 c. à thé) de cannelle

560 ml (2¼ tasses) de lait

2 œufs

250 ml (1 tasse) de pommes non pelées coupées en dés

90 ml (6 c. à soupe) de beurre fondu

Au-dessus d'un bol, tamiser ensemble la farine, la poudre à pâte, le bicarbonate de soude, le sel, le sucre et la cannelle.

Dans un autre bol, battre le lait avec les œufs. Ajouter les pommes et le beurre fondu.

Ajouter à la préparation de farine. Bien mélanger.

Dans un poêlon légèrement graissé de 20 cm (8 po) de diamètre, verser juste assez de pâte pour obtenir une galette mince.

Cuire 2 minutes environ, à feu moyen-vif, jusqu'à ce que des bulles se forment à la surface. Retourner et poursuivre la cuisson 2 minutes.

Répéter l'opération jusqu'à épuisement de la pâte, pour obtenir 20 crêpes.

Index général

Plats principaux

Desserts

347

Index par aliments

REMERCIEMENTS

Les Éditions La Soupe est servie inc. désirent remercier les organismes et personnes suivantes qui ont collaboré à la réalisation de ce livre :

Institut de tourisme et d'hôtellerie du Québec

Ministère du Tourisme du Québec

Ministère de l'Agriculture, des Pêcheries et de l'Alimentation du Québec

Les Associations touristiques régionales (A.T.R.)

Corporation de la cuisine régionale du Québec

Conseil régional de concertation et de développement du Bas-St-Laurent

Lisette M. Therrien
Michelle Beaulieu
Yvan Belzile
Anne Boutin
Marie-Carole Daigle
Yves Davignon
Suzette De Rome
Marc Fortier
Denise Giasson
Huguette Giard
France Giguère
Irène Girard
Régis Hervé
Robin Jan
Jean-Pierre Labonté
Valérie La Roche
Jeannette Lebœuf
Ronald Marcotte
José Mariello
Diane Mérineau
André Moreau
Maurice Pedneault
Brigitte Pouliot
Andrée Poulin-Lacerte
Martine Satre
Catherine Sicotte
Marie-Josephe Simard
Marc Thomas
Berthe Vigneau